Die dunkle
Geschichte
der PÄPSTE

Mord, Korruption und Laster im Vatikan

Die dunkle Geschichte der PÄPSTE

Brenda Ralph Lewis

Mord, Korruption und Laster des Vatikans

tosa

Erstveröffentlichung unter dem Titel:
„A Dark History: The Popes“
© 2009 Amber Books Ltd.

Genehmigte Lizenzausgabe
tosa GmbH
Industriestraße 19
64407 Fränkisch-Crumbach 2017
www.tosa-verlag.de

ISBN 978-3-86313-205-7

Übersetzung: Elisabeth Liebl
Bildrecherche: Terry Forshaw
Satz und Umschlaggestaltung:
designcat GmbH

Cover Illustration: Papst Julius II., gemalt von Raphael (Photo12/
Oronoz), Hintergrund: Petersdom (Corbis/Jean-Pierre Lescourret)
AKG Images: 19, 25, 34 oben, 34 unten (T. Lafranchis), 38, 45 (British
Library), 48 (E. Lessing), 50, 56, 57 unten, 63 (British Library), 66
(H. Champollion), 70 (Schütze/Rodemann), 74 unten (J. Raible), 77,
99 (E. Lessing), 106, 113 (E. Lessing), 118, 120, 121 (E. Lessing), 129,
131, 179 **Alamy:** 31 (London Art Archive), 139 (EmmePi Europe)
Art Archive: 45 (G. Dagli Orti/Bibliothèque de Carcassonne), 51 &
55 (G. Dagli Orti/Biblioteca Nazionale Marciana), 59 (G. Dagli Orti/
Biblioteca Nazionale Marciana), 68 (G. Dagli Orti/Bibliothèque de
Carcassonne), 70 (N. Setchfield) **Art-Tech/John Batchelor:** 43
Bridgeman Art Library: 14 (Giraudon), 59 (Musee des Augustins),
74 oben & 81 (Lauros/Giraudon), 85 (Archives Charmet), 91 & 94
(Bibliotheque Nationale, Paris), 96 (Corsham Court, Wiltshire), 110
(Museo Civico Rivoltello), 115 beide (Look & Learn), 119 (Palazzo
Vecchio, Florenz), 122 (Regional M. Vrubel Art Museum, Omsk), 130
oben (E. Harvey-Lee), 135 (P. Willi), 165 (Lauros/Giraudon), 182 (Peter
Newark Military Pictures) **Cody Images:** 42 **Corbis:** 73 (Stapleton
Collection), 83 (C. Gerstenberg), 97 (S. Bianchetti), 117 (T. Spiegel), 127
(Bettmann), 132 (A. De Luca), 136 (M. Jodice), 163 (Bettmann), 172
(Hulton-Deutsch Collection), 176 & 180 (Bettmann), 181 & 182 unten
(Bettmann), 187 (DPA), 188 oben (Bettmann), 188 unten (Bettmann),
189 unten (D. Lees) **De Agostini Picture Library:** 13 (A. Dagli Orti),
16, 19 oben, 27 (G. Carfagna), 29 (G. Nimatallah), 30 & 39 (G. Dagli
Orti), 41 & 47 (G. Dagli Orti), 49, 53 & 57 oben (G. Dagli Orti), 58
(G. Cigolini), 64, 71, 78 (A. Dagli Orti), 84, 88, 98, 100 (G. Dagli
Orti), 101, 102, 103 (A. Dagli Orti), 105 oben (C. Dani), 105 unten
(C. Pozzoni), 109, 124, 133, 142 oben (G. Nimatallah), 142 unten (A. De
Gregorio), 144 unten, 146 (A. Dagli Orti), 147 (M. Seemuller), 148
(A. De Gregorio), 149 unten, 151 unten (G. Nimatallah), 157, 168, 169,
170, 171 oben (A. Dagli Orti), 173, 178, 184, 185 unten, 187 unten,
189 oben (U. Colnago) **Getty Images:** 9 & 10 (Hulton Archive), 17
& 125 (Hulton Archive), 126 (Hulton Archive), 130 (AFP), 162, 174
(Time & Life Pictures), 175 & 177 (Hulton Archive) **Heritage Image
Partnership:** 32 (British Library) **iStockphoto:** 6 (R. A. Sanchez), 23
(A. Kolundzija), 40 & 45 unten (J. Fernández) **Library of Congress:**
52, 141, 144, 149 oben, 151 oben, 154, 159, 166, 175 **Mary Evans
Picture Library:** 11, 12 (Tallandier/ Rue des Archives), 15, 20, 21, 22,
25 unten, 26, 35, 54, 60, 61, 72, 84 unten, 86, 87, 89, 92, 104, 108, 109
unten (AISA Media), 114, 126 unten, 138, 143 (ILN Pictures), 145,
150, 153 (ILN Pictures), 160, 161 (Tallandier/Rue des Archives), 163,
164 **Photos12.com:** 46 (ARJ), 65 (G. Rivet), 95 (ARJ), 171 unten
Photos.com: 7, 8, 123, 134, 140, 155, 156, 158, 167 **Public Domain:**
24, 33, 36, 75, 82, 90, 111 oben & unten **Ronald Grant Archive:**
186 **Science Photo Library:** 128, 137 (Royal Astronomical Society)
Shutterstock: Cover Back (TTstudio) **TopFoto:** 28 (J.P. Laurens/HIP),
67 (F. Taylor/ Fortean), 79 (Topham Picturepoint), 112 (Alinari), 183
(Topham Picturepoint), 185 oben (AP)

INHALT

EINLEITUNG   6

Kapitel I

LEICHENSYNODE, MÄTRESSENHERRSCHAFT
UND ANDERE VATIKANISCHE SKANDALE   8

Kapitel II

VÖLKERMORD: DIE KATHARER – TEIL 1   28

Kapitel III

VÖLKERMORD: DIE KATHARER – TEIL 2   50

Kapitel IV

PÄPSTE UND HEXEN   72

Kapitel V

DIE BORGIAS   98

Kapitel VI

DIE AFFÄRE GALILEI   122

Kapitel VII

DER GEFANGENE IM VATIKAN – TEIL 1   140

Kapitel VIII

DER GEFANGENE IM VATIKAN – TEIL 2   158

Kapitel IX

DER PAPST UND DIE NAZIS   172

REGISTER   190

REIHENFOLGE DER PÄPSTE   192

EINLEITUNG

Der Papst in Rom hat das älteste Amt inne, zu dem es einer Wahl bedarf. Das Papsttum existiert seit mehr als 2000 Jahren und hat die Geschichte Europas geprägt. Gleichzeitig ist es ein Spiegel der besten und der schlimmsten Seiten dieser Geschichte. Einige Päpste waren üble Ränkeschmiede. Sie mordeten, stahlen und trieben hemmungslos Unzucht. Andere waren von einer Grausamkeit, die ihre Zeitgenossen in Angst und Schrecken versetzte.

Das gilt vor allem für die sogenannten „finsteren Tage" des Papsttums, in denen eine hysterische Angst vor Zauberei und Ketzertum die Christenheit ergriff. Man duldete keinerlei Abweichung vom „wahren" Glauben, wie ihn die katholische Kirche vorgab. Einige der schlimmsten Verbrechen der Kirche geschahen – mit Billigung der Päpste – während jener fünf Jahrhunderte, in denen man versuchte, jegliche Form des „Irrglaubens" auszumerzen.

An den Katharern, einer Asketengemeinschaft aus dem Südwesten Frankreichs, die eine dualistische Form des Christentums lebte, beging man faktisch Völkermord. 1231 wurde die Inquisition eingeführt, um die Katharer in die Knie zu zwingen. Die Inquisitoren erzwangen Geständnisse mithilfe von Streckbänken und Daumenschrauben. Solche Prozesse endeten für die Angeklagten gewöhnlich auf dem Scheiterhaufen. Auf diese schreckliche Weise starben aber nicht nur sogenannte Ketzer und Häretiker, sondern auch Hexen, Zauberer und andere „Handlanger" des Teufels.

Auf weniger blutige Weise nahm sich die Inquisition des Naturforschers Galileo Galilei an. Man

verbot ihm im 17. Jahrhundert schlichtweg den Mund, nachdem er seine Beobachtungen über die Beschaffenheit des Universums veröffentlicht hatte, da seine Erkenntnisse der herrschenden katholischen Lehre widersprachen. Galilei behauptete nämlich, die Erde drehe sich um die Sonne. Für die Kirche aber stand die Erde im Zentrum des Universums. Galilei starb als Gefangener im eigenen Haus, und es vergingen 350 Jahre, bevor der Vatikan öffentlich eingestand, dass der große Forscher und Philosoph recht gehabt hatte.

Doch auch die Hausherren des Vatikans standen unter Hausarrest: jene fünf Päpste nämlich, die das Königreich Italien nicht anerkannten und sechzig Jahre lang den Vatikan nicht verließen. 1929 sah Pius XI. dann endlich ein, dass diese Isolation das Papsttum zum historischen Relikt werden ließ. Er unterzeichnete die Lateranverträge, die den Vatikan in die moderne Welt führten.

Zehn Jahre später sah Pius XII. sich mit den Tragödien der modernen Welt konfrontiert. 1939 suchten die Kriegsparteien des 2. Weltkriegs seine Unterstützung, die ihnen der Papst verweigerte. Durch seine distanzierte Haltung wurde er für die einen zum Helden, für die anderen zum Mittäter.

Der Petersdom im Vatikan (links) wurde zwischen 1506 und 1626 erbaut. Er gehört zu den heiligsten Stätten der Christenheit. Östlich davon erstreckt sich der Petersplatz, der von 284 dorischen Säulen eingefasst wird. Darüber erheben sich die Statuen von 140 Heiligen.

LEICHENSYNODE, MÄTRESSEN-HERRSCHAFT UND ANDERE VATIKANISCHE SKANDALE

Vor gut 1000 Jahren war mangelnde politische Stabilität in Rom an der Tagesordnung. Das Bild, das das Papsttum bot, war bestenfalls befremdlich, schlimmstenfalls erschreckend. Denn die Päpste waren korrupt, verschwenderisch und betrieben Ablasshandel im großen Stil.

Während der sogenannten „Päpstlichen Pornokratie" im frühen 10. Jahrhundert wurden die katholischen Päpste von ihren Geliebten manipuliert und zu Marionetten gemacht. Daher heißt diese Periode auch die „Hurenherrschaft".

WIE MAN EINEN ABGÄNGIGEN PAPST FINDET

Viele Päpste wurden ermordet, verstümmelt oder vergiftet. War ein Papst plötzlich von der Bildfläche verschwunden, war dabei meist Gewalt im Spiel. Hatte man ihn mit einem Kissen erstickt? Oder so verstümmelt, dass er sich nicht mehr in der Öffentlichkeit zeigen konnte? War er vielleicht

gar mit der päpstlichen Schatzkiste getürmt? Oder sollte man die Bordelle nach ihm absuchen? Meist gab es da keine eindeutige Antwort.

Eines aber ist gewiss: Bis ins 10. Jahrhundert waren die Päpste Spielball der Machtinteressen von Adelsfamilien wie dem Herrschergeschlecht derer von Spoleto, das über Venedig, Mailand, Genua, Pisa, Florenz und Siena herrschte. Ihr Reichtum und ihre guten Verbindungen zu Söldnerheeren ließen diese Familien zu Feudalherrschern

Benedikt IX. (oben) war einer der skandalträchtigsten Päpste. Er wurde als „Höllendämon in Gestalt eines Priesters" beschrieben. Päpste werden traditionell im Petersdom (links) bestattet. Die Kuppel wurde 1605 vom Architekten Carlo Maderna begonnen.

GEWALT IN JEGLICHER FORM

Es ist wirklich erstaunlich, wie viele Päpste während der Hurenherrschaft ein gewaltsames Ende fanden. 882 zum Beispiel dauerte es den Mördern von Johannes VIII. zu lange, bis ihr Opfer an dem Gift starb, das sie ihm verabreicht hatten. Also schlugen sie ihm noch den Schädel ein. Stephan IX. wurde verstümmelt: Man stach ihm die Augen aus, schnitt ihm die Zunge heraus und hackte ihm die Hände ab. Erstaunlicherweise überlebte er, durfte sich aber nicht mehr in der Öffentlichkeit zeigen. Benedikt V. verschwand nach Konstantinopel, nachdem er ein junges Mädchen verführt hatte. Den päpstlichen Schatz nahm er mit sich. Er scheint ein echter Verschwender gewesen zu sein, denn noch vor Ablauf eines Jahres ging ihm das Geld aus und er kehrte nach Rom zurück. Dort nahm er sein altes Leben wieder auf, hauchte es aber unter den 100 Messerstichen eines betrogenen Ehemannes aus. Dieser entsorgte die päpstliche Leiche in einer Klärgrube.

Bonifatius VI. wurde zum Papst gewählt, obwohl man ihn schon zweimal wegen unzüchtiger Lebensführung seines Amtes als Priester enthoben hatte. Man weiß nicht genau, wieso er verschwand. Es ist die Rede von Gicht, Gift oder schlicht Amtsenthebung, um Platz zu machen für einen anderen Papst. Danach übernahm Stephan VII. seinen Platz. Jedenfalls verschwand Bonifatius verdächtig schnell aus den

Papst Johannes VIII. wurde im Jahr 882 ermordet. Einen Giftanschlag überlebte er zunächst und wurde daraufhin von seinen Mördern zu Tode geprügelt.

Annalen der Geschichtsschreibung: Sein Papsttum währte nur 15 Tage. Seinem Nachfolger Stephan VII. fiel es zu, die päpstlichen Privilegien zu beschneiden, wie es Stephans Gönner, das mächtige Haus von Spoleto und seine Herrscherin, Herzogin Agiltrude, geboten. Stephan war es auch, der die berühmt-berüchtigte Leichensynode einberief.

aufsteigen. Sie waren ein übles Pack, das vor nichts zurückschreckte, um das angesehenste Amt der Christenheit unter ihren Einfluss zu bringen. Manchmal allerdings lohnte das Ergebnis den Aufwand nicht, weil der amtierende Papst nicht lange genug im Amt war. Zwischen 872 und 904 zum Beispiel folgten sage und schreibe 24 Päpste

Im neunten Jahrhundert waren die Päpste Spielbälle in den Händen der adeligen Familien.

aufeinander. Die längste Amtszeit dauerte zehn Jahre, danach gab es vier Päpste innerhalb eines Jahres. Zwischen 896 und 904 gab es neun Päpste, so viel wie im gesamten 20. Jahrhundert. Der Heilige Stuhl war also heiß umkämpft.

DIE MÖRDERISCHE HERZOGIN

Stephan VII. gehörte zu den kurzlebigen Päpsten. Er versprach seinen Gönnern, dem Hause Spoleto in Mittelitalien, einen Anteil an der päpstlichen Macht, doch sollte es diesen nur 15 Monate (896 bis 897) innehaben. Stephan war mit ziemlicher Sicherheit geistesgestört, zumindest ging man in Rom davon aus. Das hielt Herzogin Agiltrude aber

Stephan war mit ziemlicher Sicherheit geistesgestört, was im Rom jener Zeit allgemein bekannt war.

nicht davon ab, ihm im Juli 897 auf den Heiligen Stuhl zu helfen. Sie hatte dem Papst nämlich eine besondere Aufgabe zugedacht. Er sollte Papst Formosus, dem Vorgänger von Bonifatius VI., den Prozess machen.

Wie von fast allen legendären Gestalten hieß es auch von Agiltrude, sie sei unglaublich schön gewesen mit ihrem langen, blonden Haar und der schlanken Gestalt. Auf jeden Fall war sie ein wahrer Racheengel. 894 hatte sie ihren Sohn Lambert zu Papst Formosus gebracht, damit der ihn zum Kaiser salbte. Doch Formosus hatte anderes im Sinn. Er unterstützte Arnulf von Kärnten, einen Abkömmling Karls des Großen, des ersten deutschen Kaisers. Dem Papst war klar, dass Agiltrude das nicht so einfach hinnehmen würde, und darum rief er Arnulf zu Hilfe.

Arnulf dachte gar nicht daran, vor einem pubertären Jüngling wie Lambert oder seiner unerbittlichen Mutter zu kuschen. Er schickte eine Armee und Agiltrude zurück nach Spoleto. Am 22. Februar 896 wurde er von Formosus zum Kaiser gekrönt. Der frisch gekrönte Kaiser setzte Agiltrude hinterher, wurde jedoch von einer Lähmung befallen (vermutlich ein Schlaganfall), noch bevor er Spoleto erreichte. Am 4. April 896 hauchte dann Formosus das Leben aus – angeblich soll Agiltrude ihn vergiften haben lassen. Dabei war er anscheinend ein guter Papst gewesen, der sich um die Armen kümmerte, einen einfachen Lebensstil pflegte, fromm und keusch war. Diese christlichen Tugenden hatten in jenem Zeitalter der Dekadenz, Selbstsucht und Barbarei Seltenheitswert.

Doch so groß Formosus' Verdienste auch gewesen sein mochten, er konnte sich dem Sumpf seiner Kirche nicht entziehen, wo man sich leicht Feinde schuf. Formosus war vermutlich offener und ehrlicher, als gut für ihn war. So war es unklug, sich 872 der Wahl von Johannes VIII. zu widersetzen, als Formosus selbst unter den Kandidaten war. Auch dass er weiterhin mit einigen Feinden von Papst Johannes freundschaftlich verkehrte, war alles andere als eine kluge Taktik.

Diese schmiedeten ständig Komplotte gegen den amtierenden Papst und schreckten nicht einmal vor Bündnissen mit den Sarazenen, den erklärten Feinden der Christenheit, zurück.

In jener Zeit verschwanden Feinde des Papstes mitunter recht plötzlich. Und die warnenden Zeichen mehrten sich. Als Formosus' Verschwörerfreunde den päpstlichen Hof fluchtartig verließen, schloss er sich ihnen an, was ihm schnell den Vorwurf der Mitverschwörerschaft eintrug. Man klagte ihn abscheulicher Verbrechen an, so zum Beispiel, die Klöster in Rom beraubt und sich gegen das Papsttum verschworen zu haben. Dementsprechend hart wurde Formosus bestraft. 878 exkommunizierte man ihn. Als Formosus aber schwor, er würde nie wieder nach Rom zurückkehren oder die Funktion eines Priesters ausüben, wurde das Urteil wieder aufgehoben. Doch von seinem Amt als Kardinalbischof der portugiesischen Diözese Porto, welches er seit 864 bekleidete, musste er zurücktreten.

Papst Formosus soll 896 vergiftet worden sein. Auf jeden Fall wurde er nach seinem Tod im selben Jahr fürchterlich entstellt. Man schnitt ihm Kopf und Finger ab und warf seine Leiche in den Tiber.

ALLES VERGEBEN UND VERGESSEN – FÜRS ERSTE

Eine derartige Anklage gegen einen älteren Mann von bekanntermaßen untadeliger Moral und Aufrichtigkeit war so unsinnig, dass man dahinter unschwer die Machenschaften des amtierenden Papstes erraten kann. Bald darauf aber erfolgte die Vergebung. 882, nach dem Tode Johannes' VIII., rief dessen Nachfolger Marinus I. Formosus wieder nach Rom und gab ihm seine Diözese zurück. Neun Jahre später wurde Formosus selbst zum Papst gewählt. Allerdings beging er in seiner

Papst Johannes VIII. (sitzend) erteilt Karl dem Kahlen, König der Westfranken, nach der Kaiserkrönung 875 seinen Segen.

Eine derartige Anklage gegen einen älteren Mann von bekanntermaßen untadeliger Moral und Aufrichtigkeit war lächerlich.

BENEDIKT IX., DER DREIMAL-PAPST

Benedikt IX. kam 1012 als Sohn einer mächtigen Familie zur Welt. Schon zwei seiner Onkel hatten das Papstamt innegehabt: Benedikt VIII. und Johannes XIX. Sein Vater, Alberich III., war Herzog der Tuskulaner und mächtig genug, seinem Sohn den Papstthron zu sichern, als der junge Mann etwa zwanzig war. Damit war er einer der jüngsten Päpste und einer der lasterhaftesten. Man beschrieb ihn als „Vorreiter der Zügellosigkeit" und „Höllendämon in Gestalt eines Priesters". Man warf ihm mehrfach Ehebruch und Mord vor. Ein späterer Papst, Viktor III., beschuldigte ihn der Vergewaltigung, des Mordes und „anderer unaussprechlicher Akte". Benedikts Leben, so Papst Viktor, sei „so schändlich, erbärmlich und abscheulich gewesen, dass es mich allein beim Gedanken daran schaudert". Man warf ihm im Übrigen auch Homosexualität und Unzucht mit Tieren vor.

Benedikts Macht war angreifbar. 1036 wurde er aus Rom vertrieben, kehrte aber zurück und wurde 1045 erneut vertrieben, als er sein Amt für 680 Kilogramm Gold an seinen Paten, Johannes Gratianus, den Kardinalpriester der heutigen Lateranbasilika, verkaufte, der sich als Papst den Namen Gregor VI. gab. Diese Summe leerte die Kassen des Vatikans, sodass der Papst längere Zeit seine Rechnungen nicht bezahlen konnte.

Benedikt verschrieb sich daraufhin auf einem seiner Schlösser dem Müßiggang. Er wollte sich verehelichen, doch die ausersehene Dame, eine Cousine zweiten Grades, wies ihn zurück.

Wenige Monate später war er wieder in Rom und machte sich an die Rückeroberung seines päpstlichen Amtes. Er scheiterte und wurde 1046 vom Adel vertrieben. Ein weiterer Versuch hatte kurzzeitig Erfolg. 1048 aber setzte man Benedikt endgültig ab.

1049 klagte man ihn der Simonie, des Ämterhandels, an. Da er nicht vor Gericht erschien, wurde er exkommuniziert. Danach trat er von der historischen Bühne ab. Er soll 1056 gestorben sein, während er einmal mehr versuchte, auf den Heiligen Stuhl zu gelangen. Eine andere Quelle gibt als Todesjahr 1065 an, in dem er als Büßer in der Abtei Grottaferrata in den albanischen Hügeln bei Rom gestorben sein soll.

Benedikt IX. soll sein ausschweifendes Leben in Santa Maria di Grottaferrata südlich von Rom beendet haben.

fünfjährigen Amtszeit einen schwerwiegenden Fehler: Er verärgerte Herzogin Agiltrude und mit ihr das Herzogtum Spoleto. Mit seiner Politik als Papst machte er sich eine ganze Reihe von Feinden, vor allem, weil er den Einfluss von Nicht-Ordinierten (Laien) auf die Kirche begrenzen wollte.

Wohl aus diesem Grunde gab sich Agiltrude mit dem Tod eines ihrer Feinde und der ernsten Erkrankung des anderen noch nicht zufrieden. Ihr schwebte etwas viel Dramatischeres vor. Als Bonifatius VI., Formosus' Nachfolger auf dem Papstthron, aus dem Weg geräumt war, halfen sie und

ihr ebenso bösartiger Sohn Lambert Stephan VII. auf den Papstthron.

DIE DUNKLEN WERKE DES HASSES

Im Januar 897 verkündete Papst Stephan, dass in der Lateranbasilika, der Kirche des Papstes in seiner Funktion als Bischof Roms, eine Synode abgehalten werden sollte. Angeklagt wurde der mittlerweile seit neun Monaten tote Papst Formosus. Stephan VII. aber schien ihn aus Leibeskräften zu hassen. Stephan VII. war ein übler Patron, doch woher sein Hass gegen Formosus rührte, ist unbekannt:

Papst Stephan VII. machte aus dem Prozess ein Schauerstück: Er ließ den toten Papst exhumieren und setzte ihn bei der Leichensynode 897 auf die Anklagebank.

Möglicherweise genügte die Tatsache, dass er ein Parteigänger des Hauses Spoleto und seiner erbarmungslosen Herrscherin war. Doch selbst sein zwanghafter Hass vermag die schauderhaften Geschehnisse bei dem posthumen Prozess gegen Formosus im Januar 897 nicht zu erklären.

Denn gegen den toten Papst wurde keineswegs in Abwesenheit verhandelt. Auf Agiltrudes Drängen hin ließ man den verwesten Leichnam, der von seinem härenen Büßergewand nur mühsam zusammengehalten wurde, ausgraben und in päpstliche Gewänder stecken. Dann brachte man ihn in den Gerichtssaal, wo er auf einen Thron gesetzt wurde. Stephan VII. saß daneben und leitete die „Verhandlung". Mehrere Mitglieder des Klerus saßen über Formosus zu Gericht. Um sicherzustellen, dass sie auch ja nicht nach Recht und Gerechtigkeit vorgingen, hatte man sie vor dem Prozess massiv bedroht, sodass sie die Verhandlungstage in Angst und Schrecken verbrachten. Beim Prozess

brachte man erneut die Vorwürfe vor, die Papst Johannes VIII. gegen Formosus erhoben hatte. Stephan führte dann noch weitere Belege an, die zeigen sollten, dass Formosus für das Papstamt ungeeignet gewesen war: Er habe einen Meineid geschworen, weil er nach dem Heiligen Stuhl gierte, und damit Kirchenrecht verletzt.

DRAMA WÄHREND DER LEICHENSYNODE

Stephans Verhalten auf der Leichensynode war ein Skandal. Er hielt lange Tiraden gegen Formosus und beleidigte den toten Papst, dem man übrigens auch einen Verteidiger beigegeben hatte: einen achtzehnjährigen Diakon. Der unglückliche junge Mann sollte für Formosus antworten, hatte aber viel zu viel Angst vor dem tobenden Stephan, um groß den Mund aufzutun. Meist scheint er nur gemurmelt zu haben.

Am Ende des Prozesses, der später als „Leichensynode" bekannt wurde, erging unvermeidlich der Schuldspruch in allen Anklagepunkten. Und die Strafe folgte auf dem Fuß. Stephan erklärte alle Anordnungen und Handlungen des früheren Papstes für null und nichtig. Auf Stephans Befehl nahm man dem toten Formosus die päpstlichen Gewänder weg und steckte ihn in Laiengewänder. Die drei Finger der rechten Hand, mit denen der päpstliche Segen erteilt wird, hackte man ihm ab. Die abge-

> Man nahm dem toten Formosus die päpstlichen Gewänder weg und steckte ihn in Laiengewänder. Die drei Finger der rechten Hand, mit denen der päpstliche Segen erteilt wird, hackte man ihm ab.

hackten Finger – oder vielmehr das, was nach neun Monaten im Grab von ihnen übrig war – wurden Agiltrude ausgehändigt, die den Prozess voller Genugtuung verfolgt hatte. Schließlich ordnete Stephan an, dass Formosus in einem gewöhnlichen Grab beigesetzt werden sollte. Doch das Ganze sollte noch ein schauerliches Nachspiel haben: Man grub nämlich den wieder bestatteten Leichnam aus, um ihn durch die Straßen Roms zu schleifen und mit Gewichten beschwert in den Tiber zu werfen.

Doch Formosus war von Kirchenmännern und der Bevölkerung Roms gleichermaßen geschätzt worden. Ehe er 891 zum Papst gewählt worden war, hatte es Unmutsbezeugungen gegeben, weil viele keinen anderen Papst wollten als ihn. Es fanden sich also genügend Helfer, als ein Freund des ehemaligen Papstes darum bat, seine vielfach geschändeten sterblichen Überreste vom Grund des Tibers heraufzuholen. Formosus wurde ein weiteres Mal bestattet, dieses Mal auf einem normalen Friedhof. Wie die Rettung des

> Formosus wurde ein weiteres Mal bestattet, dieses Mal auf einem normalen Friedhof. Wie die Rettung des Leichnams wurde auch die neuerliche Bestattung geheim gehalten.

Leichnams wurde auch die neuerliche Bestattung geheim gehalten. Hätten die Feinde von Formosus – vor allem Papst Stephan und Herzogin Agiltrude – davon erfahren, hätten sie die sterblichen Überreste vermutlich wieder geschändet.

Die Leichensynode, auch bekannt unter der lateinischen Bezeichnung *Synodus Horrenda*, führte zu einem Aufstand in Rom. Auslöser war der Einsturz der Lateranbasilika, nachdem Stephan und Agiltrude nach dem Prozess die Kirche verlassen hatten. Die Kirche war zwar schon lange baufällig, das Volk aber deutete den Einsturz als Zeichen des göttlichen Unwillens über die Leichensynode. Bald flüsterte man auf den Straßen, dass die Leiche von Papst Formosus da und dort Wunder gewirkt hätte, was man gewöhnlich nur von Heiligen erzählt.

Der widerliche Schauprozess und die folgende Leichenschändung überzeugten jedenfalls einen Großteil der Priesterschaft, dass Stephan VII. seinem Amt nicht gerecht wurde. Diese Haltung wurde natürlich auch durch Stephans Urteil

Diese Darstellung zeigt den Leichnam von Formosus in deutlich besserem Zustand, als es der Realität entsprochen haben dürfte: Formosus war schließlich schon neun Monate tot.

VATIKAN-LEXIKON

SIMONIE

Als „Simonie" bezeichnet man den Kauf oder Verkauf von kirchlichen Ämtern und Pfründen, was als schweres Verbrechen gilt. Benannt wurde es nach Simon Magus, einem Zauberer aus der Bibel, der versucht hatte, die Apostel Petrus und Johannes zu bestechen. Im Neuen Testament heißt es dazu:

Als Simon sah, dass durch die Handauflegung der Apostel der Heilige Geist verliehen wurde, brachte er ihnen Geld und sagte: „Gebt auch mir diese Macht, damit jeder, dem ich die Hände auflege, den Heiligen Geist empfängt." Petrus aber sagte zu ihm: „Dein Silber fahre mit dir ins Verderben, wenn du meinst, die Gabe Gottes lasse sich für Geld erkaufen."

NEPOTISMUS

Dieser Begriff leitet sich ab von dem lateinischen *nepos* für „Neffe" oder „Enkel" und bezeichnet die ungerechtfertigte Bevorzugung der eigenen Verwandtschaft, auch Vetternwirtschaft genannt. Manche Päpste verliehen ihren Verwandten hohe kirchliche Stellungen, die sie durch eigenes Verdienst nie erhalten hätten. Der Nepotismus war in der mittelalterlichen Kirche weit verbreitet, was in gewisser Weise auch verständlich ist, da ein Papst viele Feinde hatte und danach trachtete, eine loyale Anhängerschaft um sich zu scharen.

gefördert: Da Formosus' Entscheidungen für null und nichtig erklärt worden waren, verloren auch alle von Formosus eingesetzten Würdenträger ihre Ämter.

PAPST STEPHAN TRITT VOR SEINEN SCHÖPFER

Diese Feindseligkeit schlug bald in offenen Widerstand um. Im August 897, acht Monate nach Ende der Leichensynode, gab es eine „Palastrevolution" und Stephan VII. wurde abgesetzt. Auch ihm riss man die päpstlichen Gewänder und Insignien vom Leibe und warf ihn ins Gefängnis. Dort wurde er bei Nacht und Nebel mit einem Kissen erstickt. Doch damit waren die dunklen Tage des Papsttums noch keineswegs zu Ende. Zum einen war Agiltrude noch höchst lebendig und keineswegs gewillt, ihren Einfluss auf den Papstthron preiszugeben.

> Man nahm Stephan die päpstlichen Gewänder und Insignien weg und warf ihn ins Gefängnis, wo er mit einem Kissen erstickt wurde.

Mit dem neuen Papst Romanus allerdings hatte sie weniger Glück als mit ihrem Schützling Stephan VII. Romanus wurde 897 zum Papst gewählt, saß aber nur drei Monate auf dem Heiligen Stuhl. Romanus fiel einer Partei zum Opfer, die sich gegen Agiltrude und das Haus Spoleto wandte. Der unglückliche neue Papst wurde „zum Mönch gemacht", was heißt, dass man ihn absetzte.

REHABILITIERUNG DES FORMOSUS

Romanus' Nachfolger, Papst Theodor II., hatte noch weniger Glück, aber er konnte wenigstens den geschundenen Formosus rehabilitieren. Er ordnete an, dass man den Leichnam des früheren Papstes wieder in päpstliche Gewänder kleidete und ihn mit vollen Ehren im Petersdom bestattete. Außerdem annullierte er das Urteil der Leichensynode und alle weiteren Entscheidungen dieses Gerichts. Zur Freude der von Formosus ernannten Kleriker setzte er sie wieder in ihre Ämter ein, als hätten die Leichensynode und der wahnsinnige Papst Stephan VII. nie existiert. Leider trug das Theodor II. keinen Lohn ein. Er starb unter geheimnisvollen Umständen nach nur 20 Tagen im Amt im November 897. Sein Nachfolger, Papst Johannes IX., verbot jedoch Prozesse gegen tote Personen.

Zehn Jahre später ließ Sergius III., der 904 zum Papst gewählt worden war, Papst Formosus allerdings wieder ausgraben und

Theodor II. hatte das Papstamt nur zwanzig Tage inne, doch das genügte, um den guten Namen von Papst Formosus wiederherzustellen.

PAPST SERGIUS III: DAS BÖSE IN PERSON

Von Sergius III. hieß es, er habe „unendlich viele Schandtaten mit leichten Mädchen" begangen, sei „Sklave jedes einzelnen Lasters" und überhaupt „das Böse in Person". Sein Leben war eine Abfolge von Skandalen und dekadenten Machenschaften, zu denen vermutlich auch der Mord an einem, wenn nicht an zwei Päpsten gehörte. Anscheinend hatte er den Mord an Papst Leo V. und dem Gegenpapst Christophorus in Auftrag gegeben, die beide 904 im Gefängnis erstickt worden waren. Damit war der Weg frei für Sergius, der sich selbst zum Papst machte. Drei Jahre später nahm er Marozia zur Mätresse, die ihre Mutter Theodora dem Papst im Alter von nur fünfzehn Jahren „anvertraute". Sergius war dreißig Jahre älter, schien aber schon seit neun Jahren auf Marozias Reife gewartet zu haben, seit er sie 897 bei der Leichensynode kennengelernt hatte. Marozia besaß wohl eine starke sexuelle Anziehungskraft, denn Sergius vergaß sie nie, obwohl er in der Zwischenzeit andere Geliebte hatte. Sergius und

Seine Kritiker belegten Sergius III. und seinen dekadenten Lebenswandel mit jedem nur erdenklichen Schimpfwort.

Marozia hatten einen Sohn zusammen, der zu Papst Johannes XI. wurde. Sergius starb 911, aber Marozia hatte mittlerweile Geschmack am Papsttum gefunden und an der Macht, die sie über diese Männer ausüben konnte.

machte den sterblichen Überresten erneut den Prozess. Sergius war – damals als Kardinal – beisitzender Richter der Leichensynode gewesen, und es erboste ihn ungemein, dass sein Urteil annulliert worden war. Sergius erklärte das Urteil wieder für rechtskräftig und ließ sich ein paar makabre Sanktionen einfallen.

> Sergius ließ Formosus' toten Körper köpfen und ihm weitere drei Finger abschneiden, bevor er ihn erneut im Tiber versenkte.

Er befahl, den Leichnam des Formosus zu köpfen und ihm weitere drei Finger abzuschneiden, ehe man ihn einmal mehr in den Tiber warf. Und er ließ für Stephan VII. eine ehrenvolle Grabinschrift verfassen.

> Bald darauf tauchte der kopflose Leichnam wieder auf, als er sich in einem Fischernetz verfing.

Kurz danach tauchte der kopflose Leichnam von Formosus erneut auf, weil er sich in einem Fischernetz verfangen hatte. Nachdem man ihn aus dem Fluss gefischt hatte, wurde er wieder im Petersdom beigesetzt, denn Sergius hatte mit seinen Aktionen gegen das Verbot posthumer Prozesse verstoßen, das Johannes IX. erlassen hatte. Damit war dessen Urteil hinfällig. Nichtsdestotrotz ließ man öffentlich Formosus' Unschuld verkünden. Formosus wurde rehabilitiert, seine Beschlüsse offiziell wieder für gültig erklärt.

Die Anstifterin der Leichensynode, Herzogin Agiltrude, war noch am Leben, als Formosus ein zweites Mal rehabilitiert wurde, doch ihre zu Stephans Zeiten ungetrübte Macht war in der Zwischenzeit geschwunden. Agiltrudes Stellung hatte einen schwerwiegenden Nachteil: Sie war auf Marionetten wie Stephan VII. angewiesen, um Macht ausüben zu können. Sie musste diese Strohmänner in die entsprechenden Positionen hieven, um durch sie herrschen zu können. Und natürlich waren es ihre familiären Beziehungen, die sie zu einer der wichtigsten Strippenzieherinnen im frühmittelalterlichen Italien machten. Ihr Ehemann Guido von Spoleto und ihr Sohn Lambert waren die eigentlichen Herrscher. Als Guido am 12. Dezember 894 starb, verlor Agiltrude ihre Stellung als Herzogin von Spoleto und Camerino, Königin von Italien und Kaiserin des Römischen Reiches. Natürlich übernahm Lambert diese Titel, jedoch – wie wir gesehen haben – nicht ohne auf mächtige Gegner zu stoßen. Außerdem starb er vor seiner Mutter im Jahr 898, und so war Agiltrudes Macht am Ende.

Sie selbst starb 923, doch zu jener Zeit hatten andere Frauen Mittel und Wege gefunden, Macht über die Päpste auszuüben. Sie hießen Theodora und Marozia, die zu Mätressen der Päpste wurden. Theodora wurde als „schamlose Hure" bezeichnet und ihre zwei Töchter Marozia und Theodora die Jüngere waren angeblich „nicht besser als ihre Mutter."

Weder die ältere Theodora noch Marozia konnten dem schnellen Wechsel auf dem Papstthron Einhalt gebieten, ja sie schienen ihn noch zu beschleunigen. In den ersten Jahren des 10. Jahrhunderts waren kurze Amtszeiten die Regel. Das lag

> Kurze Amtszeiten von weniger als einem Jahr waren häufig. Die Päpste starben meist eines gewaltsamen Todes im Gefolge der Machtkämpfe jener Zeit.

vor allem am gewaltsamen Tod vieler Päpste im Gefolge des anhaltenden Machtkampfs um den Heiligen Stuhl. Andere blieben vielleicht ein oder zwei Jahre im Amt, selten jedoch länger. Die Päpste folgten so schnell aufeinander, dass ihre Diener reich wurden, indem sie nach deren Tod ihre persönlichen Habseligkeiten zu Geld machten.

DIE PORNOKRATIE ODER HURENHERRSCHAFT

Diebstähle waren in jener Zeit der Korruption, Liederlichkeit und Käuflichkeit, die man als „päpstliche Pornokratie" oder „Hurenherrschaft" bezeichnet, noch geringfügige Vergehen. Das Papsttum schien damals fest in der Hand der päpstlichen Mätressen zu sein. Wie Marionetten, deren Fäden einst von Agiltrude so geschickt gezogen worden waren, wurden die Päpste zu willigen Erfüllungsgehilfen von Dekadenz und Unmoral, was für diese Ära bezeichnend ist.

Ein lombardischer Geschichtsschreiber aus dem 10. Jahrhundert, Bischof Liutprand von Cremona, war ein Gegner Roms wie des Papsttums. In seiner Chronik *Antapodosis*, einer Geschichte Europas von 886 bis 950, schreibt er:

> *Sie jagten auf Pferden mit goldenem Zaumzeug und hielten nach der Jagd üppige Bankette mit Tänzerinnen ab. Sie zogen sich mit [ihren] Huren in seidene Bettlaken mit goldenen Stickereien zurück. Alle römischen Bischöfe waren verheiratet und ihre Frauen machten sich aus den heiligen Gewändern prunkvolle Kleider.*

Bischof Liutprand nannte insbesondere Theodora und Marozia „zwei lüsterne Kaiserinnen, die das Papsttum des 10. Jahrhunderts beherrschten". Theodora, so meinte er, sei „eine schamlose Hure". Sie sei „zu einem bestimmten Zeitpunkt die eigentliche Herrscherin Roms" gewesen, und „so schmachvoll es ist, dies niederzuschreiben, so übte sie doch Macht aus wie ein Mann". Ihre zweite Tochter, Theodora die Jüngere, entkam der Schelte ebenfalls nicht. Liutprand fuhr fort, sie sei „ihrer Mutter in den Übungen überlegen, die Venus liebt". Das war ungerecht gegenüber Theodora der Jüngeren, die, wie es scheint, ein tadelloses Leben führte und sich ganz den guten Werken widmete. Was Liutprand über Marozia schreibt, trifft hingegen schon eher den Kern der Sache. Marozia nämlich lebte auf der Tiberinsel, und dort schienen Mäßigung und Moral unbekannt gewesen zu sein.

> Marozia lebte auf der Tiberinsel, und dort schienen Mäßigung und Moral unbekannt zu sein.

Liutprand beschrieb auch im Detail, wie Theodora einen hübschen jungen Priester verführte und ihn zum Bischof von Bologna und danach zum Erzbischof von Ravenna machen ließ. Später jedoch schien sie ihre Großzügigkeit zu bereuen. Sie vermisste ihren Liebhaber nur allzu bald und ließ ihn nach Rom kommen, damit er ihr „nachts beiwohnen" könne. 914 machte sie ihn zum Papst. Vermutlich ist er auch der Vater von Theodora der Jüngeren.

FLECKEN AUF DEM PAPSTGEWAND

Papst Johannes X. passte gut in die pornokratische Gesellschaft, die er in Rom vorfand. Er war ein geschickter Kriegsherr, der gegen die muslimischen Sarazenen so manche Schlacht focht und gewann. Doch er befleckte sein Andenken durch hemmungslosen Nepotismus. Er machte seine Familie reich und herrschte ohne jeden Moralgrundsatz. Statt Theodora für ihre Unterstützung dankbar zu sein, verließ er sie, sobald er die bezaubernde junge Tochter von Hugo von der Provence, dem künftigen König Italiens, kennengelernt hatte.

THEODORAS PÄPSTE

Als Theodora 914 Johannes X. auf den Papstthron hievte, hatte sie als Papstmacherin bereits Erfahrung. Sie schätzte sanfte Naturen wie Benedikt IV., die sie herumkommandieren konnte. Benedikt war von 900 bis 903 im Amt. Andererseits hatte sie eine gewisse Vorliebe für Schurken wie Lando I., der zwischen 913 und 914 sieben Monate lang Papst war. Über ihn ist nur wenig bekannt, allerdings scheint er sein Vermögen schon in jungen Jahren mit „unzüchtigen Weibern" durchgebracht zu haben. In einer mittelalterlichen Chronik heißt es sodann, er sei „endlich gegangen" – das ist eine schönfärberische Umschreibung dafür, dass der Sünder von Gott mit dem Tod bestraft worden war.

Papst Johannes X. war der Liebhaber von Marozias Mutter Theodora. Sie ließ ihn 914 zum Papst wählen, doch er dankte ihr das nicht: Er verließ sie um jüngerer Frauen willen.

Marozia hingegen war nicht besonders erfreut über die Machenschaften ihrer Mutter und so beschloss sie, sowohl Johannes X. als auch ihre Mutter aus der päpstlichen Einflusssphäre zu verjagen und einen eigenen Kandidaten aufzustellen: Ihr illegitimer Sohn mit Sergius III., geboren etwa um 910, sollte Papst werden. Als Johannes X. den Heiligen Stuhl eroberte, war Marozias Sohn erst vier Jahre alt, ein bisschen jung fürs Pontifikat, selbst fürs Mittelalter, wo es durchaus Päpste gab, die gerade mal der Pubertät entwachsen waren.

So blieb Marozia genug Zeit, um ihre Pläne auszuhecken. Sie hatte die Herzogin bei der Leichensynode erlebt und nahm sie wohl als

Bildnis von Marozia, der „schamlosen Hure", die sich im Rom des 10. Jahrhunderts den Weg zur Macht mit ihrem Körper erkaufte und ihrem Liebhaber, Papst Sergius III., an Bosheit und Lasterhaftigkeit in nichts nachstand.

EINE INSEL DER DEKADENZ

Wer Marozias Domizil auf der Tiberinsel in Rom besuchte, war meist von Adel oder hatte einen hohen Rang in der Kirche inne. Selbst Bischöfe kamen auf die Insel, auf der ein Lebensstil gepflegt wurde, der mit christlicher Askese nichts gemein hatte. Neben Sex – und das reichlich – widmete man sich der Eber- und Falkenjagd, wie das für den Adel jener Zeit üblich war. Man ging zwar zur Kirche, aber ohne Sporen oder Schwert abzulegen. Vor der Kirche standen die Pferde bereit, sodass die Besucher der Messe nur aufzuspringen und davonzureiten brauchten.

Diese Männer pflegten einen verschwenderischen Lebensstil. In ihren Villen stellten sie jeglichen nur vorstellbaren Luxus zur Schau. Eben diese dekadente Gesellschaft scheint Marozia geliebt zu haben.

Johannes XI. mit seiner Mutter Marozia auf der Tiberinsel. Er war erst 21 Jahre alt, als seine Mutter ihn 931 zum Papst machte.

Vorbild. Wie Agiltrude war Marozia von Hass getrieben: Sie wollte Rache und sie wollte sich durchsetzen – um jeden Preis. Und wie viele, die auf Rache sinnen, hatte Marozia einen langen Atem und ein gutes Gedächtnis.

Wofür aber wollte sie Rache? Für den Tod ihres ersten Mannes, Markgraf Alberich von Spoleto, den

> Wie Agiltrude war Marozia von Hass getrieben: Sie wollte Rache und sie wollte sich durchsetzen – um jeden Preis.

**Die muslimischen Sarazenen waren die Feinde Europas.
827 eroberten sie Sizilien. Papst Johannes X. führte eine
christliche Armee an, um die Eindringlinge zu vertreiben.**

sie 909 geehelicht hatte. Alberich war ein echter
Querkopf aus einer Familie, die auf eine lange Tradition der Intrigen, Mordkomplotte, Ehebrüche, Simonie und andere weltliche Sünden zurückblicken
konnte. Die Grafen der Lombardei waren als Papst-
macher bekannt, hatten sie doch sieben Mitglieder
ihrer Familie auf den Heiligen Stuhl gehievt.

Marozia passte also gut in den familiären Rah-
men. Sie erkannte das Potenzial ihres Gatten und
den Ehrgeiz, der in ihm loderte. Also versuchte sie
ihn zu einer Rebellion gegen Johannes X. zu bewegen. Er sollte den Marsch auf Rom wagen und den
Papstthron im Handstreich nehmen. Diesmal aber
hatte sich Marozia verschätzt. Johannes X. war kein
Weichei, wie so viele der „Huren-Päpste". Er war
ein gewiefter Kriegsmann und hatte schon einen
bedeutenden Sieg erfochten.

915 war er an der Spitze einer Armee gegen die
Sarazenen gezogen und hatte ihnen am Gariglia-
nofluss die Stirn geboten, etwa 200 Kilometer
nördlich von Rom, wo die Sarazenen ein Emirat
gegründet hatten. Neun Jahre später gelang es

Marozia schließlich, ihren Mann zum Marsch auf
Rom zu überreden. Doch Alberichs Heer erlitt bei
Orte im Lazio, einer Region in Mittelitalien, eine
verheerende Niederlage. Der Graf wurde getötet
und sein Körper grausam verstümmelt. In einer
brutalen Zurschaustellung von Grausamkeit zwang
der siegreiche Papst Marozia, sich die Überreste

---

*In einer brutalen Zurschaustellung
von Grausamkeit zwang Papst
Johannes X. Marozia, sich die verstümmelten Überreste ihres Gatten
anzusehen, was sie ihm nie verzieh.*

---

ihres Gatten anzusehen. Diese schreckliche Insze-
nierung verzieh sie ihm nie.

Doch sie wartete mit ihrer Rache, solange ihre
Mutter Theodora noch lebte. Entweder aus Ach-
tung vor ihr oder weil sie Vergeltung seitens ihrer
Freunde fürchtete, unternahm Marozia vorläufig
nichts gegen Johannes X. 924 allerdings erregte er
abermals ihren Zorn, als er sich mit Hugo von der

Provence verbündete, dem neuen König von Italien, und so Marozias Einfluss in Rom bedrohte.

Zwei Jahre später heiratete Marozia wieder: den einflussreichen Guido, Graf und Herzog von Lucca und Markgraf der Toskana. Diese Ehe stärkte Marozias Position. 928 starb ihre Mutter. Natürlich hieß es, Marozia habe sie vergiften lassen. Sicher war sie skrupellos genug, um ihre eigene Mutter zu töten. Jedenfalls vereinfachte Theodoras Tod Marozias Rachepläne enorm, denn ohne seine vormalige Fürsprecherin war Papst Johannes X. angreifbarer. Marozia und ihr Mann Guido machten sich diese Situation zunutze.

MORD IM PAPSTPALAST

Das Paar arrangierte zunächst den Mord an Johannes Petrus, dem Präfekten von Rom und Bruder von Johannes X. Petrus hatte von Johannes einige Ämter übertragen bekommen, die ihm sehr viel Geld eintrugen, aber der römische Adel sah dies als typischen Fall von Vetternwirtschaft an. Doch in Marozias Schachspiel war er nur ein Bauer, der ihren Plänen im Weg stand, da er seinen Bruder auf Biegen und Brechen unterstützte. Als Johannes Petrus aus dem Weg geräumt war, war es nur eine Frage der Zeit, bis der Papst selbst verhaftet und in den Kerker im Castel Sant'Angelo geworfen wurde. Er starb bald darauf, entweder – Liutprand zufolge – weil man ihn erstickt hatte oder – dem französischen Chroniker Flodoard zufolge – weil er unter Angstzuständen litt.

Nun hatte Marozia gewonnen und herrschte unangefochten unter den Papstmachern von Rom, doch dies war eine Täuschung, denn alles, wofür Marozia so lange gekämpft hatte, sollte ihr unter den Fingern zerrinnen. Sie setzte zwar zwei weitere Marionettenpäpste auf den Thron. Der Erste war Leo VI., der 928 gewählt wurde und im selben Jahr starb. Er soll nach nur sieben Monaten im Amt von Marozia vergiftet worden sein. Sein Nachfolger war Stephan VIII., der es immerhin von 928 bis 931 schaffte, auf dem Thron zu bleiben. Das scheint in der raschen Aufeinanderfolge der Päpste jener Zeit durchaus ungewöhnlich zu sein, doch wir dürfen nicht vergessen, dass Marozia einfach nur auf Zeit

Papst Leo VI. war einer der kurzlebigen Päpste zur Zeit der Pornokratie. Er wurde im Juni 928 gewählt und war nur sieben Monate im Amt. Man weiß nicht viel von ihm, nur dass er zu den Päpsten gehört, die im Petersdom begraben sind.

> Marozia setzte zwei weitere Marionettenpäpste auf den Stuhl Petri, doch nur so lange, bis ihr illegitimer Sohn alt genug war, um zum Papst gewählt zu werden.

spielte, bis ihr Sohn das richtige Alter hatte. 931, als er 21 war, gerade so alt, dass er Papst werden konnte, machte seine Mutter ihn zu Papst Johannes XI.

Marozias zweiter Mann hatte 929 das Zeitliche gesegnet. Drei Jahre später erlaubte Johannes XI. seiner Mutter, ihren ehemaligen Feind, König Hugo von Italien, zu ehelichen, den Halbbruder des verstorbenen Guido und damit ihr Schwager. Diese Verbindung war nach kirchlichem Recht unmöglich, denn die Ehe zwischen Verschwägerten galt als Inzest. Ein weiteres Problem war, dass Hugo schon verheiratet war, aber das erledigte Papst Johannes ganz elegant durch eine Blitz-Scheidung. Der Papst nahm auch an der Vermählung teil und verlieh ihr damit einen legitimen Anstrich, die sie eigentlich nicht besaß.

Marozias dritte Ehe war gleich in mehrerlei Hinsicht ungesetzlich, z.B. galt die Ehe zwischen Verschwägerten als Inzest.

Johannes hatte seiner Mutter geholfen, doch ihre Freude darüber sollte nur kurz währen. Seit ihrem Triumph, was Papst Johannes XI. anging, hatte sie sich nicht mehr um ihren zweiten – legitimen – Sohn bekümmert, dessen Vater Marozias erster Mann war: Alberich, Markgraf von Spoleto. Der junge Alberich II. war eifersüchtig auf seinen älteren Halbbruder und das Interesse, das seine Mutter an ihm hatte. Schon bald zeigte er, dass er ein wahrer Erbe seines Vaters war. Er konnte sich mit dem dritten Gatten seiner Mutter nicht anfreunden, und so beleidigte er diesen auf der Hochzeit grob. Hugo gab ihm mit gleicher Münze heraus und schließlich ohrfeigte er den jungen Mann, der sich seiner Ansicht nach ungeschickt angestellt hatte.

Alberich glühte vor Zorn und schwor Rache. Was er jedoch als Nächstes tat, ging möglicherweise auf das Gerücht zurück, König Hugo wolle ihn blenden lassen – eine im Mittelalter durchaus gebräuchliche Strafe, um seine Gegner unschädlich zu machen, ohne sie zu ermorden.

MAROZIA IM KERKER

Hugo und Marozia waren erst wenige Monate verheiratet, als Alberich eine Söldnertruppe aufstellte und Castel Sant'Angelo angriff, wo das Paar lebte. Die beiden wurden von dem Lärm unsanft aus dem Schlaf gerissen. Hugo, der Angst hatte, man würde ihn enthaupten, entkam. Er verbarg sich im Nachtgewand in einem großen Korb und ließ sich von seinen Dienern wegtragen. Dann ließ er sich mit einem Seil an der Stadtmauer hinunter und

Alberich ließ seine Mutter in den tiefsten Kerker der Engelsburg werfen. Damals war sie erst 42 Jahre alt.

floh. Marozia blieb mit ihrem rachelüsternen Sohn allein. Und Alberichs Vergeltung war schrecklich. Er ließ seine Mutter im tiefsten Verlies der Burg einkerkern. Es heißt, sie habe das Tageslicht nicht mehr erblickt. Damals war sie 42 Jahre alt und eine schöne Frau, doch die nächsten 54 Jahre sollte sie in Castel Sant'Angelo vermodern.

Auch Papst Johannes XI. steckte er ins Gefängnis, während er weiter an seiner Machtposition arbeitete. Sobald er unangefochten über Rom herrschte, ließ Alberich Johannes XI. aus dem Gefängnis holen, um ihn in der Lateranbasilika unter Hausarrest zu stellen. Nun hatte Johannes seine Macht als Papst verloren. Er durfte nur noch die Sakramente spenden. An derlei bereits gewöhnt, ließ sich Papst Johannes XI. davon nicht beirren. Zuvor war er die Marionette von Marozia gewesen, nun die seines Halbbruders. Die kirchliche und weltliche Macht in Rom lag in den Händen von Marozias Söhnen.

Johannes lebte noch vier Jahre unter der Herrschaft seines Bruders. Er starb 935. Alberich

Das prunkvolle Innere der Lateranbasilika, der Kathedrale der Diözese Rom und wichtigsten Kirche des Vatikans. In der Mitte der Papstthron.

versuchte sich nun selbst im Geschäft des Papstmachens. Bevor er 954 im Alter von 43 Jahren starb, hatte er vier Päpste ernannt. Noch auf dem Totenbett machte er seinen illegitimen sechzehnjährigen Sohn Octavian zu deren Nachfolger. Octavian wurde 955 Papst und nahm den Namen Johannes XII. an – er erwies sich als blanke Katastrophe.

Papst Johannes XII. war so liederlich, dass man anscheinend in den Klöstern um seinen baldigen Tod betete. Offenkundig gab es keine Sünde, die er nicht beging. Er betrieb in der Lateranbasilika ein Bordell, wo er Marcia, eine seiner Geliebten, zur Kupplerin machte. Er schlief mit der Geliebten seines Vaters und seiner eigenen Mutter. Er belohnte seine Geliebten nach leidenschaftlichen Nächten schon mal mit goldenen Kelchen aus dem Petersdom. Einen Kardinal ließ er blenden, einen anderen kastrieren. Pilger, die nach Rom kamen, verloren ihre Opfergaben, wenn der Papst sie entwendete, um sie im Würfelspiel als Pfand zu setzen. Dabei flehte er die heidnischen Götter um Glück an. Frauen riet man, sich nicht in die Nähe der Lateranbasilika zu begeben, denn der Papst war sich auch für eine Vergewaltigung nicht zu schade. Bald waren die Bürger Roms über ihren Kirchenvater so empört, dass Johannes begann, um sein Leben zu fürchten. Also plünderte er den Petersdom und floh nach Tivoli, etwa dreißig Kilometer nördlich von Rom.

Johannes XII. fügte dem Papsttum solchen Schaden zu, dass eine Synode einberufen wurde, um zu beratschlagen, wie man mit ihm umgehen sollte. Alle italienischen Bischöfe und 16 Kardinäle sowie andere Kirchenmänner (unter anderem aus Deutschland) saßen über den verdorbenen jungen Mann zu Gericht. Sie beriefen Zeugen ein und hörten Aussagen an, die unter Eid geleistet wurden. Schließlich stellten sie in einem Brief eine Liste seiner Taten zusammen. In einem Brief schrieb der römisch-deutsche Kaiser Otto I. an Johannes:

Jedermann, Kirchenmänner ebenso wie Laien, klagt Euch, Eure Heiligkeit, folgender Tatbestände an: Mord, Meineid, Gotteslästerung, Inzest mit den eigenen Verwandten, darunter zwei Eurer Schwestern, und der Anrufung von Jupiter, Venus und anderen Dämonen, als wärt Ihr ein Heide.

Papst Johannes war immer noch im Exil in Tivoli. Er antwortete Otto I. mit Drohungen, sodass man in Rom das Schlimmste zu fürchten begann. Wenn die

Der lasterhafte Papst Johannes XII., der in der Lateranbasilika ein Bordell einrichtete, krönt 962 Otto I. zum römisch-deutschen Kaiser.

Papst Johannes XII. drohte aus dem Exil in Tivoli, jeden zu exkommunizieren, der es wagen sollte, ihn abzusetzen.

Synode ihn absetzen würde, würde er alle exkommunizieren, die sich daran beteiligt hätten, damit sie weder die Messe lesen noch die Ordination erteilen könnten. In kirchlicher Hinsicht war dies die schlimmste Strafe, die ein Papst androhen konnte. Exkommunikation hieß, dass man des Schutzes der Kirche verloren ging und seine unsterbliche Seele riskierte.

DIE RACHE VON JOHANNES XII.

Trotz der angedrohten Exkommunikation setzte die Synode Johannes mit Zustimmung von Kaiser Otto I. ab und wählte einen neuen Papst, der sich den Namen Leo VIII. gab. Johannes ließ sich das natürlich nicht bieten. Als er 963 nach Rom zurückkehrte, fiel seine Rache weit schlimmer aus als angedroht. Er vertrieb Papst Leo VIII., doch statt die Synodenmitglieder zu exkommunizieren, ließ

Das Bild zeigt Leo VIII., der die Unterstützung des römisch-deutschen Kaisers Otto I. hatte, aber sich gegen seinen Gegner Johannes XII. erst durchsetzen musste. Leo war von 963 an acht Monate im Amt.

er sie hinrichten oder foltern. Einem Bischof ließ er bei lebendigem Leibe die Haut abziehen, einem Kardinal ließ er Nase und zwei Finger abschneiden sowie die Zunge herausreißen. Insgesamt ließ er

LEO·VIII·PAPA ROMANVS

Von Papst Johannes XII. hieß es, er sei ein „wahrer Wüstling und inzestuöser Satanist" – hier in einer unpäpstlichen Pose mit einer kaum bekleideten Frau, möglicherweise seiner Mutter Marozia.

Gatten der Dame entdeckt, der ihm in gerechtem Zorn den Schädel mit einem Hammer einschlug und seine böse Seele dem Satan zum Fraß vorwarf."

DER TOD EREILT MAROZIA

Doch die Kirche war noch nicht am Ende mit der Familie der „Huren", die neun der sündigsten Päpste überhaupt ins Amt erhoben und damit das Ansehen des Papsttums nachhaltig beschädigt hatten. 22 Jahre nach dem dramatischen Tod von Papst Johannes kam Bischof Crescentius 986 in die Engelsburg, um dessen Mutter Marozia aufzusuchen, die mittlerweile ein stattliches Alter von 96 Jahren erreicht hatte. Marozias einst strahlende Schönheit war verblichen, ihre verkümmerte menschliche Hülle war in Lumpen gekleidet. Der kürzlich gewählte Papst Johannes XV. hatte beschlossen, ihr Gnade zu erweisen. Doch diese Gnade nahm eine sehr mittelalterliche Form an.

Crescentius verlas vor Marozia eine Anklageschrift, in der man ihr Verschwörung gegen das Papsttum, ihre unzüchtige Beziehung zu Papst Sergius III., ihren unmoralischen Lebenswandel und ihre Verschwörung zur „Weltherrschaft" vorwarf. Er verglich Marozia mit Isebel, der Erzhure der Bibel, die „ebenfalls wagte, einen dritten Gatten zu nehmen".

63 Mitglieder der Kurie und des römischen Adels enthaupten.

In der Nacht des 14. Mai 964 schien Gott gewillt, die Gebete all jener zu erhören, die die Kirche von ihrem teuflischen Papst erlöst sehen wollten. Bischof Johannes Crescentius von Proteus beschrieb die Vorgänge später so: „Während er lasterhaften, verbotenen Verkehr mit einer römischen Matrone hatte, wurde er [Papst Johannes] von dem zornigen

---

Papst Johannes wurde von einem eifersüchtigen Ehemann in flagranti ertappt und im gerechten Zorn mit einem Hammer erschlagen.

Marozia war nun 96 Jahre alt. Der Scharfrichter schlich in ihre Zelle und drückte ihr ein Kissen aufs Gesicht…

Im Mittelalter glaubte man allgemein, dass menschliche Bosheit darauf zurückginge, dass die Person vom Teufel besessen sei. Da in Marozias Fall die Dämonen wohl noch Besitz von ihr hatten, unterwarf man sie einem Exorzismus. Danach war sie von ihren Sünden befreit und konnte vor ihren Schöpfer treten. Ein Scharfrichter schlüpfte in ihre Zelle und erstickte sie mit einem Kissen „zum Wohlergehen der Heiligen Mutter Kirche und der Befriedung des römischen Volkes".

BONIFATIUS VIII.: EIN GEFANGENER PAPST

Eine Statue von Papst Bonifatius VIII., der versuchte, im Europa des 14. Jahrhunderts den unabhängigen Königen Europas sein päpstliches Primat aufzuzwingen.

Eine der ersten Amtshandlungen von Papst Bonifatius VIII., dem früheren Benedetto Caetani, war es, seinen Vorgänger, den sanften Coelestin V., im Castello di Fumone in Ferentino einzusperren, wo er 1296 im Alter von 81 Jahren starb. Bonifatius versuchte, das Papsttum zu stärken, indem er den Weg zum Heil durch Unterwerfung unter die Autorität des Papstes proklamierte.

Damit schuf er sich viele Feinde, vor allem unter den weltlichen Herrschern wie Philip dem Schönen von Frankreich, der sich entschieden gegen Bonifatius' neue Regel wehrte, alle Herrscher müssten den Papst als Oberhaupt anerkennen. Er bezichtigte den Papst der Ketzerei und forderte seinen Rücktritt. Als dieser ausblieb, ließ der französische König die Sommerresidenz des Papstes in seinem Geburtsort Agnani stürmen und setzte ihn gefangen.

Bonifatius verbrachte drei Tage im Gefängnis, während seine Kerkermeister darüber debattierten, ob sie ihn ins nahe Lyon schleppen sollten, um ihn vor Gericht zu stellen. Die Anklagepunkte gehörten mit zu den schlimmsten, die man im 13. Jahrhundert gegen einen Angeklagten vorbringen konnte: Hexerei, ein Bündnis mit dem Teufel, der Besitz eines vom Teufel besessenen Hilfsgeistes, mit dem er sprach, Abfall vom Glauben an Jesus Christus, und die Erklärung, Sünden des Fleisches seien keine Sünden. Außerdem habe er noch andere „Verbrechen" begangen, von denen jedes einzelne ihn auf den Scheiterhaufen gebracht hätte.

NOCH EIN PROZESS POSTHUM

Bonifatius entkam seinen Kerkermeistern und ging zurück nach Rom, wo er aber nur noch einen Monat leben sollte, den er im Lateranpalast verbrachte. Dort starb er am 11. Oktober 1303, möglicherweise eines natürlichen Todes, doch er könnte auch vergiftet oder erstickt worden sein. Der rachsüchtige Philip der Schöne ordnete an, dass ihm nachträglich der Prozess gemacht wurde. In dieser Verhandlung sollte er verurteilt werden, womit er seine Legitimität als Papst eingebüßt hätte. Klugerweise zog sein Nachfolger Clemens V. den Prozess so in die Länge, dass es nie zu einem Urteil kam. Vermutlich standen ihm dabei die schändlichen Vorgänge um Formosus vor Augen.

Doch das Ende der Hurenherrschaft markierte keineswegs das Ende der Unzucht im päpstlichen Gewand. Zu stark gelüstete es die einflussreichen Familien nach dieser Machtposition. Das Papsttum hatte noch einen langen Weg vor sich, bevor es seinen Ruf als Instrument machtlüsterner Parvenüs ablegen konnte, die unter dem Deckmantel des päpstlichen Hirtenamtes ihre eigensüchtigen Interessen verfolgten, seien sie nun politischer oder wirtschaftlicher Natur. Tatsächlich sollte es weitere tausend Jahre dauern, bis das Papsttum im 19. Jahrhundert wieder als die geistliche Instanz akzeptiert wurde, die es eigentlich hätte sein sollen. Erst von da an gehörten die höchsten Vertreter Christi auf Erden nicht mehr länger zu den schlimmsten Bösewichten der Geschichte.

VÖLKERMORD:
DIE KATHARER – TEIL 1

**Toleranz, heute als Tugend betrachtet, war im Europa des Mittelalters verpönt.
Der christliche Glaube entwickelte sich zu einem engen Pfad, von dem
abzuweichen nicht nur gefährlich, sondern häufig auch tödlich war.**

Ein Papst des 13. Jahrhunderts, Innozenz III., verbot allen Ortschaften bei Strafe, Ketzer in ihren Mauern zu dulden. Seine unerbittliche Haltung gründete nicht allein im dogmatischen Eifer der mittelalterlichen Kirche, sondern war auch eine Schutzmaßnahme gegen die Herausforderungen, der sie sich seinerzeit gegenübersah. Die Feinde der Kirche waren zahlreich und gefährlich. Auf der einen Seite standen die Muslime, die den Islam in der ganzen Welt verbreiten wollten, auf der anderen diverse heidnische Strömungen, die seit uralter Zeit in Europa und andernorts verbreitet waren und ihren Einfluss nicht so einfach preisgeben wollten.

Die Belagerung der katharischen Häretiker in Carcassonne (links). Papst Innozenz III. (oben) hatte katholische Truppen entsandt, doch nicht nur Katharer verteidigten ihre Stadt. Am Ende blieb ihr Widerstand jedoch vergeblich.

Die Kirche sah keine andere Möglichkeit, als rivalisierende Glaubensvorstellungen, ja überhaupt jede abweichende Meinung, welche die katholische Überlieferung auch nur im Mindesten anzweifelte, als Ketzerei oder Teufelswerk zu brandmarken. Die Strafen, die verhängt wurden, waren drastisch. Andersgläubige wurden auf dem Scheiterhaufen verbrannt, um die Welt vom Irrglauben zu säubern. Folter sollte den Dämon aus dem Ketzer austreiben und die unsterbliche Seele des Besessenen retten.

Doch trotz der verhängten drastischen Strafen sah die Kirche sich nicht nur mit anderen Religionen, sondern vor allem mit abweichenden Auffassungen ihrer eigenen Dogmen konfrontiert. Eine der größten Herausforderungen für die Kirche stellten die Katharer dar. Diese Glaubensbewegung war um 1143 im Languedoc im heutigen Südwestfrankreich

Die Kirche sah sich nicht nur mit anderen Religionen konfrontiert, sondern auch mit Abweichungen ihrer zentralen Dogmen.

entstanden, von wo aus sie sich über Spanien, Belgien, Italien und das westliche Deutschland verbreitete und bis zum 13. Jahrhundert in diesen Ländern überall Fuß fasste.

Mit Graf Raimund V. von Toulouse aber begann der Kampf gegen die Katharer. Raimund rief das Generalkapitel des Zisterzienserordens um Hilfe gegen die Katharer an, die sich anschickten, in seinen Ländereien im Languedoc die Vormachtstellung zu übernehmen. Die Zisterzienser glaubten, genau den richtigen Mann für diese Aufgabe zu haben: Heinrich de Marcy. Ursprünglich Zisterzienserabt, hatte Heinrich sehr rigorose Vorstellungen, wie gegen Häresie und Ketzer vorzugehen sei: nämlich mit schierer Waffengewalt. 1178 schickten ihn die Zisterzienser an der Spitze einer gut ausgerüsteten päpstlichen Gesandtschaft zusammen mit einem Kardinal, einem Bischof und zwei Erzbischöfen ins Languedoc.

1209 bestätigte Innozenz III. die sogenannte Urregel des franziskanischen Brüderordens. In ihr waren die grundlegenden Pflichten des mönchischen Lebens wie Gehorsams-, Keuschheits- und Armutsgelübde niedergelegt.

Der Zisterzienserabt Heinrich hatte sehr rigorose Vorstellungen, wie gegen Häresie und Ketzer vorzugehen sei: nämlich mit Waffengewalt.

EINE SCHWIERIGE MISSION

Möglicherweise hatte Heinrich geglaubt, die Probleme vor Ort schnell und einfach lösen zu können, doch er musste einsehen, dass die Aufgabe schwieriger war als gedacht. Die Katharer standen im Languedoc in hohem Ansehen, und weder das Volk noch die adlige Führungsschicht oder die örtlichen Bischöfe waren sonderlich begeistert über die Einmischung von außen. Heinrichs erste Aufgabe sollte es also werden, diejenigen ins Visier zu nehmen, die ihre schützende Hand über die Katharer hielten. Unter ihnen stand Roger II. Trencavel, der abtrünnige Vizegraf von Carcassonne, an erster Stelle. Dieser hatte 1175 Bischof Guillaume von Albi

nach einem Streit über die kirchliche bzw. weltliche Vormachtstellung in Albi in den Kerker werfen lassen.

Heinrich löste das Problem Roger rasch, indem er ihn zum Ketzer erklärte und exkommunizierte. Das genügte als Druckmittel, damit Roger den Bischof von Albi freiließ, doch die Streitigkeiten sollten weitergehen. 1179 zog Roger sich den Unmut des Erzbischofs von Narbonne, Pons d'Arsac, zu, der im Jahr zuvor der Gesandtschaft Heinrichs angehört hatte. Der Erzbischof warf Roger mangelnden Eifer bei der Ketzerbekämpfung vor und exkommunizierte ihn neuerlich.

Der Erzbischof warf Roger mangelnden Eifer bei der Ketzerbekämpfung vor und exkommunizierte ihn erneut.

KATHARER GEGEN KATHOLIKEN

Von Anfang an sahen die römischen Päpste in den Katharern Ketzer mit gefährlich subversiven Ideen, auf die sie mit einiger Besorgnis reagierten. Zunächst einmal war die Lehre der Katharer „dualistisch", ähnlich einigen östlichen Religionen wie dem Zoroastrismus, der einst in Persien (dem heutigen Iran) beheimatet war. Die Katharer betrachteten die Welt als schlecht und als Schöpfung Satans, den sie mit dem Gott des Alten Testaments gleichsetzten – in den Augen „rechtgläubiger" Christen die höchste Gotteslästerung. Den Katharern zufolge durchläuft der Mensch eine Reihe von Wiedergeburten, ehe er zu reinem Geist wird, der als Präsenz des Gottes der Liebe verstanden wird, wie sie Jesus Christus im Neuen Testament beschreibt. Die Katharer lehnten die katholische Lehre vollständig ab und betrachteten die römische Kirche als verkommen und politisch wie geistlich verderbt. Kein Wunder, dass von der römischen Kirche Ideen, die Gott mit Satan gleichsetzten und Jesus von seinem Platz auf dem Thron Gottes stießen, als Frevel betrachtet wurden, der ausgemerzt werden musste.

Fra Angelico (geb. zwischen 1386 und 1400, gest. 1455): Das Buchwunder des heiligen Dominikus. Ein Buch des Dominikus und Schriften der Katharer werden ins Feuer geworfen. Die ketzerischen Schriften verbrennen in den Flammen, das Buch des Dominikus springt heraus. Linke Bildhälfte: Das unbeschadete Buch wird Dominikus (mit Heiligenschein) zurückgegeben.

1147, zwei Jahre nach seiner Wahl zum Papst, erklärte Eugen III., ein Zisterziensermönch und ein „unschuldiger und schlichter" Mann, wie sein Freund Bernhard von Clairvaux ihn beschreibt, die Auslöschung der Katharer zur vordringlichsten Aufgabe. Eugen III. aber brachte für diese Aufgabe nicht die nötige Härte mit. Er versuchte, die Katharer mit sanfter Überredung zum Katholizismus zu bekehren, musste aber bald feststellen, dass sie sich diesem Ansinnen hartnäckig widersetzten. Bernhard von Clairvaux gelang es zwar, stellvertretend für Eugen einige Katharer zum Übertritt zu bewegen, doch war die Zahl der Konvertiten nicht annähernd groß genug, um das Totenglöckchen der Kathargergemeinde läuten zu hören.

Diese illustrierte Handschrift aus dem Mittelalter zeigt Innozenz III., wie er die Albigenser exkommuniziert. Mit „Albigenser" wurden allgemein Ketzer bezeichnet.

1181 kehrte Heinrich de Marcy ins Languedoc zurück in der Absicht, die Burg Lavaur anzugreifen. Adelheid, die Frau Rogers II., aber ergab sich ihm kampflos und ohne Zögern. Zudem konnte Heinrich noch zwei katharische *Perfecti* („Vollkommene") gefangen nehmen. Die Perfecti waren katharische Priester, die bescheiden und enthaltsam lebten.

Dennoch waren Heinrichs Bemühungen insgesamt wenig erfolgreich, da die Katharer sich allen Versuchen der Kirche, sie einzuverleiben, hartnäckig widersetzten. 1204 argwöhnte Innozenz III., der 1198 Papst geworden war, dass nicht wenige seiner südfranzösischen Bischöfe es eigentlich mit den Katharern hielten. Er ersetzte sie durch glaubenstreue und zuverlässige Vertreter der Amtskirche, darunter der spanische Priester Domingo de Guzman (der spätere heilige Dominikus). Die von Letzterem im Languedoc eingeleitete Bekehrungskampagne trug aber trotz seines unermüdlichen Eifers kaum Früchte. All seine Anstrengungen, darunter wiederholte scharfe Debatten zwischen

> Die Katharer widersetzten sich
> hartnäckig allen Versuchen der
> Kirche, sie einzuverleiben.

Katholiken und Katharern, bewegten nur wenige zur Abkehr von der Katharergemeinde und konnten das Katharertum nicht erschüttern. Irgendwann glaubte Dominikus, die Gründe dafür zu erkennen: Nur Katholiken, die den Katharern an gelebter Spiritualität, Demut und Enthaltsamkeit gleichkämen, würden bei ihnen einen Gesinnungswandel bewirken.

DER ORDEN DER PREDIGERBRÜDER

Um dieses Vorhaben in die Tat umzusetzen, gründete Dominikus 1216 den Orden der Predigerbrüder, besser bekannt als Dominikanerorden. Sein Ziel sollte sein, das Evangelium zu verkünden und die Seelen der Katharer und anderer Ketzer zu retten. Wer dem Orden beitrat, den ermahnte Dominikus:

Eifer muss mit Eifer, Demut mit Demut, falscher Heiligkeit mit wahrer Heiligkeit begegnet werden, der Predigt der Lüge mit der Predigt der Wahrheit.

VATIKAN-LEXIKON

EXKOMMUNIKATION

Exkommunikation bedeutet, einen Menschen aus der Gemeinschaft der Gläubigen auszuschließen. Dies war die schwerste Strafe, die über einen Menschen verhängt werden konnte, denn er verlor den Schutz der Kirche und durfte nicht mehr am Kirchenleben teilnehmen. Mit Exkommunikation wurden u. a. bestraft: Apostasie (Abfall vom christlichen Glauben), Häresie, Schisma (die Verursachung von Spaltungen innerhalb der Kirche), tätlicher Angriff gegen den Papst, Abtreibung und die Erteilung der Priesterweihe an eine Frau. Im Mittelalter war ein Exkommunizierter entweder *vitandus* (ein zu Meidender) oder *toleratus* (ein zu Duldender, der weiter sozialen oder geschäftlichen Umgang mit anderen Katholiken haben durfte). Ein Exkommunizierter durfte zwar der Messe beiwohnen, war aber von der Kommunion ausgeschlossen. Die Exkommunikation selbst war ein düster-dramatischer Vorgang: Wie bei einem Begräbnis wurde eine Glocke geläutet, die Bibel wurde zugeschlagen und eine Kerze ausgelöscht. Die Exkommunikation war aber nicht grundsätzlich eine Strafe auf Lebenszeit. Wer Reue zeigte, konnte wieder mit allen Rechten und Pflichten in die Kirche aufgenommen werden.

Dominikus glaubte, seine Mönche müssten sich wie die Katharer fernhalten von allen materiellen Annehmlichkeiten, mit geringem Besitz in Armut leben, barfuß gehen und um ihr Essen betteln. Darüber hinaus hätten sie keusch und zölibatär zu leben. Dominikus war überzeugt, dass eine derart demütige und selbstaufopfernde Lebensweise der richtige Weg sei, die Katharer wieder für die römische Kirche zu gewinnen.

Doch der Mönch kam zu spät. Ein weit gewaltsamerer und blutdürstigerer Charakter als der seine hatte eine Strategie ersonnen, welcher der friedfertige Dominikus nie zugestimmt hätte. Zehn Jahre lang hatte sich das Gros der Katharer von seiner Verachtung für die katholische Kirche nicht abbringen lassen und sich allen Bekehrungsversuchen entschlossen widersetzt. Nun beschloss Innozenz III. mit größerer Härte durchzugreifen. Im Frühjahr 1207 schickte er einen päpstlichen Legaten, Pierre de Castelnau, Archidiakon von Maguelone, in die Provence. Dieser erlegte dem Adel vor Ort die Pflicht auf, Katharer, Juden und andere Ketzer zu verfolgen.

De Castelnau stieß vom ersten Tag an auf heftigen Widerstand. Der mächtigste Mann des Languedoc, Graf Raimund VI. von Toulouse, Sohn Raimunds V., war aufs Engste mit den Katharern verbunden und zu keiner Zusammenarbeit bereit. Freunde, Verwandte, Adlige und Verbündete aus Raimunds Umkreis waren gläubige Katharer und machten daraus kein Hehl. Raimund selbst pflegte stets mit einem katharischen Perfectus im Gefolge zu reisen. Als de Castelnau erfuhr, dass Raimund einen Befehl missachtete, der quasi von Papst Innozenz III. selbst kam, exkommunizierte er den Grafen auf der Stelle und sprach das traditionelle Anathema über ihn aus, den Bannspruch: „Wer dir deinen Besitz nimmt, soll als tugendhaft gelten. Wer dir das Leben nimmt, soll gesegnet sein."

Raimund war nicht unbedingt eine Heldennatur – taktieren lag ihm mehr als offene Konfrontation. Offensichtlich eingeschüchtert versprach er, die Ketzer wie gefordert zu verfolgen, und de Castelnau, so scheint es, glaubte ihm. Ein paar Wochen später verzieh er Raimund jedenfalls und nahm den Kirchenbann von ihm. De Castelnau hätte es besser wissen sollen: Raimund war ein Lügner und brach sein Wort bei der erstbesten Gelegenheit. Diesmal aber entschied er sich zu einer neuen Taktik: Untätigkeit.

Das Buchwunder, bei dem die Bücher der Katharer in Flammen aufgingen, die Bücher des Dominikus jedoch nicht, wird auch das *Wunder von Fanjeaux* genannt – nach der Stadt im Languedoc, wo es sich zugetragen haben soll. Hier in der Darstellung des spanischen Malers Pedro Berruguete (ca. 1450 – 1504).

Es dauerte ein paar Wochen, bis Raimunds passive Befehlsverweigerung offenkundig wurde. De Castelnau tobte vor Wut. Raimund wurde angeklagt, die Ketzerei zu dulden, Kircheneigentum zu stehlen, sich gegen Bischöfe und Äbte zu vergehen und die Katharer zu unterstützen. Man exkommunizierte ihn erneut. Um die verfahrene Situation zu lösen, schlug Raimund Verhandlungen vor, die aber ergebnislos blieben und in Drohungen und Beschimpfungen von Seiten des Grafen endeten. Davon sollten später mehrere Augenzeugen Papst Innozenz in Rom berichten.

DIE ERMORDUNG VON PIERRE DE CASTELNAU

Am 13. Januar 1208 wurden die Gespräche endgültig abgebrochen, und Pierre de Castelnau machte sich mit seinem Gefolge nach Rom auf. Am nächsten Morgen erreichte die Gesandtschaft Arles, wo eine Fähre sie über die Rhône bringen sollte. De

Raimund VI., Graf von Toulouse, muss für die Ermordung Pierre de Castelnaus öffentlich Buße tun.

Castelnau aber sollte seinen Fuß nie auf die Fähre setzen. Ehe sein Gefolge ihm zu Hilfe eilen konnte, sprengte ein fremder Reiter heran und tötete ihn mit einem einzigen Schwertstich in den Rücken.

> Ein fremder Reiter sprengte heran und tötete de Castelnau mit einem einzigen Schwertstich.

Später gab es Gerüchte, der Mörder sei vom Grafen von Toulouse gedungen gewesen. Raimund bestritt jede Verwicklung und ließ sich im Juni 1209 als Sühne für diese finstere Tat sogar

Pierre de Castelnau, Legat von Papst Innozenz III., wurde im Januar 1208 von hinten brutal ermordet – also nicht, wie auf dieser Abbildung gezeigt, von vorne mit einem Speer erstochen.

„LASS DEIN WOHLLEBEN ODER LASS DEIN PREDIGEN!"

Sehr wahrscheinlich war das erbarmungslose Vorgehen, das Arnaud Amaury, Bischof von Cîteaux und Anführer des Albigenserkreuzzuges, gegen die Katharer an den Tag legte, eine Vergeltungsmaßnahme für die erniedrigende Behandlung, die er im Languedoc erfahren hatte, als er wie Dominikus und Bernhard von Clairvaux die Katharer zu bekehren versuchte. Wie im *Gesang vom Albigenserkreuzzug* überliefert, pflegten die Katharer Amaury zu verspotten. „Die Biene summt wieder herum", sagten sie, wenn Amaury ihnen wieder einmal eine Predigt hielt. Die Katharer und ihre Perfecti lebten einfach und genügsam und verachteten jegliche Ausschweifung, doch wie so viele Kleriker des 13. Jahrhunderts pflegte auch Arnaud Amaury einen verschwenderischen Lebensstil und beging den Fehler, in all seiner Pracht vor die Katharer zu treten, wie der französische Philosoph Voltaire 1756 in seinem Bericht über den *Kreuzzug gegen die Menschen der Languedoc* schrieb: „Der Abt von Cîteaux erschien mit der Entourage eines Prinzen. Vergeblich mochte er als Apostel reden, die Leute riefen ihm nur zu: ‚Lass dein Wohlleben oder lass dein Predigen!'"

Der Zisterziensermönch Arnaud Amaury führte den vernichtenden Kreuzzug gegen die südfranzösischen Häretiker an.

öffentlich geißeln. Wund und blutig geschlagen musste der Graf danach am Grab de Castelnaus, der bereits zum Märtyrer erhoben worden war, seinen Respekt bezeugen. Dennoch blieb Raimund in Ungnade. Der Mordfall de Castelnau wurde nie aufgeklärt. Doch ob schuldig oder nicht, Raimund hatte zu spät auf die Anschuldigungen reagiert.

Einige Wochen nach diesem Attentat rief Innozenz III., der Suche nach einer diplomatischen Lösung überdrüssig geworden, zum Kreuzzug gegen die Albigenser auf. In diesem sogenannten Albigenserkreuzzug, benannt nach der Katharer-Hochburg Albi im Languedoc, sah Raimund von Toulouse eine Möglichkeit, sich den Papst erneut gewogen zu machen. Raimund erklärte öffentlich, alle Ketzer verfolgen und jeden bestrafen zu wollen,

der die Katharer und ihre Geistlichen unterstützte. Raimund war aber keineswegs so bußfertig, wie er tat. Vorzugeben, mit dem zehntausend Mann starken Kreuzritterheer, das sich bei Lyon sammelte, gemeinsame Sache zu machen, war lediglich ein politischer Schachzug. Angeführt wurde das Kreuzritterheer vom Abt der Zisterzienserabtei Cîteaux und Vorgesetzten des ermordeten de Castelnau, Bischof Arnaud Amaury. Papst Innozenz selbst hatte den skrupellosen und rachsüchtigen Amaury für diese Aufgabe, die endgültige Vernichtung der Katharer, ausgewählt. Eine Aufgabe, die er mit allen Mitteln auszuführen bereit war.

Zusammen mit den Söldnern, aus denen sich feudale Heere damals größtenteils zusammensetzten, bildeten die Kreuzritter einen über sechs Kilometer langen Heerzug, der sich Richtung

> Papst Innozenz selbst hatte den skrupellosen Amaury für die endgültige Vernichtung der Katharer ausgewählt.

Languedoc bewegte. Jedem Mann hatte man reizvolle Belohnungen in Aussicht gestellt: vollständiger Sündenerlass, Schuldenfreiheit und Reichtümer aus dem Kirchenschatz.

„LIEBER WOLLEN WIR ERSAUFEN"

Gegen Ende Juli 1209 erreichten die Kreuzritter ihr erstes Ziel: das stark befestigte Béziers, gelegen am Fluss Orb in Südwestfrankreich. Die Bewohner der Stadt, Katharer wie Katholiken, waren bereit, den Kreuzrittern die Stirn zu bieten und sich keiner ihrer Forderungen zu beugen. Als der Bischof den Bürgern von Béziers eine Liste von 222 katharischen Perfecti vorlegte, die sofort auszuliefern seien, und drohte, andernfalls würde über die Stadt am folgenden Tag der Belagerungszustand verhängt, zeigten sich die Einwohner wenig beeindruckt. Sie würden keinen Katharer, ob Perfectus oder nicht, ausliefern, und sollen einem Chronisten zufolge dem Bischof gesagt haben: „Lieber wollen wir im Salzwasser ersaufen."

Daraufhin bestieg der Bischof wieder das Maultier, auf dem er gekommen war, und ritt zurück ins Lager der Kreuzritter, das diese einen Tagesmarsch entfernt aufgeschlagen hatten. Tags darauf, am 22. Juli, bot sich den Bürgern von Béziers ein beängstigender Anblick. Die Kreuzritter waren herangerückt und errichteten nun ihr Lager, sodass es die gesamte Stadtmauer umschloss. Zelte, Pferde, Lagerfeuer, Wimpel und Banner, die eleganten Zelte der Heerführer und Belagerungsmaschinen – das Heer und sein Tross erstreckten sich über Land, so weit das Auge reichte.

Plötzlich erschien ein einzelner Kreuzritter auf der Brücke, die den Orb vor der südlichen Stadtmauer überspannte, und fing an, den Leuten oben

> Ein paar kampfeslustige Burschen ergriffen Speere, Stöcke und was sich sonst noch als Waffe gebrauchen ließ …

auf der Stadtmauer Beleidigungen und Drohungen zuzurufen. Ein paar kampfeslustige Burschen ergriffen daraufhin Speere, Stöcke und was sich sonst noch als Waffe gebrauchen ließ, stießen das Stadttor auf und stürmten zum Flussufer hinunter. Bevor der einsame Provokateur noch fliehen konnte, wurde er gepackt, windelweich geprügelt und von der Brücke in den Fluss geworfen.

Doch in ihrem Zorn merkten die jungen Männer nicht, dass sie einen fatalen Fehler begangen hatten: Sie hatten das Stadttor offen stehen lassen.

Die Stadt Béziers wurde 1209 beim Albigenserkreuzzug vollkommen zerstört. Moderne Aufnahme der Stadt mit der Kathedrale im Hintergrund.

Eine Einladung, welche die Kreuzritter nur allzu gerne annahmen. Sie stürmten über die Brücke in die engen Gassen der Stadt, wo die überraschten Verteidiger sich Hals über Kopf zurückzogen. Vermutlich in der Absicht, genug Abstand zwischen sich und die Angreifer zu bringen, um sich neu zu formieren und einen Gegenangriff zu starten. Doch dazu sollten sie keine Gelegenheit mehr haben.

Es gab keine Überlebenden. Nachdem sie die gesamte Einwohnerschaft niedergemetzelt hatten, machten Amaurys Kreuzritter sich ans Plündern. Béziers war eine reiche Stadt, und die nun leeren

> Nachdem sie die Einwohnerschaft niedergemetzelt hatten, machten sich Amaurys Kreuzritter ans Plündern – vergeblich.

Häuser versprachen wertvolle Beute. Die französischen Ritter in Amaurys Heer glaubten, Vortritt bei der Verteilung der Beute zu haben, doch wutentbrannt mussten sie feststellen, dass ihnen Knechte und Söldner zuvorgekommen waren. Der Dichter Wilhelm von Tudela berichtet:

> *Die Kriegsknechte hatten sich in den eingenommenen Häusern niedergelassen, in denen ein Überfluss an Reichtümern und Schätzen herrschte. Als aber die französischen Adligen davon erfuhren, tobten sie schier vor Zorn und prügelten die Knechte wie Hunde hinaus.*

Doch die Ritter sollten leer ausgehen. Wilhelm von Tudela schreibt weiter:

> *Die schmutzigen Lumpen aber schrien laut: „Verbrennt alles! Verbrennt alles!" Sie holten riesige Fackeln herbei wie für einen großen Scheiterhaufen und steckten die ganze Stadt in Flammen.*

DIE VERWÜSTUNG VON BÉZIERS

Die Häuser in Béziers waren, in der Hauptsache aus Holz gebaut, ein schneller Raub der Flammen, die sich von Stadtviertel zu Stadtviertel fraßen und in kürzester Zeit ein Inferno von Tod und Verwüstung hinterließen. Gleichermaßen erfüllt von Zorn und Entsetzen, mussten die französischen Ritter zusehen,

VATIKAN-LEXIKON

INTERDIKT

Wurden ein Ort, ein Bezirk oder sogar ein ganzes Land exkommuniziert, so hieß es, sie seien „unter Interdikt gestellt". In der Folge durften, solange das Interdikt währte, dort keine christlichen Eheschließungen und Beerdigungen mehr stattfinden oder andere Sakramente gespendet werden, nur das Recht auf Beichte und Taufe blieb bestehen. Wurde ein Land, das unter Interdikt gestellt war, angegriffen, so bestand für den Papst keine Verpflichtung, ihm zu Hilfe zu eilen. Ein Interdikt entband zudem die Untertanen von ihren Treueeiden gegenüber ihrem Herrscher, sodass sie sich gegebenenfalls sogar ungestraft gegen ihn erheben konnten.

Das Interdikt war eine Art Pauschal-Exkommunikation, welche die katholische Kirche über ihr nicht genehme Herrscher und Orte verhängte. Im Falle eines Interdikts musste ein Herrscher sich erst bußfertig zeigen, ehe die Strafe aufgehoben und das Land wieder in die katholische Gemeinschaft aufgenommen wurde. So geschehen beispielsweise 1207, als König Johann Ohneland Kardinal Stephen Langton, vom Papst als Erzbischof von Canterbury ausersehen, seine Anerkennung verweigerte. Johann wurde exkommuniziert und England stand bis 1212 unter Interdikt, als der König endlich nachgab und Langtons Ernennung zustimmte. Danach wurde das Interdikt aufgehoben.

wie ihre erhoffte Beute buchstäblich in Rauch aufging. Die etwa 80 Jahre zuvor erbaute Kathedrale, dem hl. Nazarius geweiht, soll in der Feuersglut „wie ein Granatapfel halbiert" worden sein, ehe sie einstürzte. Die Menschen, die dort Zuflucht gesucht

> Die Kathedrale des hl. Nazarius soll in der Feuersglut „wie ein Granatapfel halbiert" worden sein, ehe sie einstürzte.

hatten, verbrannten alle. Béziers wurde später wieder aufgebaut, doch die Schäden waren so groß, dass die Arbeiten 200 Jahre in Anspruch nahmen.

Vor Beginn der Kampfhandlungen hatte man den katholischen Bürgern angeboten, die Stadt zu

BLUTRAUSCH UND GEMETZEL

Unter dem Einfluss dessen, was schon die Wikinger „Berserkerwut" genannt hatten – ein aberwitziger Blutrausch –, metzelten Amaurys Soldaten jeden nieder, der ihnen vors Schwert kam. Sie stürmten eine Kirche, in der Gläubige sich zum Nachtgebet versammelt hatten, und wüteten in der Menge, die schreiend vor Angst und Entsetzen vergeblich zu fliehen versuchte. Am Ende waren die Gänge der Kirche von blutüberströmten Leichen bedeckt. Danach stürmten die Kreuzfahrer die Kirche der hl. Maria Magdalena und töteten unterschiedslos alle Männer, Frauen und Kinder, ob Katholiken oder Katharer, die dort Schutz gesucht hatten. Innerhalb weniger Minuten fanden hier an die Tausend Menschen den Tod. 1840, fast 700 Jahre später, entdeckte man bei Renovierungsarbeiten ihre Gebeine unter dem Kirchenboden, zu Hunderten auf einen Haufen geworfen wie in einem Massengrab.

Es gab kein Entkommen für die Menschen, die sich Schutz suchend in einer der Kirchen in Béziers versammelt hatten, als die Kreuzritter hereinstürmten und auf sie einhieben.

VATIKAN-LEXIKON

ANATHEMA (KIRCHENBANN)

Als „Anathema" wurden kirchliche Dekrete bezeichnet, mit denen ein Einzelner exkommuniziert oder eine bestimmte Lehre verurteilt wurde. Als Strafe ging das Anathema aber über die einfache Exkommunikation hinaus. Im Neuen Testament heißt es: „Wer den Herrn nicht liebt, sei verflucht." (1 Kor 16, 22). Im Brief an die Galater wird das Anathema als Strafe für Verkündigung eines abweichenden Evangeliums genannt:

> *Wer euch aber ein anderes Evangelium verkündigt, als wir euch verkündigt haben, der sei verflucht, auch wenn wir selbst es wären oder ein Engel vom Himmel. (Gal 1, 8)*

Der Apostel Johannes geht noch einen Schritt weiter:

> *Wer aber in der Lehre bleibt, hat den Vater und den Sohn. Wenn jemand zu euch kommt und nicht diese Lehre mitbringt, dann nehmt ihn nicht in euer Haus auf, sondern verweigert ihm den Gruß. Denn wer ihm den Gruß bietet, macht sich mitschuldig an seinen bösen Taten. (2 Joh 9 – 11)*

verlassen, um der Strafaktion zu entgehen, welche die Katharer auslöschen sollte. Die meisten aber teilten lieber das Schicksal ihrer Mitbürger, was immer es auch bringen mochte. Mit diesem Problem hatten die Kreuzritter nicht gerechnet. Wie sollten sie im Kampfgetümmel Katholiken von Katharern unterscheiden? Woraufhin Bischof Amaury gesagt haben soll: „*Tötet sie alle. Gott wird die Seinen schon erkennen.*" Der Befehl wurde aufs Wort befolgt. Beflügelt vom Erfolg des blutigen Tagwerks schrieb Amaury an Papst Innozenz:

> *Unsere Truppen schonten weder Rang noch Geschlecht noch Alter. An die Zwanzigtausend fielen von unseren Schwertern. Der Feind wurde in großer Zahl vernichtet. Die ganze Stadt wurde geplündert und gebrandschatzt. So übte der göttliche Zorn seine wundersame Rache.*

Die Kunde von den in Béziers verübten Gräueltaten verbreitete sich bald übers Languedoc und den Süden Frankreichs. Adlige und Grundbesitzer, deren Ländereien in der Ebene möglicherweise das

DAS MASSAKER VON BÉZIERS

Das Massaker von Béziers war keine spontane Tat, sondern war 1208, noch vor Beginn des Kreuzzuges gegen die Albigenser, in dieser Form geplant worden, als Arnaud Amaury, der apostolische Notar Milo und 12 Kardinäle sich nach Rom begaben, um mit Papst Innozenz III. zu besprechen, wie dieser Kreuzzug durchzuführen sei. Man beschloss, der Strategie zu folgen, welche die Kreuzfahrer während des Ersten Kreuzzugs (1096–1099) im Heiligen Land angewandt hatten. Diese wird im Kreuzzugsepos *Canso d'Antiocha* geschildert, das der Kreuzritter Grégoire Béchada zwischen 1106 und 1118 verfasst haben soll. Béchada schreibt über das Kreuzfahrerheer aus dem 11. Jahrhundert und seine Strategie, die gegen die Albigenser wiederholt werden sollte:

> *Die Herren von Frankreich und Paris, weltliche und geistliche, Prinzen und Grafen, kamen überein, dass in jeder Burg, welche die Kreuzfahrer angriffen, in jeder Festung, die sich nicht ergeben wollte, alle bis auf den letzten Mann zu töten seien, sobald sie eingenommen sei. So würden sie andernorts auf keinen Widerstand mehr stoßen, weil das bereits Geschehene den Menschen Angst machte.*

Gegen die Übermacht der gut ausgerüsteten Kreuzfahrer und die tödlichen Armbrüste und anderen Waffen hatten die Einwohner von Béziers keine Chance.

les habitants de
eziers furent
mis a mort les
...

protéger de la mort
ni croix, ni autel, ni
crucifix! les misé...

nächste Angriffsziel für Amaury und seine Blutritter darstellten, begannen ihre Loyalität zu überdenken. Einer nach dem anderen fand sich in dem Lager ein, wo die Kreuzritter sich nach dem Gemetzel in Béziers drei Tage aufhielten, um Amaury zu

Die Kunde von den Gräueltaten verbreitete sich schnell in der Region. Adelige und Grundbesitzer begannen ihre Loyalität zu überdenken.

huldigen und ihm seine Unterstützung zuzusichern.

Nicht so einer der mächtigsten Männer der Gegend, Raimund-Roger III. Trencavel, Vizegraf von Carcassonne, Béziers, de Razès und Albi. Raimund-Roger war der Sohn des mehrfach exkommunizierten Roger II. Trencavel und Neffe des gerissenen Raimund VI., Graf von Toulouse, doch Raimund-Roger übertraf Vater und Onkel an Schlauheit. Als Raimund VI. ihm vorschlug, sich gemeinsam mit ihm gegen Amaury und sein Heer zu wenden, wies er ihn ab. Er wusste nur zu gut, wie treulos sein Onkel sein konnte. Stünde ihre Sache schlecht,

Vor achthundert Jahren waren die mächtigen Stadtmauern des mittelalterlichen Carcassonne Schauplatz blutiger Kämpfe.

würde Raimund in erprobter Manier alle Absprachen vergessen und feige die Seiten wechseln.

In diesem Fall hätte Raimund-Roger viel zu verlieren gehabt. Zunächst einmal drohte ihm selbst Gefahr und vermutlich hätte er auch seine Ländereien verlassen müssen, da er zu milde und nachsichtig über seine „multi-kulturellen" Untertanen herrschte. Umgang mit Häretikern zu haben war in den Augen der damaligen Glaubensfanatiker, denen eine solche Toleranz fremd war, ebenso schlimm – wenn nicht noch schlimmer – wie selbst Ketzer zu sein.

> Umgang mit Häretikern zu haben und tolerant zu sein war ebenso schlimm – wenn nicht noch schlimmer – wie selbst einer zu sein.

DIE DIPLOMATIE SCHEITERT

Raimund-Roger selbst war kein Katharer, wohl aber viele seiner Untertanen. Zudem gab es auf seinem Herrschaftsgebiet eine jüdische Gemeinde, die für das Gedeihen von Béziers, seinem zweiten Regierungssitz neben Carcassonne, entscheidend verantwortlich war. Auch in Carcassonne gab es eine jüdische Gemeinde, der möglicherweise ebenso Gefahr drohte. Amaurys Kreuzritter würden sicher auch sie töten, hatten sie doch mit dem Massaker in Béziers den grausigen Beweis geliefert, wozu sie aus „religiösem" Fanatismus fähig waren. Darum schickte Raimund-Roger die Juden vor Ankunft der Kreuzritter aus Carcassonne weg.

Der weit größeren Katharergemeinde hingegen war nicht so leicht zu helfen. Um sie – und sich selbst – zu schützen, versuchte Raimund-Roger zunächst auf diplomatischem Weg, ein Abkommen auszuhandeln. Er versprach, Katharer und andere Ketzer auf seinem Territorium zu verfolgen. War es ihm ernst damit? Wohl nicht, aber vermutlich hatte er von seinem Vater gelernt, wie man durch Täuschungsmanöver überzogene Maßnahmen hinauszögern konnte. Sein Wort wurde nie auf die Probe gestellt, denn es kam zu keinem Abkommen. Amaury gewährte dem Vizegrafen nicht einmal eine Unterredung. Vermutlich war Amaury bewusst, dass seine beutegierigen Soldaten nichts mehr zu plündern hatten, falls er Raimund-Roger die Sicherheit von Carcassonne und anderen Städten garantieren würde.

KRIEGSVORBEREITUNGEN

Diese eiskalte Abfuhr ließ bei Raimund-Roger die Alarmglocken schrillen. Er eilte zurück nach Carcassonne und bereitete sich auf die Schlacht vor. Seine erste Maßnahme war eine „Politik der verbrannten Erde". Die Kreuzritter sollten sich nicht selbst, wie in der mittelalterlichen Kriegsführung üblich, verproviantieren können. Raimund-Roger gab Befehl, das Gebiet um die Stadt zu verwüsten: Getreide und Weinstöcke sollten verbrannt,

Mühlen und Höfe zerstört, das Vieh geschlachtet oder innerhalb der Stadtmauern in Sicherheit gebracht werden. Danach mobilisierte er seine Truppen, die schussbereit ständig nach den Angreifern Ausschau hielten.

Am 1. August schließlich, zehn Tage nach dem Massaker von Béziers, erspähten sie in der Ferne Amaurys Heer. Amaury war schnell klar, dass sich die stark befestigte Stadt nicht im Handstreich einnehmen lassen würde: keine offen stehenden Stadttore, keine schwachen Verteidigungsanlagen, keine leichte Beute. Er wagte es nicht einmal, sein Lager zu nahe an der Stadtmauer aufzuschlagen, wo sein Heer in Schussweite der Verteidiger geraten könnte. Die Kreuzritter errichteten ihre Zelte in sicherer

Dieser Fries in der Kathedrale St. Nazaire in Béziers zeigt drastisch den blutigen Kampf Mann gegen Mann während der Schlacht um Carcassonne.

MORDMASCHINEN MITTELALTERLICHER KRIEGSFÜHRUNG

Große Belagerungsmaschinen gehörten seit dem 8. Jahrhundert v. Chr. zur Kriegsführung. So berichtet das Alte Testament über König Usija (Asarja): „In Jerusalem ließ er kunstvolle Wurfmaschinen bauen und auf den Türmen und Mauerecken aufstellen, um Pfeile und große Steine abschießen zu können." (2 Chron 26, 15) Sehr viel später verwendeten auch Griechen und Römer Katapulte, mit denen sie belagerte Städte einem nicht endenden Geschosshagel unterzogen, sodass jeder Einwohner, wo er sich auch aufhalten mochte, mit Gefahr für Leib und Leben rechnen musste. Zur Zeit des Kreuzzuges gegen die Albigenser hatte sich an der

Ein Belagerungsturm (oben) ermöglichte den Angreifern, die Verteidiger einer Stadt auf gleicher Höhe mit Pfeilen zu beschießen. Ein Rammbock (unten) war eine ebenso primitive wie wirksame Waffe, um Mauern zu brechen. Mit dem Mauerbohrer (im Hintergrund) löste man einzelne Steine aus einer Mauer, um sie zum Einsturz zu bringen.

Entfernung, und auch das Fußvolk legte seine Feuerstellen und Schlafplätze dort an, wo ihm Armbrüste und andere Fernwaffen nicht gefährlich werden konnten.

Die Verteidiger von Carcassonne zeigten Mut und Tapferkeit, doch waren sie den Angreifern an Zahl und Waffen unterlegen. Amaury besaß mächtige Belagerungsmaschinen und hatte weit mehr Bogenschützen (die Artillerie des Mittelalters) zur

> Amaury hatte mächtige Belagerungsmaschinen und weit mehr Bogenschützen als Raimund-Roger.

Verfügung als Raimund-Roger. Der 2. August, der Tag nach Ankunft des Kreuzritterheeres vor den Toren Carcassonnes, war ein Sonntag, an dem

nach päpstlichem Gebot die Waffen zu schweigen hatten. Amaury musste sich also bis Montag gedulden, aber sobald der Montagmorgen heraufdämmerte, brachten seine Männer ihre Rammböcke in Stellung und lehnten Leitern an die Stadtmauern, über die schwer gerüstete Soldaten hinaufstiegen und einen Pfeilhagel in die Stadt schickten, der unterschiedslos Verteidiger und Zivilisten niedermähte.

DER ANGRIFF AUF CARCASSONNE
Der erste Angriff der Kreuzritter galt Bourg, einer der Vorstädte, die unmittelbar vor den Mauern von Carcassonne lagen, da Bourg schlechter befestigt war. Nach zwei Stunden heftigen Kampfes konnten die Kreuzritter durchbrechen und trieben Soldaten und Bürger vor sich her. Als sie in der Hoffnung, hinter den Mauern von Carcassonne Schutz zu finden, flüchteten, sandten die Bogen- und Armbrustschützen auf den Wehrgängen einen

Bauweise der Belagerungsmaschinen wie an deren Zerstörungskraft seit der Römerzeit nichts Wesentliches geändert. Ein mittelalterliches Heer, das eine Festung oder Stadt belagerte, verwendete immer noch Rammböcke und Katapulte, wie man es schon in der Antike getan hatte. Dazu kamen Sturmleitern, Belagerungstürme und die sogenannte „Katze" oder Breschhütte, eine Art Unterstand, unter dem die Belagerer sich selbst vor Beschuss schützen konnten.

Beim mittelalterlichen Minenkrieg trieb man einen Stollen unter die Fundamente einer Mauer, um sie einstürzen zu lassen. Dazu wurden die Stützstreben in Brand gesetzt.

EIN TRITT WIE EIN WILDER ESEL

Eine der Kriegsmaschinen, die im Kreuzzug gegen die Albigenser zum Einsatz kam, war eine Weiterentwicklung des römischen *Onager* (lat., „Wildesel"). Der Onager verdankt seinen Namen der Tatsache, dass beim Abfeuern das hintere Ende des Katapults aufsteigt wie bei einem tretenden Esel. Der *Tribok*, eine Art riesiger Schleuder mit Wurfarm, war für seine Zerstörungskraft bekannt. Mithilfe einer Winde wurde die längere Seite des Wurfarms, an deren Ende eine Schlinge oder ein Behälter befestigt war, nach unten gezogen und arretiert, wobei der kürzere Hebelarm, an dem ein Gegengewicht hing, nach oben ging. Wurde die Sperre gelöst, schnellte die längere Seite des Wurfarms nach oben und katapultierte die Geschosse in der Schlinge oder dem Behälter auf das Ziel. Meist wurde mit großen Steinen geschossen, aber auch brennendes Pech oder Öl wurden verwendet. Beide waren besonders gefürchtet, da sie bei den Opfern schwerste Verbrennungen verursachten. Eine weitere Kriegsmaschine war die Balliste, eine römische Erfindung. Man kann sie sich vorstellen wie eine riesige Armbrust. Die hölzerne Konstruktion besaß eine starke Feder, die Geschosse von über 22 kg über 366 m weit schießen konnte. Manchmal wurde die Balliste auch mit einer großen Menge kleinerer Pfeile geladen.

FURCHT UND FEUER

Das 14. Jahrhundert brachte mit der Erfindung des Schießpulvers und damit von Feuerwaffen aller Art das Ende des klassischen Belagerungskrieges, wie er seit biblischen Zeiten geführt worden war. Diese neue Generation von Waffen war anfangs noch primitiv wie die sogenannten *Feuertöpfe*. Nichtsdestotrotz waren sie hochwirksam. Die Feuertöpfe, erstmals abgebildet in einer vermutlich um 1327 entstandenen englischen Handschrift, hatten die Form einer liegenden Vase, in deren Öffnung ein großer Eisen- oder Brandpfeil steckte. Am hinteren Ende stand ein Kanonier, der einen brennenden Luntenstock über das Zündloch hielt. Die Zerstörungskraft der Feuertöpfe und ihrer Nachfolger, die hölzerne Wehrgänge in Brand setzen und steinerne Befestigungsanlagen pulverisieren konnten, übertraf die mittelalterlichen Kriegsmaschinen bei Weitem. Ebenso furchterregend wie die Kriegsgeräte war der gleichermaßen lautlose wie heimtückische Minenkrieg. Dabei trieb man einen Stollen unter die Fundamente einer Burg oder einer Stadtmauer, dessen Wände mit dünnen Holzstreben gestützt wurden. Der fertige Tunnel wurde dann mit ölgetränktem Stroh oder anderem brennbaren Material gefüllt, das in Brand gesteckt wurde. Sobald die Streben verbrannt waren, stürzten die Wände ein. In Carcassonne hatte diese Taktik verheerende Folgen. Den Verteidigern Castellars oben auf der Stadtmauer brach plötzlich buchstäblich der Boden unter den Füßen weg und sie stürzten mit einer Masse von Steinen in die Tiefe. Kaum einer überlebte.

Den Einwohnern von Carcassonne wurde nach Einnahme der Stadt durch die Kreuzritter unter der Führung Simons IV. von Montfort gestattet, die Stadt zu verlassen. Sie durften aber nur die Kleider mit sich nehmen, die sie am Leibe trugen.

Geschosshagel auf die Verfolger, doch vergebens. Eine Horde Kreuzritter stürmte Bourg, der es dieses Mal nicht ums Töten ging, sondern um den Zugang zu den Wassern der Aude. Bald kontrollierten sie diese ebenso wie die nördlichen Zugänge nach Carcassonne.

Der Verlust der Wasserquellen war ein schwerer Schlag, doch die Einwohner von Carcassonne verteidigten ihre Stadt weiter. Am 7. August, als die Kreuzritter Castellar, die südliche Vorstadt, zu erstürmen suchten, schwirrten ihnen Steine, Pfeile und andere Geschosse entgegen, sodass sie unter den nahe gelegenen Bäumen Schutz suchen mussten. Nun sahen die Kreuzritter den Zeitpunkt gekommen, Blide, Balliste und Mangonel einzusetzen – allesamt schwere Wurfmaschinen. Mit diesem Belagerungsgerät katapultierten sie Steine, Brandfackeln und was sonst noch Schaden anrichten konnte, in die Straßen der Stadt. Jeder, der dort

unterwegs war, lief Gefahr, von den Geschossen getroffen zu werden.

RACHE FÜR BÉZIERS?

Nachdem nun die Mauern durchbrochen waren, stürmten die Kreuzritter Castellar. In der wütenden Schlacht, die darauf folgte, wurden die meisten Verteidiger getötet. Die Heerführer der Kreuzritter ließen eine kleine Truppe in Castellar zurück und zogen sich in ihr Lager zurück. Doch der Vergeltungsschlag sollte nicht lange auf sich warten lassen. Adlige Gutsherren aus dem Hochland um die Aude, Verbündete Raimund-Rogers, rückten heran, die – anders als ihre eher vorsichtigen Standesgenossen aus dem Tiefland – lieber sterben als sich ergeben wollten. Mit Raimund-Roger an der Spitze überfielen sie den Kreuzrittertrupp in Castellar und metzelten diesen bis auf den letzten Mann nieder. Vielleicht aus Rache für Béziers.

Doch diese Blitzaktion war vom Kreuzritterlager aus beobachtet worden. Ein Trupp bewaffneter Kreuzritter sprengte heran, der Raimund-Rogers Männern zahlenmäßig weit überlegen war. Raimund-Roger zog sich mit den Seinen eilig nach Carcassonne zurück und schloss die Tore. Die Stadt war sicher, doch sollte sich hinter ihren Mauern bald ein schreckliches Drama abspielen. Das bisschen Wasser, das man nach dem Verlust der Quellen noch übrig hatte, begann in der Hitze in den Zisternen zu faulen. Alte und junge Menschen starben, Fieber und Krankheiten breiteten sich aus, Schwärme von Fliegen setzten sich auf die verwesenden Leichen in den Straßen der Stadt.

DAS ENDE IN CARCASSONNE

Die Lage war unhaltbar. Mitte August, zwei Wochen, nachdem Amaurys Heer vor Carcassonne gezogen war, erschien ein Bote der Kreuzritter. Seine Botschaft war ebenso kurz wie furchteinflößend: Kapitulation oder Vernichtung wie in Béziers. Raimund-Roger wusste, wann eine Sache verloren war. Er stimmte Verhandlungen zu, sofern man ihm sicheres Geleit garantiere, und ritt in das Kreuzritterlager, um den Grafen von Nevers, Hervé de Donzy, zu treffen. Doch weder seine Familie noch seine Anhänger sollten Raimund-Roger je wiedersehen.

Über die vertraulichen Verhandlungen im Zelt Hervé de Donzys ist nichts bekannt. Auch die zeitgenössischen Chronisten, stets begierig, ihre Berichte

Reiter im Nahkampf während der Belagerung von Carcassonne. Illustration aus einer südfranzösischen Handschrift.

mit einem Happen aus der Klatsch- und Gerüchteküche aufzupolieren, haben uns keine Hinweise hinterlassen. Die einzig uns bekannte Tatsache ist, dass den Einwohnern von Carcassonne – ob Katharer, Katholik oder Jude – zu deren großer Verwunderung und Erleichterung gestattet wurde, die Stadt zu verlassen unter der Bedingung, dass sie ihren gesamten Besitz bis auf die Kleider, die sie am Leib trugen, zurückließen. Sie verließen die Stadt durch eine schmale Pforte, argwöhnisch beäugt von den Kreuzfahrerwachen, damit sie auch nichts von ihrem Besitz hinausschmuggelten.

„Nicht einmal den Wert eines Knopfes durften sie mit sich nehmen", schreibt ein Chronist. Oder wie ein anderer Chronist es ausdrückte: „Die Bürger von Carcassonne nahmen nichts mit ‚außer ihren Sünden'." Wie es Raimund-Roger tatsächlich gelang, für seine Untertanen in Carcassonne freien Abzug zu erwirken, war und bleibt ein Rätsel. Später wurde vermutet, der eigentliche Grund des An-

> Man vermutete, das eigentliche Ziel des Angriffs seien nicht die Katharer gewesen, sondern dieser gefährlich nachsichtige Vizegraf.

griffs auf Carcassonne sei nicht gewesen, die Katharer auszulöschen, sondern diesen gefährlich nachsichtigen Vizegrafen auszuschalten, der es lieber mit den Häretikern als mit dem „wahren" Glauben hielt. Wie dem auch sei, sobald die nun mittellosen Bürger von Carcassonne ihre Stadt verlassen hatten, wurde Raimund-Roger in Ketten in seine Burg, das Château Comtal, zurückgebracht und dort an die Kerkermauer gefesselt. Dreizehn Wochen später, am 10. November 1209, fand man den Vierundzwanzigjährigen dort tot.

Raimund-Roger hinterließ einen fünfjährigen Sohn, Raimund-Roger IV. Trencavel. Doch obwohl er sich jahrelang darum bemühte, gelang es dem

Die innere Burg von Carcassonne, das Château Comtal, wurde im späten 12. Jahrhundert erbaut und 1997 zum UNESCO-Weltkulturerbe erklärt.

höchster Stelle, denn Papst Innozenz III. selbst hatte das Konzil einberufen und war persönlich zugegen, als Raymond de Roquefeuil, einer der Adligen, die gleichfalls am Konzil teilnahmen, Simon von Montfort des Mordes bezichtigte. Schließlich dehnte Raymond seine Anklage sogar indirekt auf den Papst aus:

Da die (Kreuzfahrer) den Vater getötet und den Sohn enterbt haben, werdet Ihr, mein Vater, ihm sein Lehen zurückgeben und so Eure Würde wahren? Und wenn Ihr es ihm verweigert, so erweise Euch Gott die Gnade, das Gewicht seiner Sünden Eurer Seele aufzuladen!

Nur wenige hätten gewagt, solch herausfordernde Worte an einen Papst zu richten, doch Innozenz scheint darauf nur geantwortet zu haben: „Man wird sich darum kümmern." Die Mordanklage war für Innozenz nichts Neues, denn bereits 1213 hatte er Amaury gegenüber geäußert, Raimund-Roger sei „elend ums Leben gebracht worden". Dennoch wurde nichts unternommen, um Raimund-Roger IV. und die Trencavel wieder in ihre alten Rechte einzusetzen.

Nachdem Carcassonne sich am 15. August 1209 ergeben hatte, wurde die verlassene Stadt vollständig geplündert, und Amaury und seine Kreuzritter zogen mit Schätzen reich beladen nach Hause, so reich, dass selbst diejenigen, die völlig

Erben der Trencavel nicht, sein väterliches Erbe zurückzubekommen. Die Besitzungen der Trencavel wurden Simon IV. von Montfort zugesprochen, Vater des gleichnamigen und berühmteren Barons, der im 13. Jahrhundert als 6. Earl of Leicester das erste repräsentative Parlament Englands einberief. Der ältere Montfort wurde am 15. August 1209 als Vizegraf von Béziers, Carcassonne und allen anderen Besitztümern, die einst den Trencavel gehört hatten, eingesetzt.

SIMON IV. VON MONTFORT

Von Montfort, der Arnaud Amaury an der Spitze des Kreuzfahrerheeres ablöste, behauptete später, Raimund-Roger sei an der Ruhr gestorben und sein Tod sei die „göttliche Strafe" dafür gewesen, die katharischen Häretiker beschützt und unterstützt zu haben. Die Menschen im Mittelalter waren höchst empfänglich für die Idee eines unmittelbaren göttlichen Strafgerichts, bewies es doch, dass Gott aktiv in menschliche Belange eingriff. Dennoch war so mancher im Languedoc skeptisch und vermutete, dass es beim Tod des jungen Vizegrafen nicht mit rechten Dingen zugegangen sei. Die Skeptiker waren nicht allein, doch erst sechs Jahre später, beim vierten Laterankonzil 1215, wurde dieser Verdacht laut geäußert. Und an

> Amaury und seine Kreuzritter zogen reich beladen mit Schätzen nach Hause, so reich, dass selbst völlig Verarmte für den Rest ihres Lebens gemachte Leute waren.

verarmt gewesen waren, für den Rest ihres Lebens gemachte Leute waren. Die wenigen Wochen, die sie im Languedoc verbracht hatten, waren gekennzeichnet von Grausamkeit, Raub und unschuldig vergossenem Blut. Sie gelten als eines der beschämendsten Kapitel in der Geschichte der Kirche

Simon IV. von Montfort fand 1218 ein denkwürdiges Ende. Bei der Belagerung von Toulouse traf ihn ein Querschläger von einem Katapult tödlich am Kopf.

und des Papsttums. Doch obwohl sie der Glaubensgemeinschaft der Katharer schwere Schläge zufügten, sie zu Tausenden niedermetzelten und damit gewaltige Flüchtlingsströme auslösten, die die Einwohnerzahlen in anderen Städten des Languedoc stark wachsen ließen, gelang es den Albigenser-Kreuzfahrern nicht, die Katharer auszulöschen oder sie in ihrem Glauben zu erschüttern. Ebenso wenig gelang es ihnen, sie zum Übertritt zum Katholizismus zu bewegen. Von einem Triumph über die Häresie kann also nicht die Rede sein.

BEUTE, LAND UND MACHT

Offensichtlich war die Kirche immer noch nicht von der Ketzerei gereinigt, denn der Papst rief alljährlich wieder zum Kreuzzug gegen die Häretiker auf. Doch die Kreuzzugswilligen, die nun aus dem gesamten Abendland herbeiströmten, hatten andere Motive als die Reinheit der Kirche. Nachdem die „Erfolge" des Albigenserkreuzzugs von Béziers und Carcassonne bekannt geworden waren, wollte jeder ein Stück vom Kuchen abhaben. Den Großteil

der Ritter trieb nicht der Wille, Gottes Werk zu tun, sondern die Gier nach den großen drei der feudalen Kriegsführung: Beute, Land und Macht.

Der Hauptnutznießer dieser neuen, materialistischen Kreuzzugsgesinnung war Simon IV. von Montfort, der im Handbuch der damaligen Feudalherren und Grundbesitzer ziemlich weit hinten stand, ehe ihm der Besitz der Trencavel im Languedoc übertragen wurde. Davor besaß die Familie derer von Montfort nur kleine Ländereien in Frankreich. Substanzieller war da schon sein englisches Erbe, der Anspruch auf die Grafschaft Leicester, den er mit seiner Mutter teilte. Der allerdings nur noch auf dem Papier bestand, seit König Johann Ohneland sich die Grafschaft samt den Einkünften daraus einverleibt hatte. Dem wackeren, aber grausamen Heerführer, der für seine „Heimtücke, Härte und Misstrauen" bekannt war, blieb in diesem Fall nichts anderes übrig, als sich anderweitig schadlos zu halten. Der Languedoc-Feldzug kam ihm da wie gerufen, und sobald er das Kreuzfahrerheer anführte, schöpfte er aus dem Vollen.

> Innozenz III. erkannte erst spät, dass von Montfort und seine Kreuzzügler weniger Gott denn ihrem Geldbeutel dienten.

Es dauerte eine Weile, bis Innozenz III. erkannte, dass von Montfort und seine Kreuzzugstruppe weniger Gott als ihrem Geldbeutel dienten. Bis dahin wurden noch mehr Städte angegriffen und ausgeplündert und ihre Bewohner in Angst und Schrecken versetzt, noch mehr Gräueltaten begangen, über die das Mäntelchen des Ketzerkreuzzugs gehängt wurde, indem man so nebenbei noch ein paar Hundert Katharer abschlachtete. Schließlich befahl der Papst 1213 ein Ende des Kreuzzugs gegen die Häretiker im Languedoc. Die Soldaten Christi, so meinte er, hätten Wichtigeres zu tun, zum Beispiel die muslimischen Mauren aus Spanien zu vertreiben oder Jerusalem zurückzuerobern, das 1187 an die Sarazenen gefallen war.

Die Entscheidung des Papstes kam jedoch zu spät. 1213, nach vier Jahren Krieg und Verfolgung, hatte der Albigenserkreuzzug eine Eigendynamik entwickelt, in der drei Faktoren unauflösbar verquickt waren: der Wille, die Katharer zu vernichten, der Landhunger von Feudalherren und Königen und die unleugbare Tatsache, dass die Katharer überlebt hatten – trotz des immensen Zerstörungswerkes des Albigenserkrieges, trotz Tausender Leben, die er ruiniert oder ausgelöscht hatte. Jetzt, so sagte der willensstarke Arnaud Amaury dem Papst, sei nicht der Moment, sich zurückzuziehen. Der Kampf, in den Amaury schon so viel Zeit und Energie investiert hatte, musste weitergehen. Innozenz blieb nichts anderes übrig, als sich der Dynamik der Situation zu beugen. Nur fünf Monate, nachdem er ihn erlassen hatte, widerrief er seinen Befehl, den Kreuzzug gegen die Albigenser zu beenden.

DAS ENDE DES KREUZZUGS

Es waren aber nicht allein die gegen sie geführten Militärschläge, die schließlich zum Untergang der Katharer führten, wie es der Plan von Arnaud Amaury gewesen sein mag, noch die Massenkonversionen, die Papst Innozenz sich erhofft hatte. Die Katharerkriege, wie der Albigenserkreuzzug auch genannt wird, sollten sich noch 16 Jahre hinziehen und einige der Hauptakteure überdauern.

> Die Katharerkriege, wie der Albigenserkreuzzug auch genannt wird, sollten sich noch 16 Jahre hinziehen und die ehemaligen Hauptakteure überdauern.

Papst Innozenz starb 1216, Simon von Montfort wurde 1218 bei der Belagerung von Toulouse getötet, als ein Querschläger von einem Katapult ihn am Kopf traf. Arnaud Amaury starb 1225.

Vier Jahre später endete dann der Albigenserkreuzzug mit dem Sieg der Franzosen über Raimund VII. von Toulouse, den Sohn Raimunds VI. Schätzungen zufolge fanden in den 20 Jahren, die dieser Krieg dauerte, etwa eine Million Menschen den Tod, da sich die Gräuel von Béziers und Carcassonne wiederholten. Mit dem Vertrag von Paris, der am 12. April 1229 unterzeichnet wurde, musste

Das Siegel Raimunds VII. von Toulouse. Der Graf ist dargestellt zu Pferde, Schild und Satteldecke zeigen das Kreuz von Toulouse.

Raimund VII. einen Großteil seiner Besitzungen, darunter das Languedoc, an den König von Frankreich, Ludwig IX., abtreten. Damit wurden Raimunds Ländereien auf ein enges Gebiet mit Toulouse als einzig nennenswertem Besitz begrenzt.

Doch damit nicht genug der Schmach. Zu seiner Erniedrigung musste Raimund sich am Tag der Vertragsunterzeichnung derselben Bestrafung unterziehen wie einst sein Vater. War 20 Jahre zuvor die öffentliche Geißelung Raimunds VI. das Eröffnungsfanal für den Kreuzzug gewesen, so war sein Schlussakt, dass Raimund VII. vor der Kathedrale von Notre Dame in Paris mit Birkenruten ausgepeitscht und danach in den Kerker geworfen wurde. Zudem wurde ihm das Versprechen abgepresst, mit seinem Heer bei der Verfolgung der Katharer zu helfen.

DIE RÜCKKEHR DER INQUISITION

Die Jagd auf die Katharer und andere Ketzer nahm nun neue und tödlichere Formen an. Gregor IX., der 1227 zum Papst gewählt worden war, gab sich nicht mehr wie seine Vorgänger damit zufrieden, zum Kreuzzug aufzurufen und dann das Militär die Drecksarbeit erledigen zu lassen. Er hatte eine bessere, grausamere Idee: eine Neuauflage der bischöflichen Inquisition. Bis dato hatte dieses Instrument, das 1184 zur Aufspürung von häretischen

---

Die Bischöfe, die mit der Durchführung der Inquisition beauftragt waren, zeigten wenig Neigung, Ketzer zu jagen und zu bestrafen.

Umtrieben geschaffen worden war, nicht die gewünschte Wirkung gezeigt.

Das lag daran, dass die Bischöfe, die ursprünglich in ihren Diözesen entsprechende Untersuchungen (= Inquisitionen) durchführen sollten, wenig Neigung zeigten, Ketzer zu jagen und grausame Strafen zu verhängen. Teils vermochten sie aus Unwissenheit Häretiker nicht von Rechtgläubigen zu unterscheiden, teils wollten sie aufgrund bestehender familiärer Beziehungen nicht in die Lage kommen, gegen ihre eigenen Angehörigen vorgehen zu müssen. So konnte die bischöfliche Inquisition nur im Sand verlaufen. Innozenz III. schrieb dazu 1215:

Oft zeigt sich, dass Bischöfe, sei es ihrer vielfältigen Beschäftigungen, fleischlichen Lüste und kriegerischen Neigungen wegen oder auch aus anderen Gründen wie nicht zuletzt einem Mangel an geistlicher Bildung und seelsorgerischem Eifer, nicht dazu taugen, das Wort Gottes zu verkünden und die Menschen anzuleiten.

Mancherorts waren die Schäflein tatsächlich schwer zu hüten, denn nicht selten machte der Pöbel mit den der Häresie Verdächtigen einfach kurzen Prozess.

Die neue päpstliche oder Römische Inquisition, die Papst Gregor nun einführte, sollte nicht nur solchen Wildwuchs eindämmen, sondern auch sicherstellen, dass die Rettung von Ketzerseelen (sowie die strenge Bestrafung derer, die ihrem Irrglauben nicht abschwören wollten) künftig planvoller, effizienter und engagierter betrieben wurde. Als Strafinstrument wurde die Inquisition zum Synonym für Folter, Angst und Schrecken und unvorstellbares Leid.

1231 führte Papst Gregor IX., der 1227 gegen Ende des Albigenserkreuzzugs zum Papst gewählt worden war, die Inquisition ein, die auch heute noch Synonym ist für Angst, Schrecken und unvorstellbares Leid.

VÖLKERMORD:
DIE KATHARER – TEIL 2

Die Inquisition, die Papst Gregor IX. 1231 einführte, sollte die Ketzerei im katholischen Europa eindämmen, doch ihr erstes Ziel war die unorthodoxe christliche Glaubensform, die die Katharer praktizierten.

Die Gefahr, die von den Katharern ausging, lag vor allem darin, dass sie unglaublichen Zulauf hatten, gerade vonseiten hoher Adliger wie Raimund VI. von Toulouse und dessen Sohn Raimund VII. So breitete sich das Katharertum im Südwesten Frankreichs und Nordosten Spaniens aus, was überhaupt erst möglich machte, dass sie den Albigenserkreuzzug mehr als 20 Jahre lang überstanden. Nach Beendigung des Kreuzzugs durch den Vertrag von Paris 1229 setzte jedoch eine Verfolgung ein, die noch länger dauern sollte. Der Kampf gegen die Häresie rückte für die

Die massenhafte Verbrennung (links) der Katharer in ihrer Festung Montségur 1244 war der Schlussstrich unter die „katharische Bedrohung". Papst Gregor IX. (oben) ernannte die Dominikaner zu Chefinquisitoren.

Kirche an erste Stelle und sollte fast alle anderen Konflikte des Mittelalters an Grausamkeit und Schrecken übertreffen.

> Der frei denkende Häretiker, der die „eine, wahre Kirche" ablehnte und den Glauben selbst wählte, war eine Bedrohung für die Gläubigen.

EXTREME MASSNAHMEN

Aus kirchlicher Sicht bedrohte die Häresie die gesamte Christenheit und rechtfertigte daher extreme Maßnahmen. Der freidenkerische Häretiker, der die „wahre Kirche" ablehnte und selbst entschied, was er glaubte, war eine Bedrohung für Gesellschaft und Gläubige gleichermaßen. Schließlich war die Kirche der Fels, auf dem der Seelenfrieden der Menschen ruhte. Ihre Lehren stifteten die Gewissheiten des täglichen Lebens. Wenn man das Volk dieser Stütze beraubte, konnte dies nur im Chaos enden.

Papst Gregors Inquisition brachte der Ketzerbekämpfung ganz neue Grausamkeiten, da die Inquisitoren ihre Macht auszuschöpfen wussten.

Im nächsten Vierteljahrhundert wurden die Belagerungen von Katharer-Städten und -Burgen fortgesetzt. Fielen sie, wurden ihre Einwohner massakriert, doch die Grausamkeit erreichte bisher ungekannte Ausmaße, gerechtfertigt durch die Inquisition Gregors IX., und die eingesetzten Inquisitoren zögerten nicht, von ihren Machtbefugnissen Gebrauch zu machen. Schon in der für sie gefundenen „Berufsbezeichnung" *inquisitor hereticae pravitatis* (Untersuchungsbeauftragter für die Verderbtheit der Häresie) schwingt ein Unterton mit, der die Häresie, den abweichenden Glauben, plötzlich in die Nähe der Teufelsanbetung rückte und damit dem Wahnsinn Tür und Tor öffnete.

Gregor IX. führte 1231 die päpstliche Inquisition ein. Persönlich lehnte er – anders als die von ihm eingesetzten Dominikaner – die Folter als Untersuchungsinstrument jedoch ab.

KEINE GNADE

Die Katharer wussten, dass sie von den Dominikanern keine Gnade zu erwarten hatten. Als die Inquisition im Frühjahr 1233 ins Languedoc kam, flohen Tausende von ihnen an sichere Orte wie Caudiès de Fenouillèdes oder Montségur auf der französischen Seite der Pyrenäen. Montségur besaß eine starke Festung, die sich über den schneebedeckten Bergen erhob. An solch entlegenen Orten fühlte man sich sicher, doch nicht alle konnten dort vor den Inquisitoren Zuflucht finden.

Bald breitete sich in Toulouse und anderen Städten der Region Languedoc ein Klima der Angst aus. Jeder, ob Katharer oder nicht, konnte bei der Inquisition als Ketzer angeschwärzt werden und lief somit Gefahr, einer schrecklichen Bestrafung unterworfen zu werden. Natürlich war die Inquisition eingerichtet worden, um Frömmigkeit und Rechtgläubigkeit zu wahren, doch häufig waren ganz andere Motive im Spiel. Nicht wenige Bürger und Inquisitoren nutzten die Denunziation, um alte Rechnungen zu begleichen oder Rivalen zu beseitigen. Viele Menschen sahen sich plötzlich den aberwitzigen Vorstellungen von lebensfernen Klerikern und Machtmenschen ausgesetzt.

Die Frömmigkeit wich häufig persönlichen Motiven wie dem Wunsch, alte Rechnungen zu begleichen.

DER INQUISITOR KOMMT IN DIE STADT

Der päpstlichen Inquisition aber war nicht an den Motiven der Denunzianten gelegen. Ihre Handlanger waren geschult, allen Beschuldigten Geständnisse abzupressen und jedes Schlupfloch, durch das sie der „Gerechtigkeit" möglicherweise entkommen konnten, zu stopfen. Die ganze Prozedur begann damit, dass der Inquisitor in die Stadt kam und sich mit den örtlichen Priestern beriet. Dann wurden alle männlichen Bürger über 14 und alle weiblichen über 12 dazu aufgerufen, ihren Glauben an die katholische Kirche zu bekennen. Wer sich weigerte, machte sich sofort als Sünder und damit der Häresie verdächtig. Der Inquisitor gab den Betreffenden dann eine Woche Zeit, ihre Haltung zu überdenken, ihre Fehler zu bekennen und sich selbst anzuzeigen.

DIE DOMINIKANISCHEN INQUISITOREN

Als Chefinquisitoren setzte der Papst die Dominikaner, Angehörige des Predigerordens, ein. Diese Mönche waren von ihrem spanischen Ordensgründer Domingo de Guzman zu derselben Askese, Armut und Frömmigkeit angehalten, wie die Katharer sie von ihren Perfecti forderten. Guzman, der schon 13 Jahre nach seinem Tod 1221 heiliggesprochen wurde, hatte begriffen, dass die Lebensweise der Perfecti die Katharer inspirierte, es ihnen an Frömmigkeit gleichzutun. Wer also Katharerseelen für Rom retten wollte, musste den Perfecti auf Augenhöhe begegnen können. Die Dominikaner sollten sich also nicht von der Welt zurückziehen, sondern wie Katharer mitten unterm Volk leben, aber auf jeglichen Luxus verzichten – anders als die meisten Kirchenmänner.

Unglücklicherweise hatte Dominikus nicht vorhergesehen, dass ein solchermaßen puritanisches Leben die Gefahr der Selbstgerechtigkeit mit sich brachte. Wollte er seine Anhänger zur Selbstlosigkeit erziehen, so verführte das Gefühl der vollkommenen Reinheit sie offensichtlich zu geistlichem Hochmut. Denn Extreme rufen immer Extreme hervor, und so fühlten sich Fanatiker jeglicher Couleur, die man heute als Psychopathen einstufen würde, vom Dominikanerorden angezogen. Da den Predigerbrüdern die Inquisition oblag, konnte man dort unter dem Deckmantel der Rechtschaffenheit seinen Sadismus ausleben. Möglicherweise wusste der

Papst ja, mit welcher Art von Brüdern er es zu tun hatte. Dennoch nahm er sie in die Reihen seiner Inquisitoren auf und schickte sie nach Frankreich und in andere europäische Länder. Bald waren sie allenthalben berüchtigt, was selbst in diesen barbarischen Zeiten außergewöhnlich war. Kein Wunder also, dass sie bald „die Hunde Gottes" – *domini canes* – hießen.

Der heilige Dominikus, Gründer des Dominikanerordens, bei der Selbstgeißelung. Diese „Kasteiung des Fleisches" wurde kirchlicherseits bereits im 14. Jahrhundert verboten.

Wer sich dann noch weigerte, wurde von der Inquisition vorgeladen und machte Bekanntschaft mit deren Befragungsmethoden. Jeder wusste, dass davor niemand sicher war, weder die Sterbenden wie Madame Boursier (siehe S. 54) noch die Kranken oder die Verrückten, deren Aussagen für bare Münze genommen wurden.

Wo der verstorbene Papst Innozenz III. es mit Diplomatie versuchte und Zisterziensermönche zu den Katharern schickte, um mit ihnen über ihren Glauben zu reden und sie womöglich zu bekehren, schlug Gregor IX. einen anderen Weg ein. Er setzte lieber auf die niedrigen menschlichen Instinkte, um

die erwünschten Resultate zu erzielen. Dort, wo Innozenz mit seiner Methode scheiterte, hatte Gregor Erfolg. Dazu aber brauchte er die Dominikaner, die Zeugen einschüchtern und verunsichern konnten, sodass sie in kürzester Zeit nicht mehr klar zu denken vermochten.

FRAGEN ÜBER FRAGEN

Sodann verhörte man die Zeugen: Kannten sie etwaige Ketzer? Hatten sie mit diesen Umgang, wenn ja, wie oft und wo? Wer war bei ihnen gewesen? Wer hatte ihnen einen Besuch abgestattet? Hatten sie gesehen, dass jemand einen Katharer

DAS SCHRECKLICHE SCHICKSAL DER MADAME BOURSIER

Madame Boursier war eine ältere Anhängerin der Katharer, die bereits auf ihrem Sterbebett lag, als die Dominikaner-Inquisitoren am 5. August 1234 an die Tür ihres Hauses in Toulouse, nur wenige Meter von der Kathedrale entfernt, klopften. Die Frau sollte ein schreckliches Schicksal erleiden.

Die Katharer der Stadt hatten ihren Glauben im Verborgenen weiter gepflegt, um der

Die Inquisition „entlarvte" Häretiker mithilfe von Folterinstrumenten – wie die zu Füßen dieses Dominikanermönchs abgebildeten.

Verfolgung zu entgehen. Die alte Dame gehörte zu diesen heimlichen *credentes* (Gläubigen). Einer ihrer Diener verriet sie an die Inquisition. Guillaume Pelhisson, einer der Mönche, war Inquisitor, der andere, Raimund du Fauga, war Bischof von Toulouse und ein durch und durch grausamer Mann. Als die beiden Männer Madame Boursiers Haus betraten, wurde die Familie von Angst und Schrecken ergriffen. Lange schon fürchtete man, ins Visier der Inquisition zu geraten und mit dem Schlimmsten rechnen zu müssen. Für Madame Boursier traf das sicher zu.

Ein Mitglied der Familie flüsterte ihr warnend ins Ohr, der Bischof sei gekommen. Doch Madame Boursier war nicht mehr bei klarem Verstande. Sie meinte, Guilhabert de Castres, ein Perfectus, befinde sich an ihrem Sterbebett. Raimund du Fauga ließ sie in dem Glauben und ermutigte sie, ihren katharischen Überzeugungen treu zu bleiben: „Die Angst vor dem Tod sollte dich nicht davon abhalten, für etwas anderes einzustehen, als du wirklich tief im Herzen glaubst." Zum Entsetzen ihrer Familienmitglieder verurteilte die arme alte Dame sich so freiwillig zum Tode, als sie dem Bischof ihren Glauben offenbarte. Dieser enthüllte daraufhin seine wahre Identität und verhängte noch am Sterbebett das sofort zu vollstreckende Todesurteil.

Aus purer Bosheit ließ er die alte Dame ans Bett fesseln und aus dem Haus und durch die Straßen schleifen. Vor den Stadtmauern hatte man ein Feuer entzündet, um das sich bereits eine große Menschenmenge versammelt hatte. Dort warf man die alte Madame Boursier mitsamt ihrem Bett in die lodernden Flammen. Da sie kaum noch bei Bewusstsein war, merkte sie vielleicht gar nicht mehr, was ihr geschah. Ebenso wenig dürfte sie noch erfahren haben, dass es ihr eigener Diener war, der sie für Geld bei der Inquisition als Häretikerin denunziert hatte.

DER SCHEITERHAUFEN FÜR DIE TOTEN

Das exzessive Denunziantenwesen machte nicht einmal vor den Toten halt. Die „Angeklagten" lernten bald, den Wünschen der Inquisitoren zu willfahren, die nach neuen Opfern gierten, je mehr, desto besser. Um niemandem zu schaden, nannten sie häufig die Namen von Toten in der irrigen Annahme, diese seien vor Verfolgung sicher. Tatsächlich begaben sich die Inquisitoren zu den Friedhöfen und ließen die Genannten ausgraben, ganz egal, wie stark verwest sie schon sein mochten. Dann warf man sie auf einen Karren und fuhr sie zu einem eigenen Richtplatz. Während der Karren durch die Straßen rollte, rief der begleitende Priester

mahnend: „Wer immer ein Gleiches tut, soll gleiches Schicksal erleiden!"

Am Richtplatz angekommen, band man die Leichen an Pfähle und verbrannte sodann die Denunzierten, die nun eines zweiten, „geistlichen" Todes starben. So makaber dies war, die Inquisition kannte kein Pardon. Das Haus des Betreffenden wurde bis auf die Grundmauern abgebrochen, seine Angehörigen verloren all ihr Hab und Gut. Manche wurden in den Kerker geworfen, andere zwang man, ein gelbes Kreuz auf der Kleidung zu tragen zum Zeichen, dass sie durch eine „häretische Verwandtschaft" entehrt worden waren.

ehrfürchtig behandelt hatte? Hatten sie solches gar selbst getan? Hatten sie Kenntnis von einer Erbschaft oder Schenkung an einen Katharer? Wie hoch war die entsprechende Summe und wer hatte diesen Akt beurkundet? Angesichts all dieser Fragen knickten die meisten Leute irgendwann ein und sagten irgendetwas, nur um dem Kreuzfeuer der Fragen zu entkommen. Treue, Liebe, Freundschaft, Anstand und Aufrichtigkeit waren vergessen, wenn die dermaßen Befragten die Gefahr witterten und versuchten, ihre Haut zu retten. Die „Angeklagten", wie man sie in den Handbüchern der Inquisitoren nannte, hatten nicht das Recht zu erfahren, ob sie selbst der Häresie angeklagt oder verdächtig waren. Es entstand ein Klima der Angst, in dem ständig neue Namen fielen und der Inquisitor bald noch mehr Verdächtige bekam.

> Die „Angeklagten", wie man sie in den Inquisitionsbüchern nannte, hatten nicht das Recht zu erfahren, ob sie selbst verdächtig waren.

Papst Gregor IX. in einem Manuskript aus dem 14. Jahrhundert. Er nimmt aus den Händen eines vor ihm knienden Inquisitors Listen mit den Namen von Häretikern entgegen.

INQUISITOREN IM KREUZFEUER

Die Verbrennung toter „Häretiker" und andere Exzesse der Inquisitoren riefen allgemein Abscheu hervor. Das führte bald zu Revolten, die am Ende Todesopfer forderten. 1235, zwei Jahre, nachdem die Inquisition ins Languedoc gekommen war, starben drei Inquisitoren, weil das wütende Volk sie in einen 30 Meter tiefen Brunnen warf. Ein anderer Inquisitor namens Arnold Catalan, der in Albi tätig war, wurde angegriffen, nachdem er zwei Häretiker verurteilt und verbrannt hatte und mit mehreren Toten ebenso verfuhr.

Graham Pelhisson, selbst Inquisitor, beschreibt in seiner Geschichte der Inquisition in Toulouse von 1230 bis 1238, was dann geschah:

> Die Scheußlichkeiten der Inquisitoren wie das Verbrennen toter „Häretiker" riefen Abscheu und Aufruhr hervor.

Ketzer wurden häufig misshandelt und geschlagen, wenn man sie zum Scheiterhaufen führte. Hier auf einer Lithografie des 19. Jahrhunderts.

Das Volk von Albi versuchte, ihn in den Fluss Tarn zu werfen, einige Menschen aber widersetzten sich dem. Also schlug man ihn, riss ihm die Kleider vom Leib und zerkratzte sein Gesicht.

Und das scheint beileibe kein Einzelfall gewesen zu sein, wie Pelhisson weiter schreibt:

Die Honoratioren der Region, die Adligen und reichen Bürger, schützten und versteckten die Häretiker. Wer immer sie verfolgte, wurde geschlagen, verletzt, ja getötet … In diesem Land widerfuhren der Kirche und ihren Gläubigen viele schreckliche Dinge.

Ein anderes Opfer der Gegengewalt war Konrad von Marburg. Nachdem Gregor IX. 1227 zum Papst gewählt worden war, beauftragte er den Mann, sein Heimatland Deutschland von Ketzerei zu säubern.

DER SCHRECKLICHE KONRAD VON MARBURG

Die verwitwete Königin Elisabeth von Thüringen wurde 1235 heiliggesprochen. Hier besucht sie ein Armenspital.

Bevor er zum päpstlichen Inquisitor ernannt wurde, war Konrad von Marburg Beichtvater von Elisabeth, der Witwe von Prinz Ludwig IV. von Thüringen, der 1227 an der Pest verstarb. Bald hatte er die unglückselige Elisabeth vollkommen in seiner Gewalt. Er ersetzte ihre liebsten Hofdamen durch zwei echte Teufelinnen, und wann immer sie seinen Worten zuwiderhandelte, schlug er ihr ins Gesicht oder ließ sie auspeitschen. Die strenge Askese, der er sie unterwarf, und der Kummer über ihren Mann ließen die Ärmste schon mit 24 Jahren das Zeitliche segnen. Sie wurde gleich darauf heiliggesprochen und ist heute noch Sinnbild für alle misshandelten Frauen.

Was Elisabeth tatsächlich erlebt haben mochte, lässt sich erschließen aus dem Treiben ihres ehemaligen Beichtvaters als Inquisitor in Hessen und Thüringen. Allein das Gerücht, er hielte sich in der Gegend auf, genügte, um Angst und Schrecken zu verbreiten, die in wilde Panik umschlugen, sobald er tatsächlich erschien. Begleitet wurde er von einem grimmigen Mann namens Dorso und einem gewissen Johannes, der nur ein Auge und eine Hand hatte.

Für seine Schreckensherrschaft gab es in Konrads Augen einen guten Grund, denn er sah überall Häretiker, und jene, die er nicht sah, vermutete er in Burgen, Schlössern und Klöstern. Der Schuldbeweis wurde obsolet, da Konrad jede Anschuldigung für bare Münze nahm und den Beschuldigten auferlegte, ihre Unschuld zu beweisen. Das war einfacher gesagt als getan, denn Konrad beschäftigte brutale Knechte, deren Aufgabe es war, Häretiker zu finden, ihnen ein Geständnis abzupressen und, wenn sie sich weigerten, ihren Irrglauben zu widerrufen, sie auf dem Scheiterhaufen zu verbrennen. Die Opfer hatten nur eine Chance, diesem Schicksal zu entgehen: wenn sie weitere „Häretiker" nannten. Hier genügte schon das Hörensagen. Hunderte und Tausende Katharer und Katholiken wurden der Ketzerei angeklagt und konnten dem Tod nur entgehen, wenn sie wiederum andere denunzierten. Taten sie dies nicht, so verlor Konrad keine Zeit. Manche seiner Opfer wurden noch am Tag der Anklage verbrannt.

Kleine Fische interessierten ihn dabei nicht. Er zielte auf die höheren Schichten der Gesellschaft ab, auf Priester, Aristokraten und andere Notabeln, deren Sünden Strafe verdienten. Eines seiner Opfer war der Probst von Goslar, Heinrich Minnike, ein anderes Heinrich II., Graf von Sayn, dem man vorwarf, an „satanischen Orgien" teilgenommen zu haben. Minnike wurde auf dem Scheiterhaufen verbrannt, der Graf aber wehrte sich und wurde vom Bischof von Mainz freigesprochen.

Natürlich zog Konrad sich auf diese Weise überall Feinde zu. Als er nach seiner Niederlage Mainz verließ und nach Marburg zurückkreiste, geschah das Unvermeidliche: Am 30. Juli 1233 lauerten ihm mehrere Ritter auf und erschlugen ihn und seinen Helfer Dorso. Man nahm an, dass die Ritter Gefolgsleute von Heinrich II. waren, obwohl dies nie bewiesen wurde.

Die Opfer des sadistischen Konrad von Marburg, der päpstlicher Inquisitor in Deutschland war, merkten bald, dass Gnadengesuche vergebliche Liebesmühe waren.

DER MÖRDERISCHE ROBERT LE BOUGRE

Bei Robert le Bougre musste Gregor IX. deutlichere Worte gebrauchen. Auch er war Inquisitor, und was noch schlimmer war: Er war ein ehemaliger Katharer, der zu den Dominikanern übergetreten war. Es heißt, Konvertiten bewiesen stets besonderen Glaubenseifer. Robert ist dafür ein gutes Beispiel. Er verfolgte die angebliche Ketzerei in seinem Amtsbezirk in Burgund unnachsichtig. Dort löste er eine Hinrichtungswelle aus, wie sie noch nie dagewesen war. So ließ er in dem Dörfchen Charité-sur-Loire gleich 50 Häretiker verbrennen. Das allerdings rief die Erzbischöfe von Reims und Sens auf den Plan, die ihre Rechte bedroht sahen und verlangten, dass sie vor der Verurteilung eines Beschuldigten gehört würden. Einige Bischöfe forderten für sich das Recht, ein Urteil abzumildern, andere wollten einen eigenen Inquisitionsgerichtshof.

Papst Gregor, ein Meister der Heuchelei, zeigte sich sehr erstaunt ob dieser Reaktion, habe er doch mit der Ernennung von Robert le Bougre die Bischöfe nur entlasten wollen. Doch natürlich hatte er ihnen damit auch etwas von ihrer Macht genommen. Nichtsdestotrotz kam Gregor seinen Bischöfen auf halbem Weg entgegen. 1234, ein Jahr nach seiner Ernennung, berief er Robert le Bougre ab. Doch nur um ihn bald erneut auf das Land loszulassen, als Großinquisitor von Frankreich. Sein neuerliches Wüten ließ seine früheren Taten bald in Vergessenheit geraten.

Zwischen 1236 und 1239 stand Robert der Inquisition in Châlons-en-Champagne, Cambrai, Peronne, Donai und Lille vor und in dieser Zeit ließ er weitere 50 Ketzer verbrennen. In die Champagne kehrte er 1239 zurück. Der Zisterziensermönch und Chronist Alberic de Trois-Fontaines wurde Augenzeuge einer Massenhinrichtung in Mont-Aimé, wo sage und schreibe 183 „Häretiker" verbrannt wurden. Danach ist von Robert le Bougre nichts mehr bekannt. Es heißt, er sei nach langen Jahren im Kerker auch dort gestorben.

Konrad war damals schon als Sadist bekannt, doch mit seinem Schreckenswerk als Inquisitor übertraf er sich selbst. 1233 wurde er deshalb ermordet.

DIE LIST GREGORS

Die Ermordung eines päpstlichen Gesandten war gewöhnlich ein großer Skandal, da sie als Angriff auf den Papst selbst galt. Im Falle des Konrad von Mar-

> Die Ermordung eines Gesandten galt als Angriff auf den Papst selbst.

burg aber griff der Papst zu einer List. Natürlich musste er vom Wüten seines Beauftragten gewusst haben, doch in einem Schreiben an die Erzbischöfe von Köln und Trier gab er jenen die Schuld dafür.

1230 befahl Gregor IX. seinem Kaplan und Beichtvater, dem hl. Raimund von Penyafort, eine Sammlung von Kirchendekreten zusammenzustellen, das *Liber Extra*. Auf dem Bild übergibt er es.

Ein Inquisitor klagt an: Gemälde von Jean Paul Laurens (1838 – 1921).

„Wir wundern Uns", schrieb der Papst, „dass Ihr gesetzliche Maßnahmen von diesem bislang ungekannten Ausmaß so lange zugelassen habt, ohne Uns über das Geschehen zu informieren. Es ist Unser Wunsch", fuhr Gregor fort, „dass solche Dinge nicht länger mehr geduldet werden, daher erklären wir sämtliche Urteile für null und nichtig. Wir können solches Elend, wie Ihr es beschrieben habt, nicht hinnehmen."

Doch eine Schreckensherrschaft, wie Konrad von Marburg und Robert le Bougre sie errichteten, ist unvermeidlich, wenn der Papst seinen Inquisitoren Werkzeuge in die Hand gibt, die für den mittelalterlichen Menschen erschreckend gewesen sein mussten. Exkommunikation und Interdikt hießen, dass die Betreffenden aus der Kirche ausgestoßen waren und keine Sakramente mehr empfangen durften. Dazu kamen noch weltliche Strafen wie Kerkerhaft, Enteignung, Verbannung und Folter. Diese sollten die Menschen dazu bringen, mit der Inquisition zusammenzuarbeiten. Wer sich weigerte, wurde von vornherein als Ketzer betrachtet und erlitt dieselben Strafen.

Zwei Dominikanermönche namens Pierre Seila und Guillaume Arnaud, die vom Papst 1233 zu Inquisitoren ernannt worden waren, ließen die Bewohner des Languedoc, des Hauptangriffspunktes der Inquisition, die ganze Bandbreite ihrer Befugnisse spüren. Sie waren ausnehmend schnell, was die Aufeinanderfolge von Festnahme, Prozess, Urteil und Strafvollstreckung anging. So wurde Vigoros de Bacone, der bekannteste Perfectus der Katharer in Toulouse, auf dem Scheiterhaufen verbrannt, noch bevor seine Freunde und Unterstützer für ihn die Verteidigung organisieren konnten. Seila und Arnaud ließen auch angebliche Katharer exhumieren und verbrennen. Sie warfen Scharen von Menschen in den Kerker, ob nun Katharer oder Katholiken, und drängten die weltliche Macht in Toulouse, ihnen bewaffnete Soldaten zur Verfügung zu stellen, damit die Verhaftungen,

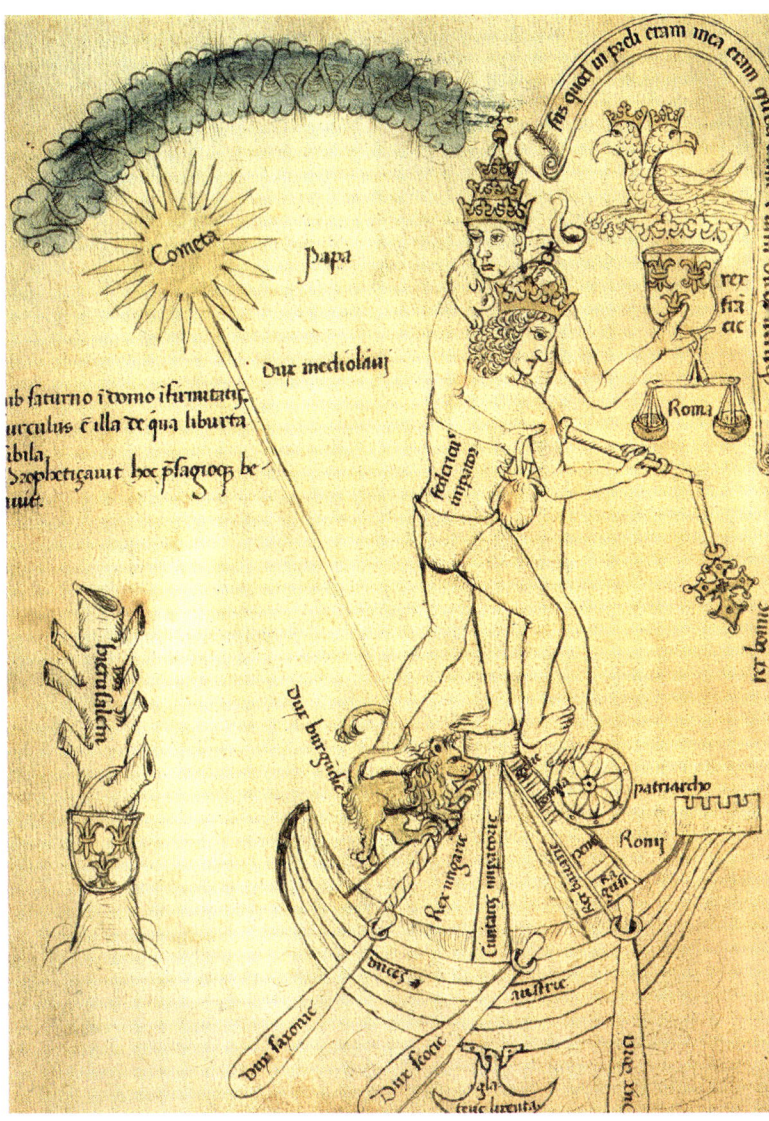

In diesem Manuskript aus dem 15. Jahrhundert wird das Kirchenschisma von 1378 bis 1415 dargestellt, als nach dem Tod von Gregor IX. jeweils ein Papst in Rom, der andere in Avignon saß.

Königin Blanche war die Gattin König Ludwigs VIII. von Frankreich sowie die Mutter Ludwigs IX. und dessen Regentin. Sie war für ihre Güte bekannt; in der Abbildung sorgt sie für die Freilassung zu Unrecht eingekerkerter Leibeigener.

Befragungen und Hinrichtungen der „Häretiker" schneller vonstatten gehen konnten.

Schließlich hatte Raimund VII. von Toulouse nach gut zwei Jahren genug. Man hatte ihm die Inquisition aufgezwungen und bis zu einem gewissen Punkt hatte er mit Seila und Arnaud zusammengearbeitet. Einen zweiten Krieg wie den, der ihn 1229 beinahe ruiniert hätte, konnte er sich nicht leisten. Doch dann gingen Seila und Arnaud zu weit. Raimund meldete ihre Taten beim Papst.

Er bezeichnete das Handeln der Inquisitoren als „verderbt", da sie „die Menschen geradewegs in den Irrtum und nicht zur Wahrheit führen". Hinter ihm stand Königin Blanche, die Mutter des französischen

Königs Ludwig IX., der Papst Gregor ebenfalls vorgeworfen hatte, dass seine Inquisitoren ihre Befugnisse überschritten.

EIN STARKER FEIND

Der Graf und die Königin hatten Glück: Ihre Vorwürfe erreichten den Papst in einer schwierigen Lage. Gregor hatte sich mit Friedrich II. angelegt, König von Deutschland und Sizilien und Heiliger Römischer Kaiser. Dieser war ein Herrscher offener Geisteshaltung, der seine Macht in Italien auszuweiten suchte – zulasten des päpstlichen Einflusses. Der Papst meinte, Friedrich sei „das Tier, das aus der Tiefe der See aufsteigt, bedeckt mit ketzerischen Beschimpfungen … aus dessen geiferndem Maul nur Lästerungen Seines Heiligen Namens dringen … und das seine Lanze auf den Tabernakel Gottes und Seiner Heiligen im Himmel schleudert". Ein solcher Feind erforderte Beistand, und Gregor musste, wo er nur konnte, nach Bündnispartnern suchen. Er war sogar bereit, das häretische Languedoc auf seine Seite zu ziehen. Es war bekannt, dass Friedrich „Absichten" auf die Provence im Südosten Frankreichs hatte, und so ergriff Raimund seine Chance und bot dem Papst seine Hilfe an. Sein Preis war die Absetzung von Seila und Arnaud und der Rückzug der Inquisition aus dem Languedoc.

DER GEGENSCHLAG

So weit wollte Papst Gregor IX. nicht gehen, doch er versuchte, seine Inquisitoren zu zügeln und zu mehr Milde zu veranlassen. Gregor reiste gar selbst ins Languedoc, um die erregten Gemüter zu beruhigen. Von der neuen Politik des Papstes ermutigt, schlug Raimund gegenüber Seila und Arnaud eine härtere Gangart ein. Dabei kamen ihm seine Untertanen beinahe zuvor. Die Inquisitoren hatten nämlich in der Zwischenzeit die Festnahme mehrerer Personen

> Papst Gregor IX. reiste selbst ins Languedoc, um die empörten Bürger zu beruhigen.

von Raimunds Hofstaat veranlasst, die man der Sympathien für die Katharer verdächtigte. Raimund gelang es jedoch, sie aus dem Einflussbereich der Inquisition herauszuschaffen. Auf seinen Befehl eilte

Die Katharerstadt Lavaur wurde in Katholikenkreisen als „Bollwerk Satans" bezeichnet. Am 3. Mai 1211 wurde die Stadt von den Albigenser-Kreuzzüglern angegriffen und zerstört, alle Einwohner wurden getötet.

ein Trupp Soldaten los, um sie zu verhaften, und geleitete sie sicher aufs Land hinaus. Seila und Arnaud waren erzürnt. Aus Rache machten sie sich nun daran, eine Anklage gegen mehrere Stadträte von Toulouse zusammenzustricken. Doch sie kamen nicht weit, denn man warf sie recht unzeremoniös aus der Stadt. Der wütende Mob griff auch andere Dominikanergeistliche an, so zum Beispiel den Erzbischof von Toulouse. Als sie zurück nach Carcassonne flohen, bewarf man sie mit Steinen. Dort angekommen, hatten die Dominikaner nichts Eiligeres zu tun, als ihre Angreifer zu exkommunizieren und Toulouse unters Interdikt zu stellen.

Doch auf Gregors Befehl kehrten sie bald wieder. Allerdings konnte dieser es sich nicht leisten, Raimund zu schwer zu bestrafen, weil er ihn in seinem Kampf gegen Friedrich II. brauchte. Daher hob der Papst das Interdikt gegen die Stadt auf und setzte den beiden Dominikaner-Inquisitoren einen Wachhund vor die Nase.

SCHLIMMER ALS DIE DOMINIKANER

Stéphan de Saint-Thibéry war ein Mönch aus dem Orden der Franziskaner, der für die Milde und das diplomatische Geschick seiner Brüder bekannt war, aber auf Saint-Thibéry schienen diese Tugenden nicht abgefärbt zu haben. Er wirkte auf die Dominikaner nicht mäßigend ein, wie Papst Gregor erwartet hatte, sondern stachelte sie vielmehr noch an. Sein ganzer Hass richtete sich gegen die Katharer. Die hochnotpeinliche Befragung begann erneut und wieder wurden Leichen ausgegraben und verbrannt. Angebliche „Häretiker" wurden zu Geständnissen gedrängt und verrieten andere, um sich selbst zu retten.

Dabei wurde so viel Druck ausgeübt, dass selbst zwei der bekanntesten Perfecti von Toulouse, Raimund Gros und Guillaume de Soler, zusammenbrachen. Diese nannten Dutzende anderer Katharer und verrieten Einzelheiten über deren Familie, Freunde und Aktivitäten. Natürlich behandelte man Gros und Soler von da an wie Ausgestoßene. Die Inquisition musste sie vor dem Zorn der Bürger schützen, die den beiden Perfecti rückhaltlos vertraut hatten.

WIE MAN INQUISITOREN HINTERS LICHT FÜHRTE

Aber natürlich waren die Verräter einigermaßen sicher, denn jeder offizielle Angriff hätte eine Anklage wegen Häresie nach sich gezogen. Daher fingen die Katharer an, sich zu tarnen. Manche Perfecti legten ihre einfachen Gewänder ab und vertauschten sie gegen normale Kleidung. Waren sie einst Vegetarier gewesen, so verzehrten sie jetzt Fleisch, und zwar möglichst in der Öffentlichkeit.

Am augenfälligsten aber wurde der Wandel im Umgang der Geschlechter miteinander. Perfecti hielten sich vom anderen Geschlecht fern. Nun

> Die Perfecti, die einst Vegetarier gewesen waren, verzehrten nun Fleisch in aller Öffentlichkeit.

aber gingen sie zu zweit aus, damit jeder, der sie sah, annahm, sie seien verheiratet. Die beste Verteidigung aber war es, die Städte zu verlassen. Viele Perfecti zogen sich nach Montségur zurück, ohne jedoch ihre Anhänger zu vernachlässigen. Sie kehr-

> Die Perfecti kehrten in Verkleidung in die Stadt zurück, was nur wenige Katharer vor Ort wussten.

ten in Verkleidung in die Stadt zurück und besuchten die Gläubigen. Nur wenige Katharer vor Ort wussten um diese Praxis. Sobald sie ihren Anhängern Trost gespendet hatten, verschwanden sie wieder, wie sie gekommen waren.

Den Inquisitoren war klar, dass vieles im Languedoc nun heimlich geschah, doch man konnte die Katharer einfach nicht dingfest machen. Da jeder die Inquisition hasste, mussten die Mönche und ihre Schreiber in Albi und Carcassonne bewaffnete Soldaten von den weltlichen Herrschern anfordern, um ihre Aufgaben erfüllen zu können. Manchmal sperrte man sie auch schlicht aus wie in Toulouse. Dann machten die Mönche sich über die Landbevölkerung her und hoben dort potenzielle Häretiker zur Befragung aus.

UND WIEDER: REBELLION!
Der Hass in der Bevölkerung wuchs unaufhaltsam. 1240 ergab sich dann endlich die Gelegenheit für Raimund-Roger IV. Trencavel, den Sohn des unglücklichen Raimund-Roger III. Trencavel, der 1209 in Carcassonne unter geheimnisvollen Umständen

> Raimund-Roger IV. Trencavel hatte 30 Jahre im Exil die Hoffnung auf sein Erbe nicht aufgegeben.

verstarb, sein Erbe zurückzufordern. Er war nun 35 Jahre alt und lebte seit 30 Jahren im Exil, doch er hatte die Hoffnung nie aufgegeben. Und so scharte er in Aragon, im Nordosten Spaniens, ein Heer von Exil-Soldaten um sich und marschierte über die Pyrenäen ins Languedoc. Anfangs durfte er sich durchaus

MORD IN AVIGNONET

Am Morgen des 28. Mai 1242 machten sich der Franziskaner Stéphan de Saint-Thibéry und der Dominikaner Guillaume Arnaud zusammen mit acht Schreibern auf, in den Ländereien zwischen Carcassonne und Toulouse nach Ketzern zu fahnden. Sie machten in den Dörfern halt, befragten die Bewohner und trugen ihre Namen ins Register der Inquisition ein.

Daran war nichts Ungewöhnliches, denn man musste im Languedoc immer damit rechnen, dass die Inquisitoren plötzlich auftauchten und ihr schändliches Werk verrichteten. Das gehörte zu der Terrorstrategie, mit der diese nicht papsttreue Region in die Knie gezwungen werden sollte. Die beiden Inquisitoren versuchten, die Bürger einzuschüchtern und Angst und Schrecken zu verbreiten. Nichts schlimmer als die Vorstellung, in den Kerker von Carcassonne geworfen zu werden, wo die Menschen in kleinen, finsteren Zellen bei Wasser und Brot darbten.

Eines allerdings war dieses Mal anders: Saint-Thibéry, Arnaud und die Schreiber waren ohne die bewaffnete Leibgarde unterwegs, die sie sonst sicher von Ort zu Ort geleitete. An jenem Abend erreichten sie das Schloss von Avignonet, wo Raimund d'Alfaro (Graf Raimunds Schwager und Hausvogt) sie erwartete. Man brachte sie im Bergfried unter, dem hohen Turm des Schlosses, wo sie ihre abendliche Mahlzeit einnahmen, als Guillaume Raimund Golairan, einer von d'Alfaros Männern, nach ihnen sah.

Offensichtlich hegten sie keinerlei Verdacht. Also begab Golairan sich in ein nahe gelegenes Wäldchen, wo er sich mit Pierre-Roger de Mirepoix, einem anderen Lehnsherrn der Gegend, und dem alten Raimund de Pereille traf. Beide hatten mehrere bewaffnete Ritter mitgebracht,

über einige kleinere Siege freuen. Er befreite Limoux, Alet und Montréal von den Franzosen. Ernst wurde es allerdings, als er anfing, Carcassonne zu belagern. In den vorgelagerten Orten Bourg und Castellar hieß man ihn willkommen. Von dort aus führte er in weniger als fünf Wochen acht Angriffe

Ein Beispiel für die Übergriffe auf Inquisitoren: Der Dominikanermönch Petrus von Verona oder Petrus Martyr, selbst Inquisitor, wurde am 6. April 1252 von Katharern erschlagen. Während er starb, soll er *Credo in Unum Deum* (Ich glaube an den einen Gott) in den Sand gemalt haben.

die zu den Credentes (Gläubigen) gehörten und normalerweise die Burg von Montségur bewachten. De Mirepoix wählte einige Ritter aus und schickte sie gen Avignonet, gefolgt von berittenen Soldaten. Als sie dort ankamen, war es stockdunkel.

Die Bewaffneten versteckten sich in einem Schlachthaus vor den Toren des kleinen Ortes und Golairan kehrte in den Bergfried zurück, um nach den Inquisitoren zu sehen, die tief und fest schliefen. Dann ließ er de Mirepoix' Männer durch das Haupttor in den Ort. Am Schlosstor wurden sie von 30 Bürgern aus Avignonet erwartet, die sich mit Hackmessern und Knüppeln bewaffnet hatten. Sie schlichen sich zum Bergfried, wo einer der Ritter mit seiner zweischneidigen Streitaxt die mächtige Eichentür am Eingang einschlug.

EIN SCHLACHTFEST

Bevor die Inquisitoren noch merkten, was vor sich ging, waren Dutzende Bewaffnete in den Raum eingedrungen und stürzten sich auf die zehn Männer. Sie schlugen ihnen den Schädel ein, schlitzten ihnen die Kehle auf und rammten ihnen die Schwerter in den Bauch. Das ging so lange, bis mit absoluter Sicherheit niemand von den Fremden mehr am Leben war. Totenstille legte sich über den Bergfried, das Blut floss in Strömen und bedeckte bald den Steinboden. Die Schlächter steckten Fackeln an und nahmen alles mit, was sie tragen konnten: Goldstücke, Kerzen und das Allerwichtigste – das Register der Inquisition, in dem die Namen der zu Befragenden verzeichnet waren. Man riss es in Fetzen und steckte sie in Flammen. Bald waren die „Beweise" der Inquisitoren nicht mehr als ein rauchendes Häuflein Asche.

Die Mörder von Avignonet entkamen unerkannt zurück in ihr Wäldchen, wo Pierre-Roger de Mirepoix sie erwartete. Denn er hatte sich eine ganz bestimmte Morgengabe gewünscht: den Schädel von Guillaume Arnaud, den er zu einem Trinkgefäß machen lassen wollte. Enttäuscht vernahm er, dass es den Schädel nicht mehr gab. Im Zorn hatten die Bürger Arnauds Haupt zerschmettert.

auf Carcassonne aus. Doch damit fanden seine Erfolge auch schon ihr jähes Ende.

Die Franzosen reagierten schnell und schickten eine Armee ins Languedoc. Sie verjagten Raimund-Roger IV. aus der Gegend um Carcassonne und trieben ihn bis nach Montréal zurück. Nun wurde der Belagerer selbst belagert, die Franzosen schlossen die Stadt ein. Die Kämpfe allerdings forderten so viele Todesopfer, dass beide Parteien schließlich um einen Waffenstillstand baten. Danach zwang man Raimund-Roger 1240 zurück ins Exil nach Aragon.

Wenn er auf Hilfe von Graf Raimund VII. gehofft hatte, so wurde er enttäuscht. Dieser musste sich zu jener Zeit gehörig bedeckt halten und konnte sich nicht leisten, Papst Gregor herauszufordern. 1242 allerdings lagen die Dinge schon wieder anders. Gregor IX. hatte 1241 das Zeitliche gesegnet, und sein Nachfolger Coelestin IV. starb, vermutlich an Altersschwäche, nach nur 17 Tagen im Amt. Auf ihn folgte Innozenz IV., der sich mit Gregors Erzfeind, Kaiser Friedrich II., einen brutalen Machtkampf lieferte. Innozenz fühlte sich bald in Rom nicht mehr sicher und floh nach Genua, wo er bis zu Friedrichs Tod 1250 blieb.

Das Chaos, das sich daraus in Rom ergab, wusste Raimund VII. zu nutzen. 13 Jahre lang

Beim Konzil von Lyon 1245 setzte Innozenz IV. den zweimal exkommunizierten Kaiser Friedrich II. schließlich ab, nachdem dieser ihm gedroht hatte.

hatte er auf diese Gelegenheit gewartet, seine Ritter juckte es in den Fingern, es den verhassten Franzosen heimzuzahlen und ihre Landgüter und Schlösser zurückzuerobern. Außerdem wusste sich Raimund von den Herrschern Englands, Navarras, Kastiliens und Aragons unterstützt. Endlich konnte er versuchen, seine früheren Ländereien aus dem Würgegriff der Franzosen zu befreien und die Dominikaner, die Inquisition und ihren grausamen Terror-Apparat zu vertreiben.

> Die Inquisitoren waren das erste Ziel von Raimunds Rebellion. Vermutlich steckte er hinter ihrer Ermordung und der Beweisvernichtung.

Die Inquisitoren, nicht irgendein militärisches Objekt, wurden daher zum ersten Ziel der Rebellion, die am 28. Mai 1242 begann. Raimund VII. nahm an ihrer Ermordung in Avignonet (siehe Seite 62/63) nicht teil, doch man kann davon ausgehen, dass er eingeweiht war.

MAN FEIERT IM LANGUEDOC
Die Nachricht von den erschlagenen Inquisitoren verbreitete sich rasch in der Region und sowohl Katharer als auch Katholiken feierten die frohe Botschaft. Ein Priester läutete in seiner Kirche gar die Glocken, die Mörder wurden in Montségur wie Helden empfangen. Doch die Morde waren nur der Anfang. Bald wurden Schlösser ebenso gestürmt wie Dominikanerklöster und Bischofspaläste. Die geschundene Bevölkerung des Languedoc schrie nach Rache an den verhassten Franzosen und der von ihnen eingeführten Inquisition. Die Vorfälle von Avignonet schienen dem ganzen Land neues Leben einzuhauchen. Man stand auf gegen die Grausamkeit und Gemeinheit der Inquisition, die das einst friedliche und fruchtbare Languedoc so verwüstet hatte.

Bedauerlicherweise sollten weder Rebellion noch Freude lange Bestand haben. Obwohl eine Reihe von berühmten Persönlichkeiten, wie König Heinrich III. von England, Hugo von Lusignan aus einer berühmten Kreuzfahrerfamilie, Roger Bernard, Graf von Foix, Raimund ihre Unterstützung zugesagt hatten, hielten sie dem französischen Ansturm nicht stand. Heinrich von England und

Lusignan wurden in der Schlacht besiegt. Der Graf war zwar Sohn und Neffe eines Perfectus, lief aber trotzdem zum Feind über und sorgte dafür, dass Raimund VII. eine vernichtende Niederlage erlitt, von der er sich nicht mehr erholte. Raimunds übrige Verbündete in Aragon, Kastilien und Navarra deuteten die Zeichen der Zeit und zogen sich sang- und klanglos zurück. Im Januar 1243 unterzeichneten Raimund VII. und König Ludwig IX. wieder einen Friedensvertrag. Damit waren die Verhältnisse von 1229 wiederhergestellt und das Languedoc stand erneut unter französischer Herrschaft.

DAS UNEINNEHMBARE MONTSÉGUR

Die Mörder von Avignonet wurden nie gefasst, doch Montségur, die Festung, in der man den Plan ausgeheckt hatte, blieb trotzdem das letzte Nest für den katharischen Widerstand im Languedoc. Die katholischen Geistlichen nannten sie ohnehin schon die „Synagoge Satans". Und die jüngsten Ereignisse hatten sie in diesem Glauben noch bestärkt. Montségur musste zerstört werden, so ihre Forderung, weil die Festung Hunderten von Katharern, Perfecti wie Credentes, Unterschlupf bot. Die hohen Berge und tiefen Schluchten der Pyrenäen schützten sie.

1242 lebten etwa 500 Flüchtlinge, Katharer und Katholiken, dort. Von diesen waren gut 200 Perfecti, die sich rund um die Burg ihre Hütten gebaut hatten. Ritter, einfache Soldaten mit ihren Frauen, Geliebten und Kindern, die vielfach mit den Perfecti verwandt waren, hatten sich ebenfalls in den Schutz der Festung zurückgezogen. Dazu kamen noch zahlreiche Pilger, die dieses Wahrzeichen katharischer Spiritualität mit eigenen Augen sehen wollten, um dann getröstet nach Hause zurückzukehren.

Montségur leistete den Katharern also 40 Jahre lang gute Dienste. Die Burg war 1204 auf Betreiben

Montségur, die letzte starke Festung der Katharer, wurde in 914 Metern Höhe in den Pyrenäen errichtet.

Zahlreiche Credentes-Pilger wollten das Wahrzeichen katharischer Spiritualität mit eigenen Augen sehen und dann getröstet nach Hause zurückkehren.

von Raimund de Pereille errichtet worden, der damals schon vorhersah, dass die Katharer irgendwann um ihren Glauben würden kämpfen müssen, da die Kirche sie als Ketzer betrachtete. Um sich auf diesen letzten Kampf vorzubereiten, ließ Pereille die Burg oberhalb des Dorfes Montségur auf dem gleichnamigen Berg errichten, der sich 914 Meter hoch in den Pyrenäenhimmel erhebt. Von dort aus konnte man das Land kilometerweit übersehen. Über die Jahre hatte Montségur zahllosen Perfecti Unterschlupf geboten, die sich der Verfolgung entziehen wollten. Als dann die Hexenjagd losbrach, war Montségur erneut ein wichtiger Zufluchtsort. Doch die Exzesse der Inquisitoren waren nur Vorboten eines schlimmeren Schicksals – der „Endlösung" der Katharerfrage.

Wie nah diese war, zeigte sich im Frühjahr 1243, als von der Burg aus Truppen sichtbar wurden. Auf Befehl von Hugues d'Arcis, dem Seneschall von

Die mächtige Festung Montségur wurde 1204 errichtet – bereits im Hinblick auf den Tag, an dem die Katharer sich gegen ihre Feinde würden zur Wehr setzen müssen.

Ludwig IX. in Carcassonne, rückten Ritter, Soldaten und ein gewaltiger Tross aus Aquitanien, der Gascogne und anderen Regionen Frankreichs an. Man schlug an der Ostseite des Montségur ein Heerlager auf.

Bischof Pierre Amiel, ein kirchlicher Würdenträger, ließ sein kostbar besticktes Zelt direkt unterhalb der Festung aufstellen. Bald wehte das Lilienbanner über dem Heerlager, die Flagge der Könige von Frankreich, vereint mit dem Kreuzesbanner, um zu zeigen, dass auch dieser Kampf hier ein Kreuzzug war.

Tausende von Männern waren ein furchterregender Anblick, doch es waren immer noch nicht genug für eine Belagerung. Hugues d'Arcis brauchte noch viel mehr Männer, um die Burg einzuschließen, doch selbst damit war kein geschlossener Belagerungsring zu bilden. Der Montségur misst an seinem Fuß gut drei Kilometer im Umfang, der

darüber hinaus von Schluchten zerklüftet ist. Es ergaben sich also immer noch genug Schlupfwege aus der Festung und hinein. Außerdem konnte man an den steilen Hängen des Montségur keine Belagerungsmaschinen benutzen.

DIE VERTEIDIGER VON MONTSÉGUR
Die Probleme von Roger-Pierre de Mirepoix im Innern der Festung waren genauso dringlich, wenn auch anderer Natur. Die Katharer waren Pazifisten und als solche gegen den Krieg. Selbst in dieser Ausnahmesituation weigerten sie sich zu kämpfen. Somit standen Mirepoix nur 98 Mann zur

---

Tausende von Männern, die vor Montségur lagerten, waren zwar ein erschreckender Anblick, doch das hieß keineswegs, dass die Belagerung schon begonnen hatte.

Verteidigung zur Verfügung. Dieser gravierende Nachteil wurde teilweise durch die Lage der Burg ausgeglichen, denn die Angreifer mussten erst einmal den Berg erklettern und lieferten sich damit auf Gedeih und Verderb den Soldaten in der Festung aus. Die Franzosen versuchten mehrfach, über Schleichwege auf den Gipfel zu gelangen, mussten sich aber meist zurückziehen, wenn von der Burg her ein Steinhagel auf sie herniederging. Die einzige Möglichkeit, einen Angriff durchzuführen, war, Pfeile nahezu vertikal in den Himmel zu schießen und zu hoffen, dass sie im Burghof jemanden trafen. Auf diese Weise starben gut ein Dutzend von Mirepoix' Männern, für die Katharer ein herber Verlust.

Nichtsdestotrotz schafften die Verteidiger es, die französischen Truppen gut acht Monate lang abzuwehren. Der Winter brach herein und mit ihm eisige Stürme. Die Nahrungsmittelknappheit forderte auf beiden Seiten Opfer. Einige Tage vor Weihnachten fiel Schnee. Hugues d'Arcis fürchtete, seine Soldaten könnten von der langen Belagerung genug haben und fahnenflüchtig werden. Und so entschloss er sich zu einem ebenso dramatischen wie riskanten Schritt.

DER ANGRIFF AUF DEN ROC DE LA TOUR

D'Arcis suchte Freiwillige für einen Angriff auf die Burg. Es meldeten sich die Gascogner, die mit der gebirgigen Landschaft um die Pyrenäen vertraut waren. Sie bildeten ein regelrechtes Selbstmordkommando, denn sie sollten einen Teil der Festung einnehmen, den Roc de la Tour (Turmfelsen), der sich auf einer Steinsäule am Ostkamm des Montségur befand.

Dazu mussten die Männer zunächst die Steilhänge erklimmen, und dies nachts und schwer bewaffnet. Als es dunkel wurde, schoben die Gascogner sich Handbreit um Handbreit höher und gaben acht, dass sich auch ja nicht ein Stein löste und die Verteidiger alarmierte. Die bergsicheren Gascogner schafften es schließlich und überrumpelten die Turmmannschaft. Die Katharersoldaten wurden in den Abgrund geworfen oder mit dem Schwert getötet.

Dass der Roc de la Tour gefallen war, war für die Verteidiger eine Katastrophe, denn nun konnten die Franzosen ein Katapult hinauftransportieren und schwere Steine über die Mauern der Festung schleudern. Ein Schneesturm hüllte die Burg ein,

als die ersten Steine die Mauern durchschlugen. Der Steinhagel ging weiter und immer weiter, Dutzende Katharer starben. Die Franzosen ließen sich nicht mehr aufhalten. Gerüchte zirkulierten in der Festung. Es hieß, Graf Raimund würde den Eingeschlossenen zu Hilfe kommen und Friedrich II. Truppen senden. Doch alle Hoffnungen zerschlugen sich. Am 2. März 1244 wurde Pierre-Roger de Mirepoix klar, dass er sich nur noch ergeben konnte.

WIDERRUFE ODER BRENNE

Wenn man die drakonischen Strafen des Mittelalters berücksichtigt, waren die Bedingungen von Hugues d'Arcis nicht einmal besonders ungewöhnlich. Die Morde von Avignonet und andere Verbrechen sollten den Einwohnern von Montségur vergeben werden. Sie hatten zwei Wochen Zeit, über ihr Schicksal zu entscheiden: Entweder sie würden sich von der Inquisition befragen lassen und ihren Glauben widerrufen oder sie würden auf dem Scheiterhaufen in Flammen aufgehen.

Die Perfecti von Montségur weigerten sich, zu widerrufen und Erzbischof Amiel um Gnade anzuflehen. Lieber bereiteten sie sich gemeinsam auf den Tod vor. Sie verschenkten ihre wenigen

Ein Gedenkstein für die 221 Katharer und anderen Märtyrer, die in Montségur am 16. März 1244 auf dem Scheiterhaufen starben.

Diese Illustration zeigt, wie Montségur am Ende doch von
Hugues d'Arcis, dem Seneschall Ludwigs IX. von Frankreich,
eingenommen wird.

DIE LETZTEN KATHARERBRÜDER: DIE GEBRÜDER AUTIER

Die Brüder Pierre und Guillaume Autier waren um die fünfzig, gebildet und wohlhabend, aber nicht sonderlich fromm. Der sarkastische Pierre meinte des Öfteren, das Kreuzzeichen zu machen habe nur einen Sinn: Fliegen zu verscheuchen. Im Jahr 1296 plötzlich packte sie – zum Erstaunen aller, die sie kannten – der Glaubenseifer. Sie führten künftig ein einfaches Leben als Hausierer.

Einige Zeit brachten sie in Italien zu und kamen gegen 1300 zurück ins heimatliche Languedoc, wo Pierre anfing, den katharischen Glauben zu predigen. Er war darin ausgesprochen erfolgreich. Bevor die Inquisition sich seiner annahm – 1305 wurde er den Inquisitoren verraten –, hatte er rund 1000 Familien bekehrt. Sein Bruder Guillaume wurde 1309 zusammen mit allen Perfecti, die Pierre angeleitet hatte, auf dem Scheiterhaufen verbrannt.

Der einzige Perfectus, der entkommen konnte, war Sans Mercadier. Er beging Selbstmord, weil er nicht in den Flammen sterben wollte. Pierre Autier blieb noch einige Zeit auf freiem Fuß, bevor er gefangen genommen und im April 1310 vor dem Stephansdom von Toulouse lebendig verbrannt wurde.

Besitztümer an Angehörige und Freunde, trösteten diese und versenkten sich ins Gebet.

Einige Credentes, die nicht mit der Todesstrafe rechnen mussten, schlossen sich den Perfecti an. Am Sonntag, dem 13. März 1244, baten 21 Credentes, darunter die Frau und Tochter von Raimund de Pereille, um das *consolamentum*, die „letzte Ölung" der Katharer, bei dem sie einen asketischen Lebensstil gelobten. Doch ihr Leben sollte nur mehr drei Tage währen.

In den Wiesen unterhalb von Montségur errichtete man einen gewaltigen Scheiterhaufen, für den man Holz aus den umliegenden Wäldern geschlagen hatte. Man rammte Pfähle in den Boden und besorgte Seile, um die Katharer daran festzubinden. Die Leitern wurden gegen den Scheiterhaufen gelehnt.

DAS FELD DER VERBRANNTEN

Am Morgen des 16. März zog eine Prozession von 221 Männern und Frauen den gewundenen Pfad vom Gipfel des Montségur herab. Sie waren barfuß und trugen nichts als ihre härenen Gewänder. Als sie den Scheiterhaufen erreichten, stiegen sie auf die Leitern und wurden zu zweien, Rücken an Rücken, an die Pfähle gebunden. Schließlich waren alle Katharer gefesselt.

Dann gab Erzbischof Amiel das Zeichen, den Scheiterhaufen anzuzünden. Leises Gebet erhob sich, wurde jedoch schnell vom lodernden Atem des Feuers übertönt. Bald hatten die Flammen auch nach den Menschen gegriffen. Das Knistern der Flammen erhob sich zu wütendem Gebrüll, schwarzer, dicker Rauch erfüllte das Tal, schwärzte Gräser, Sträucher und Bäume und verdunkelte schließlich den Himmel.

> Als sie den Scheiterhaufen erreichten, stiegen sie auf die Leitern und wurden zu zweit an die Pfähle gebunden.

DIE LETZTE KATHARERFESTUNG

Der Fall von Montségur markierte aber keineswegs das Ende des Katharerfeldzugs. Die wahrhaft letzte Festung der Katharer war Quéribus, die im August 1255 besetzt und eingenommen wurde. Doch es brauchte keine weitere Niederlage, um den Katharern zu verdeutlichen, dass die Speerspitze ihres Glaubens gebrochen war. Selbst Raimund VII., der für die Katharer so lange Sympathie gehegt und für sie viel geopfert hatte, ließ sie im Stich. 1249 unterstützte er die Inquisition bei weiteren Verbrennungen in Agen im Nordwesten von Toulouse. Raimund starb drei Monate später im September desselben Jahres.

Die letzte Katharerfestung in Quéribus, 728 Meter hoch in den Pyrenäen gelegen, wurde im August 1255 gestürmt.

Tausende Credentes waren von der Inquisition, die die Macht hatte, Leben zu zerstören, in ein Leben der Heimlichkeit und Angst getrieben worden. Sie widerriefen, um sich zu retten und der Kirche ihre Treue zu beweisen. Dabei verrieten sie Nachbarn, Freunde und Angehörige an die erbarmungslosen Schergen der Inquisition.

Selbst eine kleine Anzahl von Perfecti ließ sich überzeugen, ihrem Glauben abzuschwören, katholisch zu werden und lange Listen ihrer einstigen Glaubensgenossen aufzustellen, die nun in die Hände der Inquisitoren fielen. 1252 gab Innozenz IV., der 1243 zum Papst aufgestiegen war, die Erlaubnis, unter gewissen Bedingungen mittels Folter Geständnisse zu erwirken. Die „hochnotpeinliche Befragung", wie der Papst sie schönfärberisch bezeichnete, dürfe nicht zur Folge haben, dass Gliedmaßen abgetrennt, viel Blut vergossen oder gar das Leben geraubt wurde.

DAS KATHARERTUM IST GESCHICHTE

Trotzdem hielt sich der katharische Glaube noch eine ganze Weile. Er wurde weniger durch militärische Niederlagen besiegt als durch den langen Atem der gut ausgebildeten Inquisitoren mit ihrem Informantennetz, ihren Folterern, ihren Untersuchungs-Handbüchern, ihren Registern und dem Terror, den sie damit zu säen vermochten.

Die Katharerfestung Quéribus lässt heute noch erkennen, dass sie als Grenzbefestigung unschätzbaren Wert hatte. Ihre dicken Steinmauern wurden von 1998 bis 2002 restauriert.

DER LETZTE KATHARER: GUILLAUME BÉLIBASTE

Der Mörder, der zum Katharer wurde und das letzte Kapitel ihrer Geschichte schreiben sollte, war Guillaume Bélibaste. Er war Schäfer und hütete seine Tiere an den Flanken der Corbières-Hügel in der Nähe des Flusses Aude im Languedoc. 1306 tötete er bei einem Streit einen anderen Schäfer und floh. Auf seinen Wanderungen begegnete er Philippe d'Alayrac, einem von Pierre Autiers Perfecti, die sich vor der Inquisition versteckten. Zusammen flohen der Schäfer und der Perfectus nach Katalonien im Nordosten Spaniens. Bevor er von den Inquisitoren gefasst und auf dem Scheiterhaufen verbrannt wurde, weihte d'Alayrac Bélibaste zum Perfectus. Bélibaste war somit der Überzeugung, dass die Welt ein übler Ort war und von vier satanischen Dämonen regiert wurde: König Philipp IV. von Frankreich, Jacques Fournier, Bischof von Palmiers, Papst Bonifatius VIII. und dem Inquisitor Bernard Gui, der „Geißel der Ketzer".

Bald hatte Bélibaste ein Häuflein Credentes um sich geschart, die um ihrer Sicherheit willen nach Spanien geflohen waren. Beinahe fünf Jahre lang konnte die Katharergemeinde dort ungestört leben, zumindest schien es so. Doch schon 1317 hatten sie einen Spion des Bischofs Jacques Fournier in ihre Reihen aufgenommen, einen gewissen Arnaud Sicre. Dieser ließ sich Zeit, bis er Bélibaste an die Inquisition verriet. 1321 war seine Zeit gekommen. Er begleitete eine Gruppe von Katharern, unter ihnen Bélibaste, nach Frankreich, wo der Schäfer seine betagte Tante besuchen wollte, die die kleine Katharergemeinde finanzierte. Sie waren erst zwei Tage auf Reisen und noch in Spanien, als bewaffnete Männer ans Tor der Herberge

Guillaume Bélibaste glaubte, dass der hier abgebildete Papst Bonifatius VIII. einer von vier satanischen Dämonen sei, welche die Erde regierten. Bélibaste wurde 1321 auf dem Scheiterhaufen verbrannt.

klopften, in der sie untergekommen waren. Alle Katharer wurden festgenommen. Bélibaste setzte die Reise nach Frankreich in Ketten fort. Natürlich machte man ihm den Prozess, doch das Urteil stand von vornherein fest. Im Herbst 1321 führte man den ehemaligen Schäfer in den Hof des Schlosses von Villerouge-Termenès in den Corbières, wo ein Scheiterhaufen auf ihn wartete. Man band ihn fest, steckte das Holz in Brand und damit fand der letzte Perfectus der Katharer sein Ende.

Tausende von Katharern verschwanden in den Verliesen, wurden nicht mehr gesehen, und wenn sie wieder auftauchten, waren sie ein Schatten ihrer selbst und viel zu verängstigt, um noch einmal den Mund aufzumachen. Gegen Ende des 13. Jahrhunderts war kaum noch jemand bereit, das Weltbild der katholischen Kirche und des Papstes infrage zu stellen. Am Ende waren es ein exzentrisches Brüderpaar aus dem Languedoc und ein Mörder, die noch das Fähnlein der Katharer hochhielten. Als das Katharertum besiegt und Geschichte war, hatte es 112 Jahre, 19 Päpste und Tausende von Toten gebraucht, um die katholische Kirche, ihre Kreuzfahrer, Inquisitoren und Folterer zum Sieg zu führen.

PÄPSTE UND HEXEN

Der Glaube an Hexen und Zauberer, Zaubersprüche und Flüche geht zurück bis in die biblische Zeit. Man versuchte, sich so die Rätsel und Gefahren der Welt zu erklären. Bevor die Menschen die wahren Ursachen von Erdbeben, Überschwemmungen, Stürmen, Missernten, Epidemien und so weiter erkannten, machte man böse Geister dafür verantwortlich.

Schon im alten Babylon hatte man Angst vor Zaubersprüchen. 1760 v. Chr. verfügte der Kodex Hammurabi, dass darauf die Todesstrafe stand. Das 5. Buch Mose nennt Zauberei eine „Abscheulichkeit", im 2. Buch Mose heißt es: „Eine Hexe sollst du nicht am Leben lassen." Im 1. Buch Samuel ist zu lesen, König Saul habe die „Wahrsager und Totenbeschwörer im Land ausgerottet". Frauen, vor allem alte Frauen, wurden schon bald mit Zauberei in Verbindung gebracht. Tausend Jahre nach König Saul wurden 80 alte Frauen in Aschekelon in Palästina, das damals eine römische Provinz war, zum Tode verurteilt.

König Philipp IV. von Frankreich (oben), mit dem die Verfolgung der Tempelritter begann, ist auch in der Handschriftenillustration links dargestellt: Vier Templer werden in Anwesenheit des Königs und des Inquisitors zur Hinrichtung geführt.

In jener Zeit wurden Hexerei und andere „dunkle Künste" noch als einfache Verbrechen gegen Recht und Ordnung eingestuft. Sie verbreiteten Angst und Schrecken und waren Gott ein Ärgernis. Im frühen Mittelalter aber, als der christliche Glaube um seine Legitimität kämpfen musste, legten die Päpste Zauberei als Häresie aus. Mit einem Mal standen die Hexen auf derselben Stufe wie die Ketzer.

DIE GETÄUSCHTEN OPFER DES BÖSEN

Die frühe Kirche betrachtete die Sünder, die sich vom Teufel hatten verführen lassen, als Opfer, die einer Täuschung aufgesessen waren, und nicht als Verbrecher. Die Kirchenoberen verurteilten sie nicht, sondern rieten, diese Sünder zu der Einsicht zu führen, wie sinnlos und vergeblich die Hexerei sei. Der hl. Augustinus, Bischof von Hippo in geistlicher Kampf um einen einheitlichen christlichen Glauben. Es ging dabei auch um die Macht der Kirche, die heidnische Brauchtümer im Abendland ein für alle Mal ausmerzen wollte. Heidnische Zauberei und der zugehörige Aberglaube standen dem christlichen Streben nach dem Glaubensmonopol im Weg. Und so begann die Kirche einen langen und kostspieligen Kampf gegen das Heidentum, der erst gewonnen war, als König Ladislaus II. Jagiello von Litauen, dem letzten heidnischen Staat in Europa, 1386 zum Christentum übertrat, um seiner Kinderbraut Jadwiga von Polen einen Gefallen zu tun.

Doch es war eine Sache, das Christentum Menschen nahezubringen, die ein intellektuelles oder anderweitiges Interesse (in Ladislaus' Fall eine vorteilhafte Ehe) daran hatten, eine ganz andere, einfachen Menschen, die mit heidnischen Praktiken ihre Ängste zu überwinden suchten, diese Lehre schmackhaft zu machen.

Der hl. Augustinus von Hippo (oben) im Streitgespräch mit dem Manichäer-Bischof Faustus von Mileve etwa um 383 n. Chr. Die Manichäer glaubten, dass Gott und der Teufel ständig im Kampf um die menschliche Seele lägen.

Algerien, aber bemühte sich um die Wende zum 5. Jahrhundert, die Rolle der Kirche im Kampf gegen den Teufel zu stärken, und erklärte Hexerei zur Häresie. 785 beschloss das Konzil von Paderborn sodann, dass Hexen und Zauberer zu Leibeigenen bzw.

Statue von König Ladislaus II. Jagiello, dem konvertierten heidnischen König aus Litauen – heute im Central Park in New York.

> Hexen und Zauberer sollten zu Leibeigenen erklärt und der Autorität der Kirche überstellt werden.

Sklaven zu erklären und der Autorität der Kirche zu überstellen seien. Götzendienst und Hexenglaube seien an sich böse, und wer sich damit beschäftigte, brachte seine unsterbliche Seele in Gefahr.

Der Kampf gegen Hexerei und Magie aber war kein rein

Zwei durch ihre Hässlichkeit als Hexen gekenn-
zeichnete Frauen bei einem Schlechtwetterzauber,
angezeigt durch das Gewitter, das über ihnen los-
bricht.

Ereignete sich ein Missgeschick oder ein Un-
glück, machte man sie dafür verantwortlich.
Vor allem in der Schweiz und in Kroatien
mehrten sich im 13. Jahrhundert die Berichte über Hexen, nachdem Papst Gregor IX. 1231 die päpstliche Inquisition geschaffen hatte.

PAPST GREGOR IX. UND DIE INQUISITION

Heute würde man Gregor IX. wohl
als „Hardliner" bezeichnen. Er war
wild entschlossen, die Ketzerei mit
Stumpf und Stiel auszurotten, und
überschritt dazu noch einmal den
ohnehin schon recht dehnbaren Rah-
men von Menschlichkeit und Recht.
Er setzte fanatische, übereifrige
Mönche als Inquisitoren ein und befahl ihnen, Belege für Hexerei, Magie
und ähnliche Aktivitäten zu sammeln. Soweit
uns heute bekannt ist, stellte Gregor die Ergebnisse
seiner Hexenjäger niemals infrage, obwohl einige seiner Inquisitoren eindeutig Sadisten waren. Er hielt
seine schützende Hand auch über Konrad von Marburg, dessen brutales Regiment ihm 1233 den Tod
durch Mörderhand brachte. Sechs Jahre zuvor hatte
er von Gregor den Auftrag erhalten, Deutschland
von der Häresie zu säubern. Er sollte vor allem die
Luziferaner oder Satanisten ausmerzen, die offen
den Teufel anbeteten und Christen für ihre abscheulichen Praktiken zu gewinnen suchten. Konrad erfüllte diese Mission mit fanatischem Eifer. Seinen
Aussagen zufolge hatte er zahllose Nester von „Teu-
felsanbetern" entdeckt und viele hinrichten lassen.
Selbst eine hohe Geburt oder Stellung schützte die
Menschen nicht. In Straßburg zum Beispiel ließ er

HEIDNISCHE GLAUBENS-VORSTELLUNGEN

Heidnische Ideen hielten sich mit erstaunlicher Zä-
higkeit. In dieser Glaubenswelt konnten Hexen ihre
Gestalt wandeln oder Menschen, die sich weigerten, ihnen ein Almosen zu geben, mit einem Fluch

> Heidnische Glaubensvorstellungen
> hielten sich lange – wie die Vorstel-
> lung, Hexen könnten die Gestalt
> wandeln oder jemanden verfluchen.

belegen. Die Menschen damals konnten kaum lesen
und schreiben. Es war nur natürlich, dass sie ihre
Erfahrungen wie den Tod eines Kindes, eine Heu-
schreckenplage oder den Ausfall der Ernte auf
dunkle Mächte zurückführten.

Die Belege dafür waren in ihren Augen nur
allzu zahlreich. In vielen mittelalterlichen Dörfern
lebten alte, hässliche Frauen oder Menschen, die
durch Krankheit oder Missbildung entstellt waren.

> Adlige, Bürger, Priester – jeder, der
> einmal in Verdacht geraten war,
> galt als schuldig, so er nicht das
> Gegenteil beweisen konnte.

80 Männer, Frauen und Kinder verbrennen, darunter auch Bischöfe. Adlige, einfache Bürger, Priester, mit einem Wort jeder, der einmal unter Verdacht geraten war, wurde als schuldig betrachtet, wenn er nicht das Gegenteil beweisen konnte.

DIE SCHRECKEN DER FOLTER

In dieser Atmosphäre der Angst, unter den Schmerzensschreien der „Befragten", beim Geruch des verbrennenden Fleisches war der Drang zu gestehen übermächtig. Der Nachweis der eigenen Unschuld wurde zur Farce. Viele Opfer verloren unter der Folter den Verstand. Und die Folterinstrumente waren barbarisch: Man zerquetschte den Menschen die Gliedmaßen oder den Kopf, ließ sie langsam strangulieren oder behandelte sie mit dem „Gespickten Hasen", einem Gerät, das ihnen das Fleisch in Fetzen vom Leib riss.

Eines der perfidesten und verbreitetsten Folterinstrumente war das „Pendel" oder die „*Strappado*", die Philippus von Limborck in seiner *Historia Inquisitionis* (Geschichte der Inquisition) von 1692 beschreibt:

> *Dem Gefangenen werden die Hände auf dem Rücken zusammengebunden. Dann bindet man ihm Gewichte an die Füße und zieht ihn an den Händen hoch, bis sie die Rolle erreichen. Dort hängt er dann einige Zeit, sodass all seine Gelenke und Gliedmaßen aufs Fürchterlichste gestreckt werden … Dann lässt man ihn mit einem Ruck herunter, aber nicht ganz bis auf den Boden. Durch diese Bewegung werden ihm die Arme und Beine aus den Gelenken gerissen.*

Das Pendel und andere Folterinstrumente wurden von Priestern gesegnet, damit sie ihr „heiliges" Werk besser verrichten und die Häretiker offenbaren konnten. Die Fantasien der schmerzgeplagten Opfer wurden als Geständnis ihrer bösen Taten gewertet, auch wenn es sich dabei meist nur um Ausgeburten der Fantasie handelte. Doch auch das

---

Das Pendel und andere Folterinstrumente wurden von Priestern gesegnet, damit sie ihr „heiliges" Werk verrichten konnten.

Geständnis rettete sie nicht immer, denn zahllose Unschuldige, die unter der Folter ihr Gewissen „erleichtert" und andere „Häretiker" genannt hatten, wurden später den Flammen des Scheiterhaufens überantwortet.

EIN LEICHTGLÄUBIGER PAPST

Papst Gregor IX. wusste über all diese Praktiken bestens Bescheid. Er vertraute Konrad von Marburg und den anderen Inquisitoren und akzeptierte ihre „Erkenntnisse" fraglos. Dazu gehörten auch Berichte über das Erscheinen Satans beim sogenannten „Hexensabbat", bei dem die Hexen einer Gegend gemeinsam feierten. Der Satan habe sich dort, so hieß es, in eine Kröte, einen blassen Mann oder eine schwarze Katze verwandelt. Und so machte Gregor IX. sich auf die Jagd nach schwarzen Miezen. In seiner Bulle *Vox in Rama* von 1233 verdammte er schwarze Katzen als Inkarnation des Teufels, weil sie in der Dunkelheit „verschwinden" und als „Hausgeister" von Hexen fungieren konnten. Man steckte die Tiere in Körbe und verbrannte sie mit ihren unglücklichen Besitzern. Mitunter war allein der Besitz einer schwarzen Katze schon Beweis genug für die Verbindung mit dem Satan. Tausende schwarzer Katzen landeten lebendig auf dem Scheiterhaufen, um den Teufel auszutreiben.

OFFIZIELLE FOLTER

Papst Gregor IX. starb 1241, zwei Jahre später übernahm Innozenz IV. sein Amt und setzte die Verfolgung der Ketzer fort. In der Zwischenzeit hatte Konrad von Marburg die Folter schon regelmäßig eingesetzt, um teils haarsträubende Geständnisse zu erzielen. Innozenz IV. segnete diese Praxis 1252 mit

VATIKAN-LEXIKON

PÄPSTLICHE BULLE

Eine päpstliche Bulle ist eine Urkunde, die eine Anordnung oder Verkündigung des Papstes beinhaltet. Das konnte die Ernennung eines neuen Bischofs sein, die Heiligsprechung oder Exkommunikation einer Person oder die Ankündigung eines neuen Vatikanischen Konzils. Ihren Namen hat die Bulle vom lateinischen *bulla*, „Blase", aber auch „Siegel", weil die Urkunde mit Blei oder – zu besonderen Gelegenheiten – mit Gold versiegelt wurde.

Ein Opfer
(Mitte) bei
der *Strappa-
do*-Folter, die
alle Gelenke
ausrenkte.

einer Bulle ab, die das Inquisitionsverfahren regelte. Alte Frauen, deren Erscheinungsbild sie schon verdächtig machte, gestanden unter der Folter, Sex mit dem Teufel gehabt und unsichtbare Kinder zur Welt gebracht zu haben. Man verbrannte sie trotzdem auf dem Scheiterhaufen, doch ihre Geständnisse

> Vor allem alte Frauen wurden der Hexerei beschuldigt. Sie hatten angeblich Verkehr mit dem Teufel und gebaren unsichtbare Kinder.

befeuerten die Fantasie der Inquisitoren. Dass man diese angeblichen Kinder nie gesehen hatte, veranlasste sie nicht etwa dazu, deren Existenz in Zweifel zu ziehen. Das Hexenwerk wirkte dadurch nur noch furchteinflößender.

Bald beschränkte sich der Vorwurf der Hexerei nicht mehr auf die klassischen „weisen Frauen" in den Dörfern. Ehemänner begannen, ihre Frauen der Hexerei zu verdächtigen und ihre Kinder, eine Ausgeburt Satans zu sein. Freunde, Verwandte, Nachbarn, ja sogar einfache Passanten wurden genau beäugt, ob ihr Verhalten auch ja nicht vom Üblichen abwich. In dieser Atmosphäre der Hysterie schien der böse Blick des traditionellen Volksglaubens plötzlich auf jedermann zu ruhen und entsprechend Unheil anzurichten. Man fürchtete allgemein, der Antichrist würde triumphieren und die Menschheit ins Höllenfeuer stürzen.

DIE TEMPELRITTER VOR GERICHT

Nach 1307 kam es zu einer Reihe von Schauprozessen, welche die Gleichung *Hexerei = Häresie* verfestigte. Clemens V., der 1305 zum Papst gewählt worden war, gab die Erlaubnis, den Templerorden auf Ketzerei und sexuelle sowie religiöse Abartigkeiten zu „untersuchen". Die Templer waren ein militärischer Orden, der 1118 nach dem ersten Kreuzzug gegen die Sarazenen gegründet worden war. Seitdem hatte er der Christenheit und den Kreuzfahrerreichen im Heiligen Land treu gedient.

Dies allerdings rettete den Orden nicht vor den Anschuldigungen Philipps des Schönen, König von Frankreich, den es nach dem Vermögen des Ordens gelüstete. Papst Clemens V. wusste wohl nicht, dass die Anschuldigungen des französischen Königs nicht der Wahrheit entsprachen, doch es interessierte ihn auch offensichtlich nicht. Clemens war ein Feigling und ein Geschöpf Philips, der über ihn

Innozenz IV., dessen Grab hier zu sehen ist, wurde 1243 zum Papst gewählt. Er setzte das Werk seines Hexen jagenden Vorgängers, Gregors IX., fort und erhob die Folter 1252 zur offiziellen „Befragungs"-Technik.

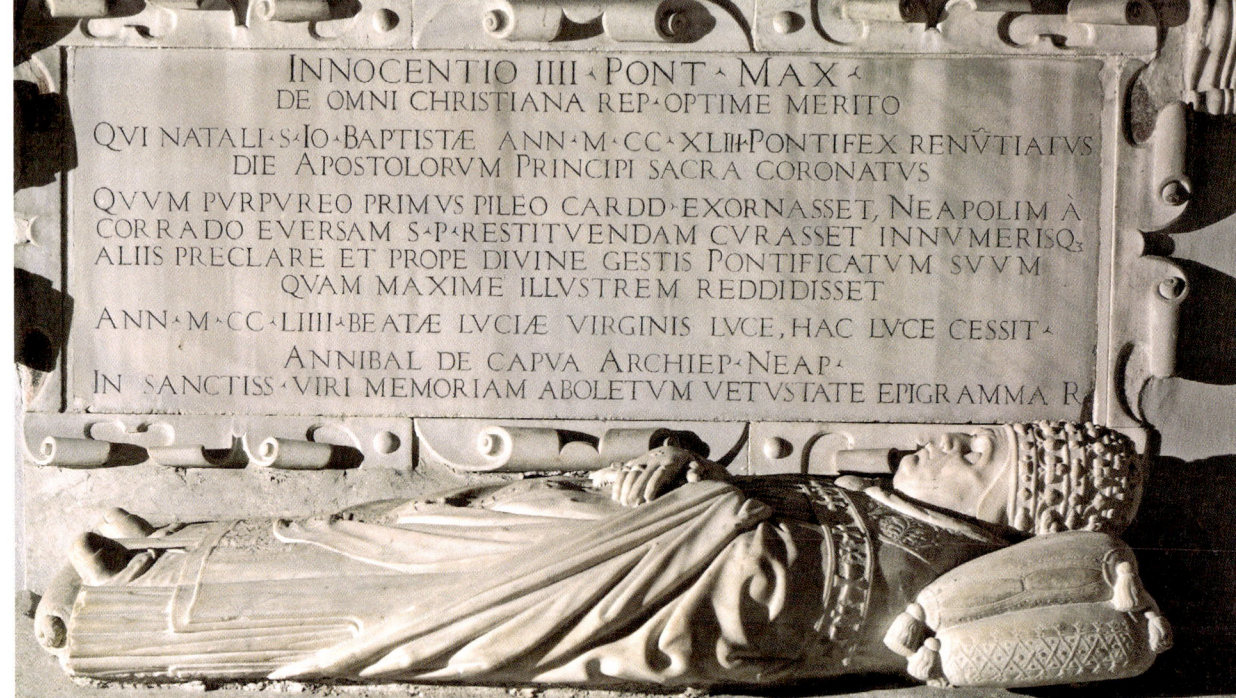

Diese mittelalterliche Illustration zeigt zwei Tempelritter, die auf dem Scheiterhaufen verbrannt werden. Die Umstehenden sehen gleichgültig zu. Im Mittelalter war der grausame Tod anderer ein beliebtes Schauspiel.

eine erstaunliche Macht ausübte, hatte er doch schon 1303 einen seiner Vorgänger, Papst Bonifatius VIII., de facto entmachtet. Danach wagte kein Papst mehr, sich mit den immer mächtiger werdenden Königen Europas anzulegen. Also tat Clemens V. wie befohlen. Mit dem Ergebnis, dass

> Clemens V. tat wie geheißen. Tausende von Templern wurden gefoltert, eingekerkert und auf den Scheiterhaufen geschickt.

Tausende Templer gefoltert, eingekerkert und auf dem Scheiterhaufen verbrannt wurden. 1312 wurde die Auflösung des Ordens erklärt.

Der Fall der Templer schockierte die Christenheit Europas. Wenn sogar ein so reicher, mächtiger, vom Glück und den Königen begünstigter Orden wie die Templer in wenigen Jahren zugrunde gerichtet werden konnte, welche Chancen hatten dann gewöhnliche Menschen gegen die Inquisition, die nicht über die Privilegien und den Einfluss der Templer verfügten? Die Antwort darauf war einfach: keine.

WEISSE MAGIE

Selbst gute Taten wurden als Teufelswerk betrachtet, wenn sie mithilfe von Hexerei getan wurden. Besonders deutlich wurde dies 1390, als in Frankreich ein Mann namens Jehan de Ruilly Jehenne de Brigue der Hexerei anklagte, weil sie ihn mit Magie von einem Fluch geheilt hatte, den Gilette, die Mutter seiner beiden illegitimen Kinder, gegen ihn

DER SELTSAME FALL DER MADONNA ORIENTE

Die Madonna Oriente, auch genannt „Die Herrin des Spiels", war eine religiöse Gestalt, die von zwei der Hexerei angeklagten Frauen namens Sibilla Zanni und Pierina de Bugatis beschrieben wurde. Gegen sie wurde 1384 von der römischen Inquisition ein Verfahren eingeleitet. Die Frauen gestanden den Richtern, dass die Madonna Oriente seltsame religiöse Riten in den Häusern reicher Mailänder durchführe. So bewirke sie beispielsweise, dass geschlachtete Tiere wieder zum Leben erweckt werden, und andere „Wunder". Zanni und de Bugatis gaben

zu, weiße Magie angewandt zu haben, um Wunden zu heilen, Krankheiten zu bannen oder Fruchtbarkeit zu schenken. Die römische Inquisition aber schloss, dass die beiden Frauen Halluzinationen unterlägen, verhängte nur eine milde Strafe und ließ sie dann auf freien Fuß. Doch das Stichwort „Magie" wirkte in den Reihen der Inquisition fort. Sechs Jahre später wurden die beiden Frauen erneut in Gewahrsam genommen. Diesmal klagte man sie des Umgangs mit dem Teufel an. Unweigerlich wurden sie für schuldig befunden und 1390 verurteilt.

> Selbst gute Taten wurden als Teufelswerk betrachtet, wenn dabei Zauberkunst im Spiel war.

ausgesprochen hatte. De Ruilly lag bereits auf dem Sterbebett, als de Brigue ihm befahl, von Gilette eine Wachspuppe zu machen und zwei Kröten zu küssen.

Zunächst gab de Brigue zu Protokoll, sie wisse nichts von Hexerei. Im Prozess aber stellte sich heraus, dass sie gelernt hatte, Zaubersprüche zu nutzen, und ihr teuflisches Werk mit Unterstützung eines Geistes namens Haussibut verrichtete. Haussibut war es auch gewesen, der de Brigue verraten hatte, von wem de Ruilly verhext worden war. Obwohl sie also Gutes bewirkt hatte, wurde Jehenne de Brigue zum Tod auf dem Scheiterhaufen verurteilt. Im letzten Moment jedoch wurde sie davor gerettet, als man 1391 eine Neuaufnahme des Verfahrens anordnete. Allerdings wurde nun umso schlimmer mit ihr verfahren.

Man spannte de Brigue auf die Streckbank, doch noch bevor man sie folterte, fing sie an, hanebüchene Beschuldigungen auszustoßen. Sie gab zu, Macette de Ruilly (der Gemahlin Jehans) Gift gegeben zu haben, das sie ihrem Mann regelmäßig verabreichen konnte, damit dieser starb und

> Auf der Streckbank stieß sie noch vor Einsetzen der Folter hanebüchene Beschuldigungen aus.

sie ihre Affäre mit dem Dorfpfarrer fortsetzen konnte. Macette wies diese Anschuldigung zunächst empört zurück, doch als man sie auf die Streckbank legte, änderte sie wundersamerweise ihre Meinung und gestand. De Brigue und Macette de Ruilly wurden beide der Hexerei und des Teufelspaktes für schuldig befunden. Man brachte sie nach Châtelet-les-Halles im Zentrum von Paris, wo man ihnen eine Teufelsmütze aufsetzte, Zeichen für ihre Ketzerei, und sie an den Pranger stellte. Dort durfte nun jeder sie bespucken, mit Sachen bewerfen oder schlagen. Am 17. August

DER ORDEN DER TEMPELRITTER

Die Templer waren der erste, wohlhabendste und einflussreichste unter den Ritterorden, die sich als Reaktion auf die neue Situation im Heiligen Land nach dem ersten Erfolg der christlichen Heere im Ersten Kreuzzug von 1096 bis 1099 bildeten. Die Sarazenenheere wurden besiegt, christliche Reiche entstanden in Tripolis, Antiochia, Edessa und – vor allem – in Jerusalem. Diese Kreuzfahrerstaaten brauchten eine Verwaltung und eine funktionierende Verteidigung. Zu diesem Zweck wurden Ritterorden gegründet, deren Mitglieder nach mönchischen Regeln lebten. Neben den Tempelrittern gab es die Johanniter (bzw. Malteser) und den Ritterorden vom Heiligen Grab, deren Aufgabe es war, dieses Zentrum der Christenheit in Jerusalem zu verteidigen.

Wie den Johannitern gehörten den Templern hauptsächlich fränkische Ritter an. Ihre Aufgabe war es, die Pilger zu schützen, die die lange und gefahrvolle Reise ins Heilige Land auf sich nahmen. Unbewaffnete Pilger wurden ausgeraubt, getötet, entführt und in die Sklaverei verkauft. Auf diese schnelle Art des Geldverdienens hatten sich entlang der Pilgerrouten ganze Banden spezialisiert.

Die ersten Tempelritter, die schworen, die christlichen Pilger vor einem solchen Schicksal zu schützen, waren nur neun an der Zahl, aber für ihre Aufgabe bestens geeignet. Sie entstammten durchweg hohen Adelsgeschlechtern und waren militärisch ausgebildet. Gleichzeitig waren sie fromme Christen und hatten sich den höchsten Idealen christlichen Lebens verschrieben: Armut und Keuschheit, Gehorsam und Demut. Sie waren bereit, um ihr Essen zu betteln und ein reines, vorbildhaftes Leben zu führen. Ihr ursprünglicher Name sagt viel über ihre Ziele aus: die Arme Ritterschaft Christi und des salomonischen Tempels.

Ironischerweise wurden gerade sie zum reichsten Ritterorden, den es je gegeben hatte. Das lag nicht an ihnen, sondern an den großzügigen

**Das Gemälde „Die Einweihung von Jacques de Molay"
(Marius Granet, 1777–1849) aus dem 19. Jahrhundert
zeigt, wie Jacques de Molay 1298 zum Großmeister des
Templerordens geweiht wird.**

Gaben der Adligen und Kirchenmänner, die sie gerettet hatten. Junge Männer hoher Abstammung
schlossen sich dem Orden an und brachten ihre
Reichtümer mit, die die Schatullen des Ordens
füllten.

Die Päpste gewährten den Templern besondere
Privilegien. So waren sie zum Beispiel vom Verbot
des Geldverleihens befreit und konnten Königen
und Kirchenmännern sozusagen als Bank dienen.
Bei ihnen konnte man Geld deponieren, leihen,
konnte Bürgschaften hinterlegen und Wertsachen
wie Juwelen, Gold und andere Schätze aufbewah-
ren lassen. Mehrere europäische Fürsten und
selbst einige reiche Sarazenen vertrauten den
Templern ihren Staatsschatz an.

Das führte letztlich auch dazu, dass der Orden
immer reicher wurde: Die Templer besaßen 870
Schlösser, Schulen und Häuser. Sie bauten Kir-
chen, Mühlen, Brücken und Stadtmauern. Im
Heiligen Land errichteten die Templer mehrere
Burgen an strategisch wichtigen Orten wie Jaffa,
Akkon und Sidon. Diese zeigten eine völlig neue
Bauweise. Sie waren in konzentrischen Ringen
angelegt und boten viel mehr Komfort als die
Ritterburgen jener Zeit. An der Grenze zum

muslimischen Emirat von Damaskus errichtete
man gar eine ganze Reihe von Burgen als Wacht-
posten gegen erneute Einfälle, zum Beispiel in
Safed im Jordantal. Es dauerte zwei Jahre, diese
Burg zu errichten. In heutige Währung umgerechnet kostete der Bau etwa 52 Millionen Euro. Ihre Mauern waren über 18 Meter dick und
52 Meter hoch. Die sieben gewaltigen Türme
erhoben sich 38 Meter über die Mauern. Die
ganze Anlage, die in dieser Form aus dem Fels
gehauen worden war, erforderte eine Besatzung
von 2000 Mann, die, auf heutige Verhältnisse
umgerechnet, etwa 2,5 Millionen Euro Unter-
halt kostete.

Doch Macht, Reichtum und Einfluss der Templer erweckten den Neid des französischen Königs,
und so machte er sich daran, sie zu Fall zu bringen. Er brauchte genau sieben Jahre, um die
Templer mit falschen Anklagen und allen möglichen üblen Tricks zu stürzen.

1391 wurden sie auf dem Schweinemarkt lebendig verbrannt.

Und die Hexenprozesse dauerten an und führten zu grausigen Exzessen. In der Schweiz wurden 1428 zum Beispiel Hexen verurteilt, weil sie angeblich über das Land flogen und Männer, Frauen sowie das Land unfruchtbar machten. Man zwang sie mit Folter zu Geständnissen und warf ihnen vor, Missernten zu verursachen und zu bewirken, dass Kühen die Milch wegblieb. Durch diese Pro-

---

Hexen waren angeblich schuld, wenn das Getreide verfaulte und Kinder starben oder verschwanden – man glaubte, sie wären auf einem Hexensabbat verzehrt worden.

---

zesse kam die Vorstellung vom „Hexensabbat" auf, ein Fest, auf dem die Hexen und Dämonen gemeinsam feierten und dabei, so hieß es, Kinder schlachteten und aßen. Sie sollten sich obszönen Tänzen hingeben, den Anus des Teufels küssen und wilde Sexorgien veranstalten, bei denen der

Teufel das Geschlecht wechselte und mit Männern und Frauen gleichermaßen Verkehr hatte.

Man ging davon aus, dass der Teufel ein besonderes Zeichen auf dem Körper der Hexen hinterließ. Wurde es entdeckt, kam das einem Todesurteil gleich. Solch ein Zeichen konnte beispielsweise ein Muttermal sein. Ob es sich um ein Teufelsmal handelte, stellte man fest, indem man mit einer Nadel hineinstach. Blutete das Mal nicht oder fühlte das Opfer keine Schmerzen, war ihm der Tod gewiss. In der Schweiz wurden etwa 200 Männer und Frauen verbrannt. 1450 fanden im französischen Briançon 110 Frauen und 57 Männer den Tod auf dem Scheiterhaufen.

Man bezichtigte also nicht nur Frauen der Hexerei. In der Normandie, im Norden Frankreichs, verurteilte die Inquisition in Evreux Guillaume Edeline, Prior der Abtei Saint-Germain-en-Laye, 1453 zu lebenslanger Haft, weil er angeblich Sex mit einem Sukkubus (einem weiblichen Dämon, der Männer im Schlaf verführte) gehabt habe. In der Anklageschrift heißt es darüber hinaus, er sei auf einem Besen geflogen und habe eine Ziege auf den Anus geküsst. Robert Olive aus Falaise erging es noch übler. 1456 verurteilte man ihn, weil er angeblich regelmäßig zum Hexensabbat geflogen sei.

Dieser Holzschnitt aus dem 16. Jahrhundert zeigt mehrere Männer und Frauen, die in einem Erdloch verbrannt werden.

Dies war nur das Vorspiel zu einer Hexenjagd in Frankreich, die 1459 in Arras ihren Anfang nehmen sollte. Eines der ersten Opfer war Deniselle Grensières, eine geistig behinderte Frau, die von Pierre le Broussart, Dominikaner und Chefinquisitor von Arras, mehrfach gefoltert wurde. Schließlich gestand Deniselle und nannte vier Frauen, die angeblich zu ihrem Hexenkoven gehörten, und den Künstler Jehan la Vitte. Eine der vier Frauen hatte so viel Angst vor der Folter, dass sie Hand an sich

La Vitte wurde die Folter angedroht. Er versuchte, sich die Zunge herauszuschneiden, zerschnitt sich aber nur den Mund.

legte, bevor man sie le Broussart überantworten konnte. La Vitte griff ebenfalls zu einer drastischen Maßnahme. Da er Angst hatte, unter der Folter fälschlich Namen zu nennen, versuchte er, sich

Eine Folterkammer im 16. Jahrhundert: Diese Frau ist der Hexerei angeklagt und wird von Gerichtsbütteln entkleidet. In der rechten unteren Ecke ist eine Streckbank zu erkennen, mit der man den Opfern die Gliedmaßen aus den Gelenken riss.

selbst die Zunge herauszuschneiden, was misslang. Er fügte sich nur tiefe Verletzungen rund um den Mund zu. So konnte er zwar nichts sagen, hatte aber immer noch seine Hände. Man zwang ihn also, einen Bericht über einen Hexensabbat zu verfassen, bei dem Männer und Frauen sich urplötzlich wie durch ein Wunder zum Treffpunkt transportiert sahen. La Vitte berichtete, wie der Teufel in menschlicher Gestalt und mit verhülltem Antlitz jeden aufgefordert hätte, seinen Anus zu küssen. Dann hätten sich alle zum Festmahl gesetzt. Danach seien die Lichter gelöscht worden, und die Orgie habe begonnen. „Jeder nahm sich einen Gefährten", sagte la Vitte vor der Inquisition, „und sie haben einander fleischlich erkannt." Im Frühling 1460 wurden la Vitte, Deniselle Grensières und die drei anderen Frauen zu Ketzern erklärt und gezwungen, die Teufelsmütze zu tragen. Alle fünf wurden sie verbrannt.

Dieser Holzschnitt aus dem 16. Jahrhundert zeigt, wie man sich den Umgang mit dem Teufel vorstellte: Männer und Frauen tanzen mit den Dämonen einen Reigen, zu dem der Fiedler im Baum aufspielt.

MEHR OPFER FÜR LE BROUSSART

Die fünf hinterließen le Broussart eine lange Liste mit Namen von angeblichen Hexen und Ketzern. Sobald sie verbrannt waren, führte le Broussart sein Werk fort. Dieses Mal aber waren auch angesehene Bürger unter seinen Opfern – Männer und Frauen von hoher Stellung, Bischöfe, Prälaten, Richter und Stadträte. Einige von ihnen erkauften sich durch Bestechung ihren Weg in die Freiheit, andere glaubten le Broussarts Versicherungen, er würde ihnen weder ihr Eigentum noch ihr Leben nehmen, wenn sie geständig wären. Natürlich waren seine Versprechungen falsch. Sobald seine

---

Le Broussarts Versprechungen waren Schall und Rauch. Sobald seine Opfer gestanden hatten, wurden sie lebendig verbrannt.

Opfer geständig waren, wurden sie auf den Scheiterhaufen geschickt wie die gewöhnlichen Sterblichen, die auf le Broussarts Liste standen. Ihr Hab und Gut fiel entweder an den Feudalherrn zurück oder an die Kirche.

WIDERSTAND KEIMT AUF

Die Hexenjagd war mittlerweile so ausgeartet, dass sich Widerstand zu formieren begann. Die Kirchenmänner von Arras zwangen le Broussart dazu, für all jene, die noch im Gefängnis saßen und auf ihre Befragung warteten, eine Amnestie auszusprechen. Als er sich weigerte, nahmen die Bischöfe von Arras und Amiens, zusammen mit dem Erzbischof von Reims, die Dinge selbst in die Hand. Sie ho-

---

Das höchste Gericht von Paris setzte die Angeklagten auf freien Fuß und brandmarkte den „Hexensabbat" als reine Fantasie.

---

ben die Anklage wegen Hexerei gegen die Menschen auf und brandmarkten den sogenannten „Hexensabbat" als Ausgeburt der Fantasie. Das *Parlement* von Paris, der höchste Gerichtshof im mittelalterlichen Frankreich, bestand auf Freilassung einiger Gefangener le Broussarts. Jean Jouffrey, Bischof von Arras, setzte den Rest auf freien Fuß.

In seiner päpstlichen Bulle *Summis desiderantes* vom 5. Dezember 1484 ordnete Papst Innozenz VIII. an, dass vor allem in Deutschland unnachsichtig gegen Hexen und Zauberer vorzugehen sei.

Und das Parlement ging noch weiter. Die Richter verurteilten le Broussart, weil er „in vollkommenem Irrtum und gegen Ordnung und Würde der Justiz gehandelt" habe. Und auch die Inquisition in Arras wurde gemaßregelt. Die Inquisitoren, so befand das Parlement, hätten „einen falschen Prozess ohne Ansehung der Rechtsordnung" geführt. Sie hätten „unmenschliche und grausame Verhöre und Folterungen durchgeführt … bei denen Glieder zerquetscht, Fußsohlen verbrannt und die zu Verhörenden mit Öl oder Essig abgefüllt worden" seien. Man empfahl Gebete für die unrechtmäßig zu Tode Gekommenen.

Ein ganz anderer Wind wehte, als Papst Innozenz VIII. sich 1484 die Hexerei in Deutschland vornahm. Er kannte keine Gnade. In einer im selben Jahr veröffentlichten Bulle verkündete er:

Es ist Uns zu Ohren gekommen, dass in einigen Teilen Oberdeutschlands … sehr viele Personen beiderlei Geschlechts, ihrer eigenen Seligkeit vergessend, mit denen Teufeln, die sich als Männer und

Frauen mit ihnen vermischen, Missbrauch machen, und mit ihren Bezauberungen, Liedern und Beschwerungen und anderen abscheulichen Aberglauben und zauberischen Übertretungen, Lastern und Verbrechen die Geburten der Weiber, die Jungen der Tiere, die Früchte der Erde, die Weintrauben und die Baumfrüchte wie auch die Menschen, die Frauen, die Tiere, das Vieh und andere verschiedene Arten der Tiere, auch die Weinberge, Obstgärten, Wiesen und Weiden, Korn und andere Erdfrüchte verderben, ersticken und umkommen machen und verursachen, und selbst die Menschen, die Weiber, allerhand groß und klein Vieh und Tiere mit grausamen, sowohl innerlichen als auch äußerlichen Schmerzen und Plagen belegen und peinigen, und eben dieselben Menschen, dass sie nicht zeugen, und die Frauen, dass sie nicht empfangen, und die Männer, dass sie denen Weibern, und die Weiber, dass sie denen Männern, die eheliche Werke nicht leisten können, verhindern.

Innozenz erlaubte den Inquisitoren in der Folge, „solches Amt der Inquisition zu verrichten … zur Bestrafung, Inhaftnehmung und Besserung solcher Personen".

Flugschrift aus dem Jahr 1555 mit einer Abbildung der Hexenverbrennung von Derneburg bei Hannover.

SCHLUPFLÖCHER WERDEN GESCHLOSSEN

Innozenz VIII. sprach dies nicht explizit aus, doch seine Bulle schloss das eine oder andere Schlupfloch bei der Verfolgung von Hexen. Wer angeklagt wurde, war schuldig und hatte keinerlei Hoffnung

---

Schon die Rechtmäßigkeit der Anklage anzuzweifeln, galt als Beweis für deren Richtigkeit.

---

auf Freispruch. Allein die Rechtmäßigkeit der Anklage anzuzweifeln, galt als Beleg für deren Richtigkeit. Und das galt für Bischöfe, Theologen und andere Kirchenmänner ebenso wie für den

Titelseite des *Hexenhammers*, *Malleus Maleficarum*, der zuerst 1486 veröffentlicht wurde, aber bis ins 18. Jahrhundert hinein Verwendung fand.

MALLEVS MALEFICARVM, MALEFICAS ET EARVM hæresim frameâ conterens,

EX VARIIS AVCTORIBVS COMPILATVS, & in quatuor Tomos iuftè diftributus,

QVORVM DVO PRIORES VANAS DÆMONVM verſutias, praftigioſas eorum deluſiones, ſuperſtitioſas Strigimagarum cæremonias, horrendos etiam cum illis congreſſus, exactam denique tam peſtiferæ ſectæ diſquiſitionem, & punitionem complectuntur. Tertius praxim Exorciſtarum ad Dæmonum, & Strigimagarum maleficia de Chriſti fidelibus pellenda; Quartus verò Artem Doctrinalem, Benedictionalem, & Exorciſmalem continent.

TOMVS PRIMVS.

Indices Auctorum, capitum, rerúmque non deſunt.

Editio nouiſſima, infinitis penè mendis expurgata; cuique acceſſit Fuga Dæmonum & Complementum artis exorciſticæ.

Vir ſiue mulier, in quibus Pythonicus, vel diuinationis fuerit ſpiritus, morte moriatur Leuitici cap. 10.

LVGDVNI, Sumptibus CLAVDII BOVRGEAT, ſub ſigno Mercurij Galli.

M. DC. LXIX. CVM PRIVILEGIO REGIS.

---

einfachen Bauern. Wer sich für einen Angeklagten einsetzte und versuchte, die Unrechtmäßigkeit der Anklage zu beweisen, galt ebenfalls als Ketzer.

Was darauf folgte, kann man nur als Massaker bezeichnen. Dahinter standen zwei deutsche Dominikanermönche, die vom Papst für diese Aufgabe ausersehen worden waren. Heinrich Kramer und Jakob Sprenger verfassten nämlich ein Handbuch für Hexenjäger, den *Malleus Maleficarum* oder „Hexenhammer". Er wurde 1486 veröffentlicht und erfuhr bis 1600 28 Neuauflagen. Der *Hexenhammer* war ein Handbuch für Inquisitoren, um Hexen zu identifizieren und angemessen zu bestrafen. Wir finden darin sämtliche abergläubischen Vorstellungen jener Zeit versammelt. Das Handbuch sollte Richter

---

Der Hexenhammer sollte Richtern und Magistratsbeamten zeigen, wie man Hexen zu Geständnissen bewegt.

---

und Magistratsbeamte darin unterrichten, wie man Hexen befragt, damit sie sich zu ihrer Schuld bekennen. Zu jener Zeit war der Buchdruck schon erfunden, sodass der Hexenhammer weite Verbreitung fand und unter Protestanten bald genauso beliebt war wie unter Katholiken. In Richterkammern und Magistratsstuben war er bis zum 18. Jahrhundert als Nachschlagewerk präsent.

Andererseits wurden die Inhalte des Handbuchs schon recht früh in Zweifel gezogen. Schließlich beruhte der Hexenglaube vor allem auf Furcht, Klatsch und Aberglaube. Das galt vor allem für die Hochzeiten der Hexenverbrennung. Als Kramer 1487 eine Kopie seines Werkes an die theologische Fakultät der Universität Köln schickte, hatte er deren Reaktion vermutlich anders eingeschätzt: Dort verdammte man das Buch als unethisch und ungesetzlich. Doch Kramer intervenierte höheren Ortes. Die Universität wurde zu einer positiven Einschätzung gezwungen, die der Dominikaner zu seinen Lebzeiten allen späteren Ausgaben voranstellte.

Selbst der Widerspruch des Papstes konnte Kramer nicht beeindrucken. Entsetzt über das Massaker, das er ausgelöst hatte, ließ Innozenz VIII. den

Fantastische Darstellung einer Hexenbefragung, die die *strappado* zeigt.

Dieser Holzschnitt aus dem 16. Jahrhundert zeigt einen Schmaus beim Hexensabbat, bei dem Männer und Frauen sich mit Teufeln und Dämonen einließen. Nach dem Mahl erfolgte eine wilde Sexorgie.

VATIKAN-LEXIKON

DER INDEX DER VERBOTENEN BÜCHER

Der Index der verbotenen Bücher *(Index Librorum Prohibitorum)* war eine Liste von Büchern, die die katholische Kirche ihren Gläubigen zu lesen verbot. Die Bücher gerieten aus den verschiedensten Gründen auf den Index; sie konnten unmoralische Darstellungen enthalten, Irrlehren oder die Ideen der Häretiker. Der erste Index wurde 1529 in den Niederlanden gedruckt, ein anderer 1543 in Venedig und 1551 in Paris. 1571 rief man eine Institution ins Leben, die prüfen sollte, ob Bücher auf den Index mussten, die sogenannte *Congregatio Romanae et Universalis Inquisitionis*, das spätere Heilige Offizium. Diese sprach die Empfehlung aus, ein Buch auf den Index zu setzen. Andere überprüfte man daraufhin, ob sie etwa korrigiert werden müssten. Dann erhielt der Autor eine lange Liste mit Korrekturen, die er umsetzen konnte, um nicht auf dem Index zu landen.

Die Kongregation wurde 1917 aufgelöst. Nach 1966 wurde der Index nicht mehr herausgegeben. Bis zu diesem Zeitpunkt aber umfasste er mehr als 6000 Werke, darunter die Schriften Luthers, Galileis, Descartes' und die *Kritik der reinen Vernunft* von Immanuel Kant.

Hexenhammer 1490 auf den Index der verbotenen Bücher setzen. Kramer aber ließ die Bulle *Summis desiderantes* als Vorwort abdrucken und erweckte so den Eindruck, der Papst stünde hinter dem Werk.

VERSCHWUNDENE GLIEDER

Doch jeglicher rationale Einwand vermochte nichts gegen den Volksglauben, der gegen Theologen und selbst den Papst mit grimmiger Entschlossenheit an Mythen und Fantastereien festhielt. Eine der Geschichten im *Hexenhammer* berichtet von einem Mann, dem der Teufel angeblich seinen Penis geraubt hatte. Das Organ schien plötzlich von seinem angestammten Ort verschwunden gewesen zu sein. Glücklicherweise fand er es wieder, und zwar bei einer Frau, die ihn verhext hatte. In einer anderen Geschichte geht es um eine Rivalin, die eine junge Frau ihrem Mann noch am Tag der Hochzeit madig machte. Der Ehemann berichtet:

Als ich noch jung war, verliebte ich mich in ein Mädchen, das mich dazu drängte, sie zu heiraten. Ich aber weigerte mich und ehelichte eine andere ... Da ich mit ihr aber gut Freund sein wollte, lud ich sie zur Hochzeit ein. Sie kam ... und hob ihre Hand. Eine neben ihr stehende Frau hörte sie sagen: „Du wirst nur noch wenige Tage gesund

*sein. "… Und genauso kam es. Nach einigen
Tagen verlor meine frischgebackene Ehefrau die
Herrschaft über ihre Gliedmaßen, und sogar heute
noch, nach zehn Jahren, kann man die Wirkung
der Zauberei an ihrem Körper sehen.*

DAS UNERKLÄRLICHE

Geschichten wie diese prägten sich dem Volk ein,
das Erklärungen für derartige unerklärliche Ereignisse immer noch in den heidnischen Vorstellungen
der Vergangenheit suchte. Auch die Angst der Kirchenmänner vor der Sexualität findet im Hexen-
glauben konkreten Ausdruck. Dabei ging es nicht
nur um die eigene unterdrückte Sexualität, sondern allgemein darum, dass der Sexualtrieb ein
mächtiger Feind der Kirche war, der die Menschen
ihrer Kontrolle entzog und Tugend und Jungfräu-
lichkeit zerstörte. Auch dies ist im *Hexenhammer*
sehr schön zu erkennen. Vor allem Jakob Sprenger
war ein eingefleischter Frauenfeind. Und so lesen
wir:

*Ich würde lieber einen wilden Löwen oder
Drachen in mein Haus lassen als eine Frau …
Schwach an Körper und Geist ist es weiter nicht
erstaunlich, dass das Weib so häufig zur Hexe
wird … eine Frau ist die personifizierte Lust …
Wenn eine Frau keinen Mann bekommt, gibt
sie sich dem Teufel selbst hin.*

> Die Inquisitoren kannten kein
> Pardon. Sie quälten ihre Opfer und
> bedrängten sie mit Folter, bis sie
> die Geständnisse erhielten.

Mit Vorstellungen wie diesen und einem Freibrief
von Papst Innozenz, der den Inquisitoren letztlich
fast alles erlaubte, machten sich Kramer und
Sprenger auf, Deutschland von der Hexerei und
Ketzerei zu befreien. Die beiden Inquisitoren

Hier wird ein Opfer
aufs Rad gespannt
und befragt. Auf dem
Rad wurden sämtliche
Knochen gebrochen.
Daneben ein Mönch
mit Papier und Feder,
der die Geständnisse
festhielt.

kannten kein Pardon. Sie quälten ihre Opfer, belogen und bedrängten sie mit der Folter, bis sie die erwünschten Geständnisse ablegten. Dabei wurden die Befragten zum Beispiel gegeißelt, bis sie blutüberströmt zusammenbrachen. Man spannte sie auf die Streckbank, setzte Daumenschrauben und die eiserne Jungfrau (ein Hohlkörper, der innen mit Nägeln beschlagen war) ein, um ihren Willen zu brechen. Doch das war erst der Auftakt.

FOLTERTARIFE

Später wurde das System noch verfeinert. Hermann IV. von Hessen zum Beispiel, seines Zeichens Erzbischof von Köln, erstellte einen Katalog mit Foltermaßnahmen. Man schnitt einem Opfer die Zunge heraus und füllte das Loch mit glühendem Metall. Oder man schnitt ihm eine Hand ab und nagelte sie an den Galgen, vermutlich bevor der Verurteilte dort aufgehängt werden sollte. Und diese Behandlung erfolgte nicht etwa unentgeltlich. Die Familie des Opfers hatte dafür eine Gebühr zu entrichten. Starb das Opfer unter der Folter, musste sie ein Festmahl für die Folterknechte ausrichten.

Ein Holzschnitt aus dem 17. Jahrhundert zeigt, wie Hexen aufgehängt werden. Hinter Gittern warten schon die nächsten.

Ein deutscher Chronist überlieferte folgende drastische Schilderung der Grausamkeit, der die Opfer beim Rädern ausgesetzt waren: Das Rad, so schrieb er, mache die Opfer zu ...

... einer Art riesiger, schreiender Marionette, die sich in Strömen von Blut wand, eine Marionette mit vier Tentakeln wie ein Seeungeheuer aus rohem, schleimigem, formlosem Fleisch, in das sich Knochensplitter mischen ...

> Eine Frau erwies sich als außerordentlich zäh ... Sie wurde sage und schreibe 56 Mal gefoltert – ohne Geständnis.

Eine Frau, deren Name nicht überliefert ist, erwies sich als außerordentlich zäh, was für Kramer und Sprenger wohl frustrierend war. Man folterte sie nicht weniger als 56 Mal – ohne Geständnis. Das war wirklich ungewöhnlich, denn die meisten Menschen taten alles, sagten alles, gestanden alles und

verrieten jeden, nur um der Folter ein Ende zu bereiten. Sie gaben zu, um Mitternacht mit dem Teufel einen Pakt eingegangen zu sein, bei dem sie ihm für allerlei Gold ihre Seele verkauft hatten oder mit dem bösen Blick eine Quelle vergiftet bzw. Menschen mit einem Fluch belegt zu haben. Sie gestanden, Sex mit dem Teufel gehabt und Ungeheuer geboren zu haben, die sie mit Neugeborenen fütterten. Sie erzählten, wie sie mitten in der Nacht Hexensabbat gefeiert, den Teufel angebetet und eine schwarze Messe gefeiert hätten, bevor sie sich bis zum Morgengrauen zügellosem Sex hingaben. Manche behaupteten, sie hätten 20 oder 30 Männer ihrer Penisse beraubt und diese in Vogelnester gesetzt, wo sie sich von Hafer und Roggen ernährt hätten.

Gelegentlich erzielten Kramer und Sprenger Massengeständnisse, bei denen ein ganzes Nonnenkloster zugab, regelmäßig mit dem Teufel Verkehr gehabt zu haben. Doch die Inquisitoren machten bald die Feststellung, dass die Hexerei nicht abnahm, wie viele Hexen sie auch verbren-

Jean Bodin, Großinquisitor im französischen Besançon, brachte 1529 eine Frau namens Desle la Mansenée mit aberwitzigen Beweisen zuerst auf die Anklagebank, dann an den Galgen und zuletzt noch auf den Scheiterhaufen.

> Die Inquisitoren mussten feststellen, dass die Zahl der Delikte nicht abnahm, wie viele Hexen sie auch verbrennen mochten.

nen mochten. Ganz im Gegenteil, die Zahlen stiegen immer weiter und die Verbrechen, die Ketzer und Hexen gestanden, nahmen immer bizarrere und obszönere Züge an. Ein Strategiewechsel war vonnöten, um die Hexerei auszurotten, und die Inquisitoren wussten, wie sie dies anzustellen hatten.

FALSCHE HOFFNUNGEN

Schon im *Hexenhammer* heißt es, dass kein Vorgehen illegal ist, wenn es zu einem Geständnis führt. Daher wurde empfohlen, den Angeklagten für ein Geständnis ein mildes Urteil zu versprechen, um auf diese Weise tief in die Reihen des Bösen vorzudringen. Doch mit dieser Methode fand man immer noch mehr „Hexen". Bald fing man sogar an, den Angeklagten die Freilassung zu versprechen, wenn sie andere Hexen beim Namen nannten. Viele der „Befragten" ergriffen diese Gelegenheit beim Schopf. Und

doch wurden sie in die Irre geführt, denn im *Hexenhammer* heißt es auch, dass die Inquisitoren mit Hexen verfahren konnten, wie ihnen beliebte. Sie durften sie ungestraft belügen, misshandeln und ihnen falsche Versprechungen machen. Viele Frauen, die ein Geständnis abgelegt hatten, wurden zum Scheiterhaufen geführt und klagten laut, man habe ihnen die Freiheit versprochen und nicht die Flammen.

Die Haltung Hexen gegenüber war zutiefst widersprüchlich. Hexen wurden gefürchtet. Man betrachtete sie als würdige Feinde, die zur Rache fähig waren. Die Menschen glaubten, sie könnten Zaubersprüche einsetzen, sich in Luft auflösen und mit anderen übernatürlichen Fähigkeiten ihre Feinde täuschen. Warum aber waren sie dann so leicht zu entdecken? Warum brachen sie unter der Folter zusammen? Warum legten sie so umfangreiche Geständnisse ab und rächten sich nicht einmal an ihren Peinigern? Man glaubte fest, dass Hexen ihre Befrager verfluchen, sie mit Blindheit schlagen und selbst aus den Flammen des Scheiterhaufens unversehrt hervorgehen konnten. Und doch geschah nichts von dem.

Guillemette Babin steht mit gefesselten Händen vor Jean Bodin und einem anderen Inquisitor. Man befragt sie über ihre Beziehung zum Teufel, dessen Male man angeblich auf ihrem Körper gefunden hatte.

Weder Heinrich Kramer noch Jakob Sprenger, ja nicht einmal der Papst selbst hatten auf diese rätselhafte Frage eine Antwort. Sie konnten nur immer weiter anklagen, foltern, verurteilen und verbrennen in der Hoffnung, dass das Böse, gegen das sie ankämpften, irgendwann einmal besiegt sein würde. Tragischerweise starben dabei viele Hundert Menschen auf dem Scheiterhaufen, darunter auch viele kleine Kinder. Und immer noch war das Böse unbesiegt. Ein Bischof in Genf ließ innerhalb von drei Monaten 500 Opfer verbrennen. Im fränkischen Bamberg ordnete ein anderer Bischof die Verbrennung von 600 Menschen an, in

> Ein Bischof in Genf ließ
> innerhalb von drei Monaten
> 500 Opfer verbrennen.

Würzburg – ebenfalls in Franken – starben 900 auf dem Scheiterhaufen. Und so ging es ständig weiter. 1586, ein Jahrhundert nach Veröffentlichung des Hexenhammers, verbrannte man 118 Frauen und zwei Männer, weil sie angeblich einen Fluch ausgesprochen hatten, damit der Winter länger andauere als sonst.

DER GROSSINQUISITOR

Obwohl man sich im 15. und 16. Jahrhundert in Bayern mit wahrer Leidenschaft der Hexenjagd und -verbrennung widmete, gab es noch andere Regionen, die vom Hexenfieber erfasst wurden. Eine von ihnen war die Gegend um Besançon in der französischen Franche-Comté. Zu jener Zeit war die Franche-Comté ein Lehen des Heiligen Römischen Reiches. Dort wurde 1532 die *Lex Carolina* eingeführt, wonach Hexerei ein Verbrechen sei, das mit Tod auf dem Scheiterhaufen zu bestrafen sei. Während der höchste Gerichtshof in Paris den Eifer der Hexenjäger dämpfte, hatte er in der Franche-Comté keinerlei Einfluss. Dorthin begann 1529 Jean Bodin, der Großinquisitor von Frankreich, seine Tentakeln auszustrecken, was ihn bald in das Dorf Anjeux führen sollte. Was ihm von dort zu Ohren kam, ließ ihn vermuten, dass es sich um eine Brutstätte der Hexerei handelte, in deren Mittelpunkt eine Frau namens Desle la Mansenée stand.

Wohlgemerkt, es lagen gegen sie keinerlei Beweise vor, doch Bodin holte aus dem bisschen, das er in Händen hielt, das Maximum heraus. Allein die Anzahl jener, die in der alten Desle eine Hexe sehen wollten, überzeugte ihn von ihrer Schuld. Die Aussage eines Anklägers namens Antoine Godin war typisch für das Hörensagen, auf das man zu jener Zeit einen Fall von Hexerei gründen konnte. Godin war um die 40, und seine Erzählung reichte etwa 30 Jahre zurück. Er sagte aus, als Junge hätte man ihm erzählt, dass die Mansenée eine Hexe und Zauberin sei. Ihr Sohn Mazelin habe ihm gesagt, seine Mutter flöge nachts auf einer in sich gedrehten Weidenrute zum Hexensabbat und käme auf derselben wieder zurück. Godin sagte auch aus, dass er Dörfler habe sagen hören, Desle la Mansenée hätte Wolle von einer Spindel gestohlen, die sie für zauberische Zwecke benutzen wollte. Als etwa zwei Dutzend weitere Dörfler die „Beweislage" mit ihren Aussagen erhärteten, war Bodin bereit zu handeln.

VERURTEILUNG DURCH KLATSCH UND TRATSCH

Desle la Mansenée erklärte sich für unschuldig, doch sie wurde trotzdem eingekerkert, gefoltert und begann bald, Geständnisse abzulegen. Im Grunde wiederholte sich hier die Geschichte – Verkehr mit dem Teufel, Teufelspakt, Sabbatflug, Orgien, Abfall vom katholischen Glauben und schlussendlich auch die Beschwörung zerstörerischer Hagelwetter und das Vergiften von Vieh mit einem geheimnisvollen schwarzen Pulver. Die Inquisition allerdings traf hier eine überraschende Entscheidung. Desle la Mansenée wurde wegen Mordes,

> Desle la Mansenée wurde schließlich verurteilt, jedoch nicht wegen Hexerei. Diese „Gnade" bedeutete für sie Erhängen statt Verbrennen.

Ketzerei und Abfall vom christlichen Glauben verurteilt, nicht aber wegen Hexerei. Diese zweifelhafte Gnade bedeutete, dass sie am Galgen aufgehängt und nicht auf den Scheiterhaufen geschickt wurde. Am 18. Dezember 1529 wurde sie hingerichtet, ihr Körper daraufhin den Flammen übergeben, damit das Böse, das in ihr steckte, ein für allemal ausgelöscht werde.

Mit dem Beginn der Renaissance fing man an, sich auch erste Gedanken über sinnvolle Rechtsgrundsätze zu machen. Urteile, so hieß es, dürften sich nicht auf Hörensagen gründen. Massenhysterie und Übereifer sollten auf sie keinen Einfluss mehr haben. Ein Gerichtsurteil sollte auf logischer Anwendung der Gesetze beruhen. Dieses neue Denken führte zu einer grundlegenden Reform der Justiz, die von nun an auf Vernunft und nicht mehr auf Angst und Fantasie gründen sollte. Dieser Mangel an vernünftiger Überlegung und tatsächlichen Beweisen war es gewesen, der das Parlement

von Paris vor 70 Jahren veranlasst hatte, der Hexerei Angeklagte wieder freizulassen. Doch in den Augen von Jean Bodin, der Jurist, Ökonom und Philosoph war, zählte die Ratio wohl nicht. Sein Buch *Über den Dämonenglauben der Hexer* (*De Magorum Daemonomania*) erschien in Paris 1580.

Bodin war einer der bekanntesten Staatstheoretiker des 16. Jahrhunderts und zählte damals zu den größten Gelehrten Europas. Doch er teilte mit den ungebildeten Bauern die Ängste und Vorurteile seiner Zeit. So glaubte er beispielsweise, dass die Regeln eines geordneten Gerichtsverfahrens im Falle der Hexerei nicht angewandt werden müssten. Er schreibt:

> *Der Beweis für dieses schändliche Tun ist so schwer zu führen, dass nicht einer gefasst würde, befolgte man die gewöhnlichen Regeln für ein Gerichtsverfahren.*

Stattdessen setzte er sich für die Anwendung der Folter ein, sogar bei Kindern und Behinderten, um den Verdächtigen Geständnisse abzupressen. Auf diese Weise würde keine Hexe je ihrer Bestrafung entgehen. Aus seiner Sicht kam der Verdacht auf Hexerei schon einem Beweis gleich, weshalb Gerüchte absolut beweiskräftig waren. Jeglicher Klatsch über eine „Hexe" war in seinen Augen gleichbedeutend mit der Wahrheit.

In Bodins Weltbild war schlichtweg alles gerechtfertigt, wenn es der Entdeckung von Hexerei

> Bodin setzte sich für die Folter auch bei Kindern und Behinderten ein. Durch diese Geständnisse, so Bodin, würde keine Hexe mehr ihrer Bestrafung entgehen.

diente. Man durfte Kinder zwingen, ihre Eltern zu verraten, und sobald die Anklage wegen Hexerei erhoben war, war klar, dass der oder die Angeklagte schuldig gesprochen werden musste. Wer nicht an Hexerei glaubte, war, so Bodin, wohl selbst ein Zauberer. Wenn ein Richter eine verurteilte Hexe nicht hinrichten ließ, dann sollte er selbst hingerichtet werden.

Als Richter empfahl Jean Bodin, dass Hexen mit Brandzeichen versehen würden. Sie lebendig zu verbrennen dauerte seiner Ansicht nach nicht lang genug. Nach etwa 30 Minuten war die Qual vorüber. Dabei hatte Jean Bodin ein dunkles Geheimnis, durch das er vielleicht sogar selbst zum Opfer seiner eigenen harschen Regeln hätte werden können. Seit 1567, als er 37 Jahre alt war, war er von einem Dämon besessen. Glücklicherweise war dies ein netter Dämon, der ihn am rechten Ohr berührte, wenn er etwas falsch machte, und am linken, wenn sein Vorhaben in Ordnung war. Zum Glück für ihn bekam die Inquisition davon anscheinend nie Wind.

EIN ABERGLÄUBISCHER PAPST

Frankreich war ohnehin das Hauptrevier der Inquisition, wurde dort doch im 14. Jahrhundert den Templern und Katharern der Prozess gemacht. Und damit hatten die Verfolgungen noch lange

Papst Johannes XXII., hier im Gebet, war ein Papst, an dem sich die Geister scheiden. Er war Franzose und hatte seinen Sitz in Avignon und nicht wie traditionell in Rom.

Die Anstrengungen der Inquisitoren in Toulouse und Narbonne wurden von Päpsten wie Johannes XXII. gefördert, der eine Reihe von päpstlichen Bullen herausgab, die Hexerei mit Ketzerei gleichsetzten.

kein Ende. Die Bemühungen der Inquisitoren in Toulouse und Narbonne wurden von Päpsten wie Johannes XXII. unterstützt, der eine Reihe von Bullen herausgab, in denen er die Hexerei als Ketzerei bezeichnete und die Hexenjagd anstachelte. Johannes XXII. war einer der abergläubischsten Päpste überhaupt. Er glaubte sogar, dass seine Feinde versuchten, ihn mit Zaubersprüchen zu töten. 1317 ordnete er für sie die Folter an, damit sie gestanden. Drei Jahre später beauftragte er den Inquisitor von Carcassonne (im Katharerland), unnachsichtig Hexen und Zauberer zu verfolgen und all jene, die Dämonen anriefen und Wachsbilder machten, um eine Person erkranken oder sterben zu lassen. Sein geistlicher Rat führte dazu, dass in Toulouse und Carcassonne um 1350 mehr als 1000 Menschen verhaftet wurden und 600 davon auf dem Scheiterhaufen endeten.

Dieser Eifer war zu Bodins Zeiten noch nicht erloschen. Er starb 1596, doch auch danach kehrte in den katholischen und protestantischen Ländern Europas keine Ruhe ein. Und das, obwohl Papst Gregor XV. 1623 in seiner Verkündigung *Omnipotentis Dei* (Die Allmacht Gottes) dem ein Ende gemacht hatte. Gregor war ein Reformer und ordnete an, dass die sadistischen Bestrafungen reduziert oder ganz eingestellt werden sollten. Die Todesstrafe dürfe nur noch verhängt werden, wenn „bewiesen ist, dass der Betreffende einen Pakt mit dem Teufel einging und mit seiner Hilfe einen Mord begangen hat".

Doch es dauerte lange, bis diese Botschaft bei den Hexenjägern ankam. Irgendwie hatte sich die Hexenjagd verselbstständigt und entfaltete nun ein grausiges Eigenleben, das nicht einmal eine päpstliche Verordnung mehr aufhalten konnte. Tatsächlich wurde das Verfahren auf „neue" Formen der Hexerei ausgedehnt: auf Wahrsager, Zukunftsdeuter und … Werwölfe.

DIE SPANISCHE INQUISITION

Dieses Gemälde von Francisco Rizi (1608 – 1685) zeigt die Verbrennung von Ketzern bei einem *auto da fé* auf der Plaza Mayor in Madrid in Anwesenheit König Karls II. von Spanien im späten 17. Jahrhundert.

Während der Spanischen Inquisition, die erst 1478 eingerichtet wurde, wurde die Massenverbrennung von Verurteilten während des sogenannten *auto da fé* (Akt des Glaubens) zu einer Volksbelustigung: Man hielt eine Messe ab, gefolgt von einer Prozession mit dem ganzen Pomp weltlicher und religiöser Autoritäten. Es kamen Hunderte, wenn nicht Tausende von Schaulustigen, was von den Oberen der Inquisitionsbehörde durchaus gewollt war. In ihren Augen gab es nichts Besseres als ein Autodafé, um beim Kirchenvolk den Glauben an Gott und die Furcht vor dem Teufel zu wecken.

Anders als das päpstliche Gegenstück war die Spanische Inquisition nicht dem Papst unterstellt, sondern König Ferdinand und Königin Isabella von Spanien. König Ferdinand erreichte dies durch eine schlichte Erpressung: Er drohte dem Papst, er würde seine Truppen zurückziehen, als die Sarazenen Rom bedrohten.

Diese Anordnung beschädigte das Ansehen des Papstes und Sixtus IV. war darüber nicht glücklich, vor allem, als ihm zu Ohren kam, dass die Methoden der Spanier noch barbarischer waren als die ihrer Vorgänger.

Gregor XV. wurde 1621 zum Papst gewählt, blieb jedoch nur zwei Jahre im Amt. Er erließ das letzte (und gnadenreiche) Dekret über Hexen und Zauberer am 20. März 1623.

IN DEUTSCHLAND JAGT MAN UNVERDROSSEN WEITER

Doch die meisten Opfer des Scheiterhaufens waren Hexen. König Maximilian I. von Bayern wurde ein leidenschaftlicher Hexenverfolger. Nach seiner Thronbesteigung 1597 wurden zahllose Hexen verbrannt, vor allem in den Domstädten Augsburg und Freising. In den zehn Jahren vor 1633 wurden in Bamberg erneut 600 Hexen verbrannt, 157 bei 29 Massenhinrichtungen in Würzburg. Dabei starben auch Jungen zwischen 10 und 12 Jahren.

Die Berichte über die sadistischen Exzesse der Spanischen Inquisition (vor der Zeit von Großinquisitor Tomás de Torquemada) veranlassten Papst Sixtus IV., diese Einrichtung zu überdenken. 1482 gab er eine Bulle heraus, die die Inquisition in Spanien aufhob, doch das sollte nur ein kurzes Zwischenspiel sein. König Ferdinand II. von Aragon erhöhte den Druck, Sixtus leistete nur mäßigen Widerstand und gab 1483 nach: Er zog seine Bulle zurück und mit ihr die Bedingungen für die Hexenverfolgung, die er später festgelegt hatte.

Sixtus starb im Jahr darauf, und Ferdinand zog den neuen Papst, Innozenz VIII., auf seine Seite.

Innozenz war ein Hardliner, der die Jagd nach Ketzern und Hexen in Deutschland erneut anheizte, doch Ferdinand wollte eine Inquisition nach seinem Gutdünken und keine Befehle vom Papst entgegennehmen. Sobald Papst Innozenz sie befestigt hatte, entwickelte sich die Spanische Inquisition fort. Sie jagte nun nicht mehr nur Hexen, sondern auch zwangskonvertierte Juden und andere Häretiker, die sich in der Folge nach Mexiko, Peru und in die spanischen Kolonien absetzten.

> Bis 1834 hatten in Spanien mehr als 15 Generationen Inquisitoren über circa 150 000 Fälle von Häresie entschieden. Allein zwischen 1560 und 1700 kam es in bis zu 5000 Fällen zur Todesstrafe.

Weitere 350 Jahre vergingen, bevor ein königliches Dekret 1834 der Spanischen Inquisition ein Ende setzte. In der Zeit ihres Wirkens hatten 15 Generationen von Inquisitoren etwa 150 000 Fälle von Ketzerei verhandelt. Allein zwischen 1560 und 1700 waren etwa 5000 Menschen zum Tode verurteilt worden. Doch die Aufzeichnungen sind teils verloren, sodass die wahre Anzahl der Opfer wohl nie ermittelt werden kann.

RÜCKBLICK

Historiker schätzen, dass etwa 40 000 bis 100 000 Menschen ums Leben kamen, von den unzähligen schwarzen Katzen oder Hunden ganz zu schweigen, als die Angst vor dem Teufel Europa über Jahrhunderte im Bann hielt und die Inquisition versuchte, die Christenheit vor seinem Zugriff zu bewahren. Von allen Hexenprozessen in Europa führten etwa 12 000 zu Hinrichtungen.

Lange nachdem Europa diesen Albtraum abgeschüttelt hatte, haben Geschichtswissenschaftler und Psychologen versucht, sich auf diese schreckliche Zeit einen Reim zu machen. Die Hexenjagd wurde getrieben von Angst, Unwissenheit, Fanatismus, unterdrücktem Sexualtrieb, Hysterie und der völligen Vernachlässigung jeglicher rechtlicher Verfahrensweisen. Dieser Schandfleck blieb lange Zeit ein dunkles Kapitel der Geschichte Europas.

TOMÁS DE TORQUEMADA VERBREITET ANGST UND SCHRECKEN

Tomás de Torquemada, der Großinquisitor von Spanien, hier mit König Ferdinand und Königin Isabella.

Die Spanische Inquisition steigerte die Unmenschlichkeit zu einem bis dato ungekannten Ausmaß. Verantwortlich dafür war der Großinquisitor für Spanien, der 1420 geborene Tomás de Torquemada, ein Mönch und Sadist, dessen Name noch Jahrhunderte später einen Schauder über den Rücken laufen lässt. Torquemada war jedes Mittel recht, um zum Beispiel zwangskonvertierte Juden und Muslime der Anhängerschaft an ihren alten Glauben zu überführen. Man nannte die Juden die *conversos*, die Mauren die *moriscos*, und sie waren das Hauptziel der Spanischen Inquisition.

Er ließ ihre Bücher verbrennen und wurde zur treibenden Kraft hinter dem Alhambra-Edikt vom 14. März 1492, das den zahlreichen in Spanien ansässigen Juden nur noch die Wahl zwischen Taufe und Exil ließ. Ironischerweise hatte Torquemada selbst jüdische Vorfahren. Seine Großmutter soll zu den *conversos* gehört haben, und sie war nicht die einzige seiner Verwandten, die vor dieser Entscheidung standen. Doch der junge Torquemada war vom Judenhass getrieben und hatte nichts Eiligeres zu tun, als sich von solchen Vorfahren zu distanzieren.

Er trat als junger Mann in den Dominikanerorden ein, wo er sich bald als eifriger und frommer Asket erwies. Dann aber wissen wir nichts über sein Leben, bis er 1474 im Alter von 54 Jahren Prior des Klosters vom Heiligen Kreuz in Segovia in Nordspanien wurde. Bald darauf wurde er zum Beichtvater der jungen Isabella von Kastilien ernannt und wenig später auch zum Berater ihres Gemahls, König Ferdinand II. von Aragon. 1483 machte das Paar ihn zum Großinquisitor von Spanien.

Und Torquemada erledigte seine Arbeit äußerst gründlich. So musste fortan jedes Mädchen über 12 und jeder Junge über 14 der Inquisition seine Rechtgläubigkeit schwören. Denunzianten sicherte man vollste Anonymität zu, wenn sie ihre Nachbarn und Kollegen, ja selbst Angehörige bespitzelten, ob sie auch wirklich keine Ketzer waren.

Sündern konnte man eine Buße auferlegen, sie in den Kerker werfen, foltern und auf dem Scheiterhaufen verbrennen, mitunter auch alles auf einmal. Vor dem Verbranntwerden aber ließ Torquemada seinen Opfern die Wahl: Küssten sie das Kruzifix, so wurden sie vor der Verbrennung erdrosselt. Taten sie vor dem Anzünden öffentlich Buße, so verbrannte man sie mit besonders schnell brennenden Scheiten. Wer jedoch auf seiner Unschuld beharrte oder ein erzwungenes Geständnis widerrief, der fand auf langsam brennendem, noch grünem Holz einen qualvollen Tod.

Tomás de Torquemada blieb neun Jahre lang Großinquisitor, bis um 1492 die Vertreibung der Mauren und Juden aus Spanien abgeschlossen war. Damit betrachtete er sein Werk als vollendet und zog sich ins Kloster des hl. Thomas in Avila zurück. Bis dahin allerdings hatte er sich einen Ruf als grausamster der Inquisitoren erworben und wurde vom Volk gehasst. Die Ressentiments gegen ihn waren so stark, dass er nur mit einer Leibgarde von 50 berittenen Soldaten und 250 Fußsoldaten reiste. Da er glaubte, seine Feinde wollten ihn vergiften, hatte er stets ein Gegengift aus angeblichem Einhornhaar in Reichweite, wenn er etwas aß. Torquemada starb 1498 mit 78 Jahren eines natürlichen Todes.

Der Hass gegen ihn war jedoch so stark, dass man 1832, mehr als 330 Jahre nach seinem Tod und zwei Jahre vor der endgültigen Abschaffung der Spanischen Inquisition, sein Grab aufbrach, seine Gebeine stahl und verbrannte.

DIE BORGIAS

Die Macht in den italienischen Städten der Renaissance lag meist in der Hand weniger Familien mit wohlklingenden Namen: In Mailand waren es die Visconti und Sforza, in Florenz die Medici, in Ferrara die d'Este, in Genua die Boccanegra und in Rom die Familien Barberini, Orsini und della Rovere. Sie alle waren sich in bestimmten Dingen recht ähnlich.

Den mächtigen Familien gemeinsam waren Züge wie der Hunger nach Geld und Macht. Sie suchten alle Ämter und Posten mit Verwandten zu besetzen, die in ihren Stellungen weiter den gewohnten verschwenderischen Lebensstil pflegten. Ihren Einfluss konnten sie häufig nur durch Gewalt, Mord, Gewissenlosigkeit und Bestechung aufrechterhalten. Vergleichen lässt sich ihr Gebaren eigentlich nur mit der Mafia Jahrhunderte später.

Das Bildnis von Papst Alexander VI., vormals Rodrigo Borgia, wurde von Juan de Juanes (1500 – 1579) gemalt, den man auch den „Spanischen Raffael" nennt. Alexander war vermutlich der umstrittenste Papst, der je im Amt war, und ist bis heute berüchtigt.

Am begehrtesten war natürlich das Amt des Papstes, übte dieser doch Einfluss auf das gesamte religiöse und weltliche Leben des katholischen Europa aus. Viele reiche und berühmte Familien stellten Päpste. Da waren zum Beispiel die Medici, die Barberini, die Orsini und die della Rovere. Am bekanntesten aber sind die Borgias. Der erste der beiden Borgia-Päpste war der betagte Calixtus III., der frühere Alonso de Borja, der 1455 gewählt worden war.

Calixtus III. zeichnete sich von Anfang an durch hemmungslosen Nepotismus aus. Er besetzte jeden frei werdenden Posten mit einem Angehörigen und verschaffte seinen Verwandten gnadenlos die lukrativsten Kirchenpfründe. Zwei seiner Neffen – einer von ihnen Rodrigo – wurden 1456 zu Kardinälen

Das Bild zeigt, wie Calixtus III. 1456 Enea Silvio Piccolomini, den späteren Papst Pius II., zum Kardinal ernennt.

DER AUFSTIEG DER BORGIAS

Die Borgias kamen aus Torre de Canals, südlich von Valencia im spanischen Aragon, und schrieben sich ursprünglich de Borja. Für ihre Verdienste im Kampf gegen die Mauren, die Spanien seit dem 8. Jahrhundert beherrscht hatten, bekamen sie ihre ersten Lehen verliehen. Im Grunde aber waren sie Abenteurer und Opportunisten, deren Ehrgeiz einzig darauf ging, sich über ihren niedrigen Stand zu erheben. Der Erste, dem dies gelang, war Alonso de Borja.

Alonso kam 1378 zur Welt und war außerordentlich klug. Schon als Vierzehnjähriger ging er an die Universität von Lleida, wo er das Recht studierte. Noch nicht zwanzig, wurde er dort Dozent und trat später als Diplomat und Berater in die Dienste von Alfonso V. von Aragon. De

Borjas größter Erfolg war die Beendigung des Kirchenschismas, bei dem ein Papst in Avignon saß, ein anderer in Rom. De Borja gelang es mit Versprechungen, Schmeichelei und Drohungen, dass der in Avignon amtierende Papst Clemens VIII. zugunsten von Martin V. abdankte. Der dankbare Papst Martin ernannte de Borja daraufhin zum Bischof von Valencia.

1444 wurde de Borja zum Kardinal erhoben. Er war damals 66 Jahre alt und führte ein tugendhaftes, asketisches Leben, ganz anders als die meisten Kardinäle, die Geliebte hatten, mit ihnen illegitime Kinder zeugten und sich auch sonst den Freuden des Lebens hingaben. 1455, als Papst Nikolaus V. starb und man einen Nachfolger suchte, war de Borja 77 Jahre alt. Er war von der Gicht verkrüppelt und verbrachte den Großteil seiner Zeit im Bett. Als die Kardinäle sich zum Konklave trafen, dachte noch kein Mensch an de Borja. Doch die beiden „Spitzenkandidaten" entstammten den rivalisierenden Familien der Colonna und der Orsini. Es kam zum Patt, und das Konklave musste sich nach einem anderen Kandidaten umsehen.

Der Einzige, der infrage kam, war de Borja, gehörte er doch keiner der mächtigen Familien an und besaß einen untadeligen Ruf. Außerdem war er alt, krank und angeblich sehr bescheiden. Man ging also davon aus, dass er als Papst eher „formbar" sein würde.

Das erwies sich bald als Irrtum. De Borja nahm als Papst den Namen Calixtus III. an und blieb drei Jahre im Amt. In dieser Zeit aber machte er die Kirche zu seinem Familienunternehmen und bereitete den Boden für seinen Neffen Rodrigo, der sich den Papstthron 1492 schlicht durch Bestechung erkaufte. Als Alexander VI. gilt er heute noch als der schillerndste von allen Päpsten.

ernannt. Gewöhnlich wurden nur ältere, reife Männer in diesen Rang erhoben, doch die beiden waren noch nicht mal 30, was das gesamte Kardinalskollegium in Aufruhr versetzte. Die anderen Kardinäle hatten der Ernennung unter falschen Annahmen zugestimmt, da sie damit rechneten,

Calixtus praktizierte hemmungslosen Nepotismus, indem er viele hohe Positionen mit Verwandten besetzte.

Calixtus III., hier mit einem Kardinal, erließ eine Bulle, die Portugal erlaubte, sich am transatlantischen Sklavenhandel zu beteiligen.

dass Calixtus sterben würde, ehe die beiden jungen Herren Kardinal werden konnten. Doch dieser lebte lange genug, um Rodrigo 1457 zum Vizekanzler der Heiligen Römischen Kirche zu machen, was hieß, dass er nur dem Papst selbst gegenüber weisungsgebunden war. In dieser Funktion häufte Rodrigo enorme Reichtümer an.

Ein weiterer Neffe, Rodrigos Bruder und Calixtus' besonderer Liebling, war Pedro Luis Borgia. Er wurde zum Generalleutnant der Heiligen Römischen Kirche ernannt und damit zum Oberkommandierenden der päpstlichen Garde. Pedro Luis war außerdem Gouverneur von zwölf Städten. Auch dies war eine bedeutende Stellung, denn diese Städte stellten die wichtigsten Befestigungen in der Toskana und im Kirchenstaat dar, dem päpstlichen Territorium in Italien.

CALIXTUS RUFT ZUM KREUZZUG

Nicht minder abstoßend waren die Mittel, die Calixtus anwandte, um Konstantinopel von den türkischen Ottomanen zu befreien, die die Hauptstadt von Byzanz 1453 eingenommen hatten – was ein Papst, der etwas auf sich hielt, natürlich nicht dulden konnte. Die Ottomanen waren Muslime und Konstantinopel, ein wichtiges Zentrum der Christenheit, durfte nicht in den Händen der Ungläubigen bleiben. Ein Kreuzzug war jedoch eine teure Angelegenheit. Um ihn zu finanzieren, verkaufte Calixtus alles, was zu verkaufen war: Gold, Silber, Kunstwerke, kostbare Bücher, Ämter und päpstliche Lehen. Auch Ablässe wurden plötzlich für Geld ausgegeben. Die Katholiken bezahlten also für den Erlass bestimmter Sünden, damit sie nach ihrem Tod nicht ins Fegefeuer kamen.

Doch der päpstliche Ausverkauf war vergeblich. Die mächtigsten Herrscher Europas wie die Könige von Frankreich und Deutschland waren nicht an einem Heiligen Krieg interessiert. Als sie sich weigerten, dem Papst Truppen und Ausrüstung zur Verfügung zu stellen, war das Kreuzzugsprojekt

VATIKAN-LEXIKON

ABLASS

Der Ablass oder die Indulgenz ist der Erlass der Sünden (nicht deren Vergebung wohlgemerkt) unter ganz bestimmten Bedingungen. Dazu gehören unter anderem die Beichte und die Verrichtung heiligmäßiger Werke wie zum Beispiel eine Wallfahrt. Leider wurde diese Einrichtung immer wieder massiv missbraucht. Vor allem in der Renaissance wurde statt eines heiligmäßigen Werkes häufig eine substanzielle Spende akzeptiert. Dies führte in manchen Gemeinden zu einem schwunghaften Ablasshandel und der Vorstellung, man könne sich das Seelenheil einfach erkaufen. Ströme von Geld wurden nach Rom weitergeleitet und dienten dort zur Finanzierung des Petersdoms. Als der deutsche Mönch Martin Luther 1517 dagegen protestierte, wurden diese Missstände aufgedeckt. Luther begründete damit die Reformation. Seit 1562 ist der Ablasshandel verboten, seit 1567 wird er mit Exkommunikation bestraft.

> Calixtus verkaufte alles, was zu verkaufen war: Gold, Silber, Kunstwerke, kostbare Bücher, Ämter und päpstliche Lehen.

gestorben. Und so wurde Konstantinopel nicht für das Christentum zurückerobert. Es überrascht nicht, dass Papst Calixtus nach dieser Aktion in Rom recht unbeliebt war. Die Situation hatte sich derart verschärft, dass die spanischen Verwalter und Truppenkommandeure, die er in die Stadt geholt hatte, sich nach seinem Tod 1458 so bedroht fühlten, dass sie Rom schnellstens verließen.

WARTEN AUFS PAPSTTUM

Rodrigo Borgia musste 34 Jahre und vier Päpste abwarten, bevor der Stuhl Petri in Reichweite rückte. Zu dieser Zeit war er 61 Jahre alt und hatte sein attraktives Äußeres längst eingebüßt. Eines allerdings war ihm geblieben. Papst Pius II., Nachfolger von Calixtus, hatte den jungen Mann ermahnt, dass seine Vorliebe für Orgien „unziemlich" sei, und drängte ihn, seine ehrenhafte Stellung „mit

Ein Porträt von Papst Alexander VI. (Rodrigo Borgia) von seinem Zeitgenossen Perugino Pinturicchio (1454–1513).

Rodrigo war kein wahrscheinlicher Kandidat für den heiligmäßigen Weg eines Papstes. Für ihn war das Amt eine Kuh, die es zu melken galt, und genau das tat er auch.

größerer Hingabe" zu bekleiden. Das war vergebliche Liebesmüh. Selbst vierzig Jahre später noch hatte sich daran nichts geändert. Rodrigo besuchte immer noch leidenschaftlich gern Sexpartys, die man schönfärberisch „Gartenfeste" nannte. Er hatte acht Kinder von drei oder vier Geliebten, das letzte kam, als er 61 war. Man beschrieb ihn als „kräftig und liebenswürdig", mit „einem wunderbaren Geschick in Gelddingen". Dieses trug ihm einen geradezu märchenhaften Reichtum ein, sowohl vor als auch nach der Wahl zum Papst. Einer seiner Zeitgenossen schrieb:

> … sein päpstliches Amt, seine vielen Abteien in Italien und Spanien und die drei Bischofssitze in Valencia, Porto und Kartagena brachten ihm enorme Summen ein. Allein das Amt des Vizekanzlers der Kirche allein wirft jährlich 8000 Goldflorin ab. Er besitzt allerhand Geschirr, Perlen, goldgestickte Seidengewänder und Bücher aus nahezu allen Wissensgebieten … neben den kostbaren Betttüchern und den Zaumzeugen für seine Pferde … der kostbaren Garderobe und den Haufen von Goldmünzen in seinem Besitz.

Dass dieser Mann dem heiligmäßigen Pfad des Papsttums folgen würde, war mehr als unwahrscheinlich. Für ihn war das päpstliche Amt eine Kuh, die es zu melken galt, und davon ließ er sich nicht abhalten. Der zeitgenössische Historiker Francesco Guicciardini schrieb über ihn:

> In ihm versammelten sich alle Laster des Fleisches und des Geistes … Er hatte nichts Religiöses an sich, hielt nie sein Wort. Er versprach stets alles Mögliche, doch er hielt nichts, was ihm nicht selbst etwas eintrug. Das Recht war ihm gleichgültig, denn zu seiner Zeit war Rom eine Räuberhöhle. Und doch wurden seine Sünden in dieser Welt nicht bestraft, er war bis zum letzten Tag

RODRIGO BORGIAS PALAST

Der Palast war eigens für Rodrigo Borgia entworfen und gebaut und von den führenden Künstlern der Renaissance ausgestaltet worden. Man betrat ihn über einen von eleganten toskanischen Säulen flankierten Hof. Kein Wunder also, dass Kardinal Sforza nicht widerstehen konnte, als Rodrigo ihm dieses Juwel anbot, falls er sich aus dem Rennen um das päpstliche Amt zurückziehen würde. Sforza selbst schrieb:

Der Palast ist außergewöhnlich schön gestaltet. Das Innere der Eingangshalle ist mit Wandteppichen geschmückt, die Teppiche auf dem Boden passen perfekt zum Mobiliar, zu dem

ein weiches Himmelbett gehört, das mit rotem Satin bespannt ist. Auf einer massiven Truhe steht wunderschönes Geschirr aus Gold und Silber. Zwei weitere Räume sind prunkvoll gestaltet, einer mit einer Wandbespannung aus feinem Satin ist mit Teppichen geschmückt und enthält als Mobiliar ein weiteres Himmelbett mit einer Samtdecke; der andere ist schier noch kostbarer ausgestaltet: Dort findet sich ein goldbespanntes Sofa und auf dem Tisch in der Mitte liegt eine Samttischdecke, während rundherum fein geschnitzte Stühle stehen.

wohlhabend. Kurz gesagt: In ihm war mehr Böses als in jedem anderen Papst seit Hunderten von Jahren und doch hatte er mehr Glück als all diese.

Bei einem solchen Charakter verwundert es nicht, dass der Ehrgeiz des Mannes keine Grenzen kannte und auch im Alter nicht erlosch. Er wollte eine Dynastie gründen, die in alle wichtigen politischen Ämter Europas ihre Mitglieder entsandte. Und er begann dieses Unterfangen so ehrlos, wie er es weiterführte, als die Kardinäle 1492 zum Konklave zusammenkamen, um einen Nachfolger für Papst Innozenz VIII. zu suchen.

Noch bevor Innozenz starb, versuchte man, Borgias Chancen zu schmälern. Kardinal Giuliano della Rovere, der ihn verabscheute, erinnerte den Papst daran, dass Borgia eigentlich Katalane (wie man damals die Spanier bezeichnete) und damit unzuverlässig sei. Rodrigo hörte sich die Anwürfe an und wehrte sich mit solcher Vehemenz dagegen, dass die Kontrahenten beinahe am Sterbebett des Papstes handgreiflich geworden wären.

> Rodrigo Borgias Ehrgeiz kannte keine Grenzen und verlor auch im Alter nichts von seiner Stärke.

Seit dem 9. Jahrhundert gab der Papst seine eigenen Münzen heraus. Diese hier stammt aus der Zeit von Alexander VI.

EINFLUSS AUF DIE WAHL

Doch hinter den Kulissen war das Ränkespiel schon voll im Gange. Die Kardinäle versuchten, sich gegenseitig auszumanövrieren und den Sieg für ihren Wunschkandidaten sicherzustellen. Ihre Entscheidung hatte nichts mit dem Willen Gottes oder dem Wirken des Heiligen Geistes zu tun, die angeblich die Papstwahl bestimmten. Es ging vielmehr um die Interessen der mächtigen Familien Italiens, die über die einzelnen Stadtstaaten herrschten und einen Papst wünschten, der ihnen gewogen war.

Diese satirische Darstellung aus dem 16. Jahrhundert zeigt, wie Rodrigo (rechts mit Kardinalshut) und seine Günstlinge sich an der Kirche bereicherten.

Machenschaften der anderen Kardinäle Anteil zu haben. Außerdem hatte Rodrigo einen weiteren Vorteil, den die anderen nicht besaßen: Er war märchenhaft reich und konnte sich mit enormen Summen die Stimmen am Konklave einfach kaufen.

Borgias Hauptrivalen waren Kardinal Ascanio Sforza aus Mailand und Kardinal Giuliano della Rovere. Letzterer hatte von König Karl VIII. von Frankreich 200 000 Golddukaten zur Unterstüt-

> Rodrigo hatte einen Vorteil, den andere nicht besaßen: Er war reich und konnte sich beim Konklave in großem Umfang Stimmen kaufen.

zung seiner Wahl erhalten. Dazu kamen weitere 100 000 Golddukaten von der Seerepublik Genua. Della Rovere und Sforza lagen quasi Kopf an Kopf bei den ersten Wahlgängen, unmittelbar gefolgt von Rodrigo Borgia. Das Patt zwischen seinen Mitbewerbern erhöhte Borgias Chancen sogar.

Danach war Rodrigo sicher, dass er es schaffen konnte, und so machte er della Rovere und Sforza ein Angebot, das die Herren Kardinäle nicht ableh-

> Zu den „Schmiergeldern" gehörten bischöfliche Pfründe, ausgedehnte Landgüter, Abteien, Kirchenämter, Gold, Juwelen und andere Schätze.

Zu diesem Zweck nahm man viel Geld in die Hand. König Ferrante von Neapel zum Beispiel bot ein Vermögen in Gold, falls die Kardinäle einen Papst wählten, der die neapolitanischen Interessen im Vatikan wahrte. Man schreckte auch nicht vor schmutzigen Tricks zurück. So streute jemand das Gerücht, Mailand versuche, ganz Italien zu unterjochen – nur um die Chancen jenes Kandidaten zu schmälern, der vom Stadtstaat unterstützt wurde.

Rodrigo Borgia hatte an diesem Schachspiel keinen Anteil. Er war Spanier, also misstrauten die italienischen Kardinäle ihm sowieso. Dies allerdings erwies sich am Ende als Vorteil, weil niemand ihm vorwerfen konnte, an den eigensüchtigen

nen konnten. Das gebotene Schmiergeld umfasste bischöfliche Pfründe in Spanien und Italien, ausgedehnte Landgüter, Abteien, Schlösser und Burgen, Gouverneursposten, Kirchenämter, Gold, Juwelen und andere Schätze.

DAS DICKSTE SCHMIERGELD ÜBERHAUPT

Kardinal Ascanio Sforza, dem Kandidaten aus Mailand, machte er das höchste Angebot: seinen Posten als Vizekanzler des Papstes und seinen märchenhaften Palast am Tiber, genau gegenüber dem Vatikan. Es gab viele prunkvolle Villen im Rom jener Zeit, doch keine kam dieser gleich.

Das war vermutlich die größte Bestechungssumme, die je einem Kardinal angeboten worden war. Sforza schaffte es ganze fünf Tage, dem Angebot zu widerstehen. Dann aber gab er nach. Ein Chronist hält in seinen Annalen fest, dass unmittelbar nach der Entscheidung vier mit Silber beladene Maultiere von Rodrigos Palast zu Sforzas vergleichsweise bescheidener Behausung geführt wurden.

Als Sforza seine Kandidatur zurückzog, unterstützten die Mailänder Anhänger Rodrigo Borgia. Selbst Kardinal della Rovere, der offen verkündet hatte, dass er jeden Papst für besser hielt als diesen, musste seine Worte zurücknehmen und für ihn stimmen, um wenigstens das Gesicht zu wahren. Die anderen Kardinäle strichen ihre Bestechungsgelder ein und stimmten genauso. Es hieß, als Letzter habe sich ein 96-jähriger Mann, der schon so senil war, dass er ohnehin nicht mehr wusste, was er tat, für Borgia entschieden. Nur fünf Kardinäle ließen sich von Borgia nicht kaufen. Seine Unterstützer waren also weit in der Überzahl.

Der Palazzo Sforza Cesarini, den Ascanio Sforza erhielt, damit er sich von der Papstwahl zurückzog, steht heute noch.

Ein Porträt des Kardinals Ascanio Sforza aus Mailand von einem unbekannten Renaissancekünstler. Sforza war ein hartgesottener Politiker, doch sein Ehrgeiz, Papst zu werden, konnte gegen Rodrigo Borgias Reichtum nicht an.

Nach einer Sitzung, die die ganze Nacht dauerte, fiel die Entscheidung. Kurz vor Morgengrauen am 11. August 1492 legte Rodrigo Borgia, nun Alexander VI., seine päpstlichen Gewänder an und erschien vor versammelter Menge, um der Tradition gemäß zu verkünden: „Ich bin der Papst und Statthalter Christi … und segne die Stadt, das Land, Italien und die Welt."

Es war Tradition in Rom, bei Papstwahlen allerhand Unfug anzustellen, und diese Wahl machte da keine Ausnahme. Etwa 200 Menschen starben im Tumult, bevor es zur Vorstellung des neuen Papstes kam und die Kirchenglocken läuteten, um den Gläubigen anzukündigen: *Habemus papam* – wir haben einen neuen Papst. Erstaunlich ist nur, wie viel Verwunderung, Zorn und Angst diese Wahl auslöste.

„Nun sind wir in den Händen eines Wolfes", meinte zum Beispiel Kardinal Giovanni di Lorenzo de' Medici aus Florenz, der selbst als Leo X. Papst werden sollte, „des räuberischsten vermutlich, den diese Welt je gesehen hat. Und wenn wir nicht fliehen, wird er uns alle verschlingen."

EINE KORRUPTE WAHL

Viele der Wahlmänner aus Venedig, Ferrara und Mantua meinten, es sei dabei nicht alles mit rechten Dingen zugegangen. Man redete sogar davon, die Wahl für ungültig erklären zu lassen. Natürlich war es hier zu Betrug in großem Stile gekommen, doch die Kardinäle, die kassiert hatten, schwiegen und der neue Papst achtete sehr darauf, keine Beweise für sein Tun zu hinterlassen. König Ferrante von Neapel weinte, als er hörte, dass die Unsummen, die er für seinen Kandidaten ausgegeben hatte, verloren waren.

> Natürlich war es hier zu Betrug in großem Stile gekommen, doch die Kardinäle, die Borgia bestochen hatte, schwiegen eisern.

Doch es war nicht alles schlecht. Einige der Befürchtungen, die die Wahl von Alexander VI. auslöste, waren ungerechtfertigt. Er mochte korrupt und zutiefst unmoralisch sein, aber er besaß auch Qualitäten, die ihm im Umgang mit den materialistischen, verschwenderischen Renaissancefürsten seiner Zeit, der einem heiligmäßigeren Kirchenfürsten vermutlich schwerer gefallen wäre, zugutekamen. Während der Amtszeit seines Onkels, Papst Calixtus III., und der vier Päpste nach ihm war Rodrigo Borgia zum Meisterdiplomaten und -verwalter herangereift. Er verstand es, Probleme statt durch Dekrete von oben mit seiner jovialen Art auf sehr persönliche Weise zu lösen. Die Höflinge im Vatikan jedenfalls waren erstaunt über den freundlichen, geduldigen Mann, der da so unerwartet Papst geworden war. Vor allem Alexanders Einsatz für arme Witwen und andere vom Schicksal Geschlagene überzeugte die Menschen.

Ego sum Papa.

Diese satirische Darstellung des 16. Jahrhunderts zeigt Alexander VI. als Teufel mit der päpstlichen Tiara.

DIE KRÖNUNG ALEXANDERS VI.

Alexanders Krönung fand am 26. August 1492 statt und scheint so prunkvoll gewesen zu sein, dass selbst die Triumphzüge römischer Feldherren dagegen verblassten. Die Prozession war mehr als drei Kilometer lang. Zu ihr gehörten 10 000 Berittene, der gesamte päpstliche Haushalt, fremde Botschafter und Kardinäle zu Pferd, die durchweg von einem Tross von je 12 Mann begleitet wurden. Papst Alexander selbst ritt auf einem Pferd und wurde durch einen Baldachin vor der Sonne geschützt. Die päpstlichen Garden bildeten einen Ring um ihn und der gesamte vatikanische Hof folgte ihm nach.

So bahnte sich die Prozession einen Weg durch die Menschenmengen, wobei der Zug immer wieder mit Schriftzügen geschmückte Tore durchqueren musste. Einige der Lobsprüche waren reine Blasphemie: „Alexander, der Unbesiegbare" stand da zu lesen oder „Alexander, der Prächtige" und „Zur Krönung des göttlichen Alexander". Auf einem der Triumphbögen hatte er in goldenen Lettern die Inschrift anbringen lassen: „Rom war groß unter Cäsar, ist jedoch größer unter Alexander. Denn der Erste war ein Sterblicher, Letzterer aber ist göttlich."

Doch selbst sein Baldachin konnte ihn nicht vor der extremen Hitze schützen. Zweimal wurde Alexander während der Prozession ohnmächtig, diese Augenblicke der Schwäche dauerten jedoch nicht lange. Sobald die Krönung vorüber war, machte sich Alexander an sein unheiligmäßiges Werk.

> Die Bediensteten am vatikanischen Hof waren angenehm überrascht über den freundlichen neuen Papst.

Noch erstaunlicher für diesen Mann, der selbst im Luxus lebte, war, dass er im Vatikan eine genaue Buchführung einführte. Die Bankette, die Rodrigo in seinem römischen Palast gehalten hatte, waren Stadtgespräch gewesen. Sie waren so verschwenderisch, dass sie sogar die Feste der antiken römischen Kaiser in den Schatten gestellt haben sollen. Man servierte nur die kostbarsten Leckerbissen auf Goldtellern, zusammen mit den erlesensten Weinen in fein ziselierten Kelchen. Jetzt als Papst aber strich Alexander die üppigen Mahlzeiten und reduzierte sie auf einen Gang. Er sparte so unerbittlich, dass Gäste im Vatikan stets auf der Suche nach Ausreden waren, um nicht an solchen Einladungen teilnehmen zu müssen.

ALEXANDERS HEIMLICHE VERWANDTSCHAFT

Alexander VI. bemühte sich stets, sein Sexleben und die Frucht seiner Lenden vor der Öffentlichkeit zu verbergen. Er sah ein – oder gab es zumindest vor –, dass seine Kinder ihn in seiner jetzigen Stellung als Papst in peinliche Verlegenheit bringen konnten. Daher versprach er Giovanni Boccaccio, der als Botschafter des Herzogtums Ferrara an der Krönung teilnahm, dass er seinen Nachwuchs vom Vatikan fernhalten würde. Andererseits liebte Alexander seine Kinder und plante, mit ihrer Hilfe seine machtpolitischen Ansprüche zu festigen. Er hielt sein Versprechen ganze fünf Tage lang. Dann ernannte er seinen ältesten Sohn, Cesare Borgia, zum Erzbischof von Valencia, der damit im Alter von 17 Jahren zum obersten Kirchenmann Spaniens wurde. Wobei den Papst nicht bekümmerte, dass der junge Mann noch nicht einmal zum Priester geweiht war. Einen weiteren seiner Söhne, den elfjährigen Jofre, ernannte er zum Bischof der Diözese Mallorca und zum Archidiakon der Kathedrale Valencia.

> Alexander VI. bemühte sich, sein Liebesleben und seine Nachkommen geheim zu halten. Er wusste, dass seine Vaterschaft ihn als Papst in Peinlichkeiten bringen konnte.

Cesare und Jofre waren, zusammen mit ihrer Schwester Lucrezia und dem Brüderchen Juan, Kinder aus Alexanders Beziehung zu seiner ersten Geliebten, der dreimal verehelichten Vannozza de' Cattanei. Zwei weitere Söhne, Girolamo und Pierluigi, sowie eine weitere Tochter namens Isabella hatte er von anderen Müttern. Laura, sein letztes Kind, war die Tochter seiner letzten Geliebten: Giulia Farnese. 1492 befand Giulia sich nun in einer misslichen Lage, genauso wie ihr Liebhaber, der Papst. Als Roms Berühmtheit Nr. 1 konnte Alexander nicht einfach weiter Giulia in ihrem Palast auf dem Monte Giordano aufsuchen, wo er sie untergebracht hatte. Da lag es nahe, sie umzusiedeln – in den Palast von Santa Maria in Portico, der nur wenige Meter vom Vatikan entfernt lag.

Das Problem war nur, dass ein gewisser Kardinal Zeno bereits in Santa Maria in Portico wohnte. Das war allerdings eine geringfügige Misslichkeit, denn er wurde einfach ausquartiert, nachdem man ihn davon überzeugt hatte, dass es für ihn besser sei, den Palast an den Papst zu vermieten. Giulia

war zu der Zeit gerade schwanger und zog mit Lucrezia, der Tochter des Papstes, und deren Amme namens Adriana del Mila dort ein. Im selben Jahr noch brachte Giulia die kleine Laura zur Welt. Doch so heimlich Alexander sein Sexleben auch führen mochte, er konnte es nicht vor der Öffentlichkeit verbergen. Laura sah ihrem Vater einfach zu ähnlich, und bald wurde in ganz Europa darüber geklatscht. Man bezeichnete Giulia als „Alexanders Konkubine", ein Satiriker nannte sie gar „die Braut Christi", was sie sehr amüsiert zu haben scheint.

Die Familie war für Alexander auch deshalb von enormer Bedeutung, weil Rom voller Feinde zu sein schien. Dazu gehörten die Kardinäle, die er während des Konklaves 1492 ausmanövriert hatte, ihre gereizten adligen Unterstützer und die führenden Familien Roms, die einen starken Papst gar nicht schätzten. Ein schwächerer Kandidat wäre nun mal leichter zu manipulieren gewesen.

Ohnehin misstrauten die Italiener Alexander VI., dem „Katalanen". Man hielt ihn für einen abarti-

Ein Satiriker nannte Giulia „Braut Christi", was sie köstlich amüsierte.

gen Ausländer, der trotz seiner Jahre im Vatikan das Amt des Papstes nicht ordnungsgemäß ausfüllen konnte.

Und so blieb Alexander nichts anderes übrig, als sich mit Angehörigen zu umgeben, da er nur diesen wirklich vertraute. Und im Vatikan war Nepotismus ja kein Novum. Onkel Calixtus war darin schon Meister gewesen, und die meisten Päpste standen ihm in nichts nach. Sie ergriffen jede sich bietende Gelegenheit, um ihren Angehörigen Titel, Reichtum und Ruhm zu verschaffen, was sie andernfalls nie erlangt hätten. Alexander VI. allerdings war auch hierin exzessiver als seine Vorgänger. In seinen Händen degenerierte das Papsttum zur mafiösen Einrichtung – gewaltsam und um jeden Preis auf Gewinn bedacht. Schließlich lockten auch tatsächlich Unsummen.

Papst Alexander gab im Papstpalast 1493 ein verschwenderisches Bankett, um die Hochzeit seiner Tochter Lucrezia mit ihrem ersten Ehemann Giovanni Sforza zu feiern.

Dass Alexander seine Söhne Cesare und Jofre in hohe Ämter hievte, war nur der Anfang. Er besetzte auch das Kardinalskolleg mit Borgias und Angehörigen verwandter Familien. Der wichtigste neue Kardinal war zweifellos Cesare Borgia, obwohl Alexander hier tief in die Trickkiste greifen musste, denn normalerweise konnten nur Kandidaten mit einer einwandfreien Herkunft zum Kardinal gewählt werden. Cesare war ein illegitimes Kind, doch sein Vater legitimierte ihn durch eine päpstliche Bulle, durch die er ihn zum Kind von Vannozza de' Cattanei und ihrem ersten Gemahl, dem verstorbenen Domenico Giannozzo Rignano, machte.

Eine zweite Bulle wurde am selben Tag veröffentlicht und enthüllte die Wahrheit: dass Papst Alexander Cesares Vater war. Doch die zweite Bulle wurde gnädig übersehen und Cesare somit zum Kardinal gemacht. Papst Alexander sorgte auch dafür, dass alle anderen Kardinäle des Kollegiums anwesend waren, als Cesare nach Rom kam, und den Neuerwählten mit gebührendem Respekt begrüßten. Das war noch nie da gewesen, doch der Papst ließ keinen Zweifel an seinen Wünschen. Natürlich protestierte Kardinal Giuliano della Rovere lautstark dagegen und erklärte, er würde nicht zusehen, wie das Kollegium „missbraucht

Domenico Zampieri (Dominichino, 1581 – 1641) malte diese Frau mit dem Einhorn, deren Vorbild Giulia Farnese, die Geliebte Alexanders VI., gewesen sein soll.

Papst Alexander VI. zerstritt sich mit seinem Sohn Cesare, ließ ihn aber trotzdem zum Kardinal wählen.

Papst Alexander VI. machte seinen Sohn Cesare (zweiter von links) mit 18 Jahren zum Kardinal. Giuseppe-Lorenzo Gatteri (1829–1886) zeigt, wie Cesare danach den Vatikan verlässt.

und herabgewürdigt" würde. Doch letztlich war sein Protest nutzlos. Della Rovere musste Cesare genauso Tribut zollen wie alle anderen.

Die Kardinäle kochten natürlich vor Wut, dass sie den Bastard des Papstes in ihre Ränge hatten aufnehmen müssen, doch bald darauf gab es schon einen neuen Skandal. Alexander machte Alessandro, den jüngeren Bruder Giulias, ebenfalls zum Kardinal. Dies war so eindeutig eine Morgengabe für sexuelle Gefälligkeiten, dass das Kardinalskollegium sich noch tiefer beleidigt sah. Wieder einmal setzte Papst Alexander sich durch, indem er drohte, das Kollegium aufzulösen und nur noch ihm genehme Kandidaten zu ernennen. Alessandro wurde Kardinal.

Der Papst machte die Borgias zur mächtigsten Familie innerhalb und außerhalb Italiens und arrangierte entsprechend vorteilhafte Hochzeiten für seine Kinder. Alexanders Sohn Jofre verheiratete er mit Sancha von Aragon, der Enkelin von König Ferrante von Neapel. So entstand ein Band zu jener königlichen Familie, die sowohl über Neapel als auch über Aragon herrschte. Jofres Schwester, Lucrezia Borgia, war die einzige Tochter des Papstes mit seiner Geliebten Vannozza de' Cattanei. Sie war jedoch keineswegs die heimtückische Giftmörderin, als die sie häufig dargestellt wird, und eher selbst Opfer. Ihr Vater liebte sie innig, verheiratete sie aber trotzdem drei Mal zum eigenen Vorteil. Ihr erster Gemahl, Giovanni Sforza, ehelichte die dreizehnjährige Lucrezia 1493 und sollte Alexan-

> Der Papst festigte den Einfluss der Borgias innerhalb und außerhalb Italiens, indem er seine Kinder vorteilhaft verheiratete.

der eine wertvolle Verbindung zum Haus der Sforza in Mailand bringen. Doch Giovanni erwies sich nicht als gute Wahl, da er sich mehr für die französischen Interessen einsetzte als für die seines Schwiegervaters. Auch den Dienst in der päpstlichen Garde, den Alexander ihm nahegelegt hatte, verweigerte er.

Porträt einer Frau von Bartolomeo Veneziano (1502–1555), das lange für ein Porträt von Lucrezia Borgia gehalten wurde, der ältesten Tochter von Papst Alexander VI. Sie war ein Faustpfand in der Hand ihres Vaters, mit dessen Hilfe er für ihn vorteilhafte Ehen schloss.

LUCREZIAS SCHEIDUNG

Also beschloss Alexander, sich mithilfe Cesares des missliebigen Schwiegersohnes zu entledigen. Man zwang ihn dazu, etwas zu gestehen, was sicher falsch und für einen Renaissancemenschen die reine Schande war: dass nämlich Giovannis Ehe mit Lucrezia aufgrund seiner Impotenz nie vollzogen worden sei. Dass Lucrezia zu jener Zeit schwanger war, darüber sah das kirchliche Gericht großzügig hinweg. Die Scheidung eröffnete Alexander die Mög-

> Man zwang Giovanni zu dem Geständnis, er habe die Ehe mit Lucrezia aufgrund von Impotenz nie vollziehen können.

lichkeit, Lucrezia erneut zu verheiraten: diesmal an den gut aussehenden 17-jährigen Alfonso von Aragon, Herzog von Bisceglie. Alexander hatte schon seit Jahren ein Auge auf Neapel geworfen, wo Alfonsos Familie herrschte. Daher schien er die ideale Wahl, um Alexanders Ambitionen zu verwirklichen.

Geheiratet wurde 1498, doch wie Giovanni Sforza vor ihm erwies Alfonso sich als Fehlgriff. Die Franzosen und Spanier eroberten Neapel, und damit war Alfonso nutzlos geworden. Im Juli 1500 schickte Cesare Borgia, vermutlich mit Zustimmung seines Vaters, Bewaffnete aus, die Alfonso auf dem Heimweg vom Vatikan angriffen. Es gelang ihnen nicht, ihn zu töten, doch das besorgte Cesare später selbst. Er ließ seinen Schwager, während er sich im Papstpalast von den Folgen des Angriffs erholen sollte, erwürgen. Lucrezia, die im Alter von 20 Jahren Witwe geworden war, war untröstlich, hatte sie doch Alfonso aufrichtig geliebt.

Am Ende aber erreichte Papst Alexander doch, was er wollte. Er arrangierte eine dritte Ehe mit

Das Grab des Alfonso von Aragon, Herzog von Bisceglie und Gemahl von Lucrezia Borgia, der 1500 von ihrem Bruder Cesare ermordet wurde.

Ein Porträt von Bernardino di Betto, genannt Pinturicchio (1454–1513), soll ebenfalls Lucrezia Borgia zeigen.

das Paar am 30. Dezember 1501 getraut. Anders als Lucrezias erste Ehemänner hatten Alfonso und seine Familie den Stadtstaat Ferrara, der direkt an den Kirchenstaat grenzte, ganz unter ihrer Kontrolle. So erhielt Alexander endlich den erwünschten weltlichen Einfluss, und nicht nur er: Dieser erstreckte sich auf alle Päpste, die ihm bis zum Ende des 16. Jahrhunderts folgen sollten. Danach verleibte das Papsttum sich Ferrara ein.

DER LIEBLINGSSOHN

Doch wie großzügig Alexander sich seinen Kindern gegenüber auch verhalten mochte, der Löwenanteil der väterlichen Fürsorge ging stets an seinen Lieblingssohn Juan Borgia. 1488, vier Jahre, bevor Alexander Papst wurde, erhielt der elfjährige Juan das Herzogtum von Gandia, das Familienlehen der Familie in Spanien, das er von seinem Halbbruder Pedro Luis geerbt hatte. Dies erregte den Zorn von Juans älterem Bruder Cesare, der um dieses verwöhnten Bruders willen übergangen worden war. Im Vatikan kannte man Juan als „verzogenen Jungen", wie ihn ein Chronist beschreibt. Cesare war über diese neue Entwicklung so wütend, dass er schwor, seinen Bruder zu töten, obwohl er als Kirchenmann das weltliche Erbe der Borjas, des spanischen Zweigs der Familie, ohnehin nicht hätte antreten können.

einem weiteren Alfonso. Dieses Mal war es Alfonso d'Este, dessen Familie über den Stadtstaat Ferrara herrschte. Anfangs war d'Este keineswegs begeistert von der Idee, in Lucrezias Familie einzuheiraten. Kein Wunder, rankten sich doch allerlei sensationsgeladene Gerüchte um sie: Die öffentliche Meinung warf den Borgias Mord, Inzest, Ausschweifungen, Verschwendungssucht und jedes nur erdenkliche Verbrechen vor. Doch irgendwie konnte Alfonso sich doch überwinden, und so wurde

> Cesare Borgia schickte einen Trupp Bewaffneter gegen Alfonso aus. Lucrezia, mit zwanzig Jahren Witwe, war untröstlich.

> Die Öffentlichkeit ging davon aus, dass die Borgias die Schätze des Vatikans nach Spanien schafften.

Aber Cesare war selbst erst 13 Jahre alt, als er jene Drohung ausstieß, und so wurde diese nicht ernst genommen.

Das Herzogtum Gandia war aber nicht das ganze Erbteil, das Juan von Pedro Luis erhielt. Er erbte auch Pedros Braut, Maria Enriquez de Luna. Und so segelte Juan mit 16 gen Spanien, um 1493 sein Erbe in Empfang zu nehmen. Er reiste mit einem Pomp, der zu jener Zeit höchstens einem Kaiser gebührt hätte. Sein ihn liebender Vater hatte ihm vier Galeeren voller Gold, Silber, Juwelen und anderer Kostbarkeiten mitgegeben. Damals hieß es allenthalben, die Familie sei dabei, die vatikanischen Schätze nach Spanien zu transportieren.

„Es heißt, er wird nach einem Jahr zurückkehren", schreibt Gian Lucido Cattaneo, Botschafter des Stadtstaates Mantua, „um neuerlich Ernte zu halten, denn sein Hab und Gut wird er in Spanien lassen."

DER APFEL FÄLLT NICHT WEIT VOM STAMM

Papst Alexander gab seinem Sohn eine Menge Ermahnungen mit auf die Reise. Er sagte ihm, er solle „fromm" und „gottesfürchtig" sein, nachts nicht zu lange ausbleiben, sich vom Spiel fernhalten und über die Einkünfte aus dem Herzogtum korrekt Buch führen. Will man jedoch den Gerüchten glauben, erwies Juan sich bald als echter Borgia. Sobald er in sicherer Entfernung von seinem Vater war, brachte er seine Nächte in den Tavernen zu, trank, spielte und umgab sich mit Prostituierten. Seine Frau Maria vernachlässigte er. Es hieß sogar, er habe vor lauter anderweitiger „Verpflichtungen" seine Ehe mit Maria gar nicht vollzogen.

Das war aber offensichtlich unwahr, wurde Maria doch in Kürze schwanger. Juan meinte, das beweise wohl, dass der Klatsch über ihn von „hirnlosen oder betrunkenen Leuten hervorgebracht worden" sei.

Doch man brauchte weder viel Hirn noch Alkohol, um zu merken, dass der junge Herzog von Gandia ganz nach seinem Vater schlug. Juan begriff einfach nicht, dass man der Zurschaustellung von Reichtum in Spanien ablehnend gegenüberstand. Dort pflegte man ein eher asketisches Christentum und betrachtete den Luxus der italienischen Renaissance voller Verachtung. Juan aber war Luxus gewöhnt, hatte er doch nie etwas anderes kennengelernt. Es war also nur natürlich, dass er seinen Palast in Gandia mit kostbaren Möbeln und Teppichen ausstattete. Als Alexander VI. die Klagen über das verschwenderische Verhalten seines Sohnes zu Ohren kamen, schickte er ihm einen wütenden Brief, in dem er ihn ermahnte, doch die lokalen Gepflogenheiten zu achten.

Aber schon 1496 wurde deutlich, dass Juan sich Feinde gemacht hatte, die man nicht mit einer Standpauke an den Sohn befrieden konnte. Trotz aller Vorhaltungen war Juan durch und durch ein Borgia: Er führte ein dekadentes Leben und legte eine höchst arrogante Haltung an den Tag. „Ein ausgesprochen gewöhnlicher junger Mann", beschrieb ihn ein Zeitgenosse, „voller falscher Ansichten über seine Bedeutung, voller Schlechtigkeit, Arroganz, Grausamkeit und mit einem eindeutigen Mangel an Vernunft."

Im August 1496 kam Juan zurück nach Rom und wurde von seinem Vater zum Generalkapitän der Kirche ernannt. Dies war eine ausgesprochen prestigeträchtige Stellung, da der Generalkapitän die päpstlichen Truppen anführte, doch Juan hatte keinerlei militärische Erfahrung und auch kein Talent für diese Aufgabe. Es hätte in Rom sehr viel besser qualifizierte Anwärter auf diesen Posten gegeben, zum Beispiel den bekannten Condottiere Guidobaldo da Montefeltre, Herzog von Urbino, um nur einen zu nennen. Natürlich waren auch diese Herren erzürnt über die Ernennung dieses verwöhnten Bürschchens ohne jede Erfahrung. Und bald sollten sich ihre Befürchtungen bestätigen, denn Juan sollte die rebellierenden Orsini zur Vernunft bringen, die vom französischen König Unterstützung erhielten. Nach

Gonsalvo de Cordoba, Herzog von Terranova und Santangelo, war der General, der Spanien zur führenden Militärmacht im 16. und 17. Jahrhundert machte.

> Obwohl Juan keinerlei militärische Erfahrung hatte, wurde er vom Papst mit dem Feldzug gegen die Familie Orsini betraut.

mehreren Gefechten, bei denen aufgrund von Juans Unfähigkeit Dutzende päpstlicher Soldaten starben, schafften es die ihm an die Seite gestellten Söldnerführer, die Orsini zu besiegen.

Der Held der Stunde wäre eigentlich Gonsalvo de Cordoba gewesen, ein berühmter Heerführer, den man in seiner Heimat Spanien *El Gran Capitan* (der Große Führer) nannte. Er, der von Alexander zum „Stellvertreter" Juans ernannt worden

DIE ERMORDUNG JUAN BORGIAS

Am Abend des 14. Juni 1497 veranstaltete Juans Mutter Vannozza auf ihrem Landsitz in der Nähe von Rom ein abendliches Festessen zur Feier von Juans Ernennung. Es nahmen teil: Juans Bruder Cesare, Jofre und seine Frau Sancha sowie der Vetter der drei: Kardinal Juan Borgia-Lanzel. Die Gegend um Rom war des Nachts für Reiche durchaus gefährlich, da dort Räuber und Banditen lauerten, die auf Lösegelderpressung aus waren. Daher brach man schon früh gemeinsam auf. Cesare und sein Bruder ritten zusammen mit ihren Dienern zurück in die Stadt. An der Brücke zur Engelsburg aber verabschiedete sich Juan und hielt mit einem Diener auf die Burg zu. Danach wurde er nicht mehr lebendig gesehen.

Als man entdeckte, dass er nicht nach Hause gekommen war, wurden etwa 300 Mann ausgeschickt, um sämtliche Straßen abzusuchen, die

er genommen haben konnte. Sie fanden nichts. Also befahl Papst Alexander VI. seinen spanischen Garden, die Stadt abzusuchen. Man fand Juans Diener, doch war dieser so übel zugerichtet, dass er fast dem Tode nahe war. Er wusste nichts über das Schicksal seines Herrn zu sagen. Juans Pferd wurde gefunden. Man entdeckte, dass das kostbare Zaumzeug zerrissen war. Offensichtlich hatte ein Kampf stattgefunden. Doch von Juan nirgendwo eine Spur. Da begannen die Borgias, Hausdurchsuchungen in der Stadt vorzunehmen. Die Orsini, die man wohl als Hauptverdächtige betrachten würde, verbarrikadierten sich in ihrem Palast.

Juan Borgia, der verwöhnte Sprössling von Papst Alexander VI.

EIN AUFTRAGSMORD

Schließlich wurde ein Augenzeuge gefunden. Giorgio Schiavi, ein Holzhändler, berichtete, er habe auf einer der Tiberinseln Holz abgeladen, als er um zwei Uhr morgens zwei Männer beobachtet habe, die in aller Heimlichkeit einen Körper in den Fluss geworfen hätten, dort, wo die Abfälle hineingeworfen wurden. Man suchte den Fluss die ganze Nacht ab, doch erst am Morgen fand man den in kostbaren Brokat gekleideten Leichnam, der die Insignien des päpstlichen Generalkapitäns trug. Es war Juan. Seine Hände waren gefesselt und sein Körper zeigte acht Wunden, wohl von einer Axt. Ihm war die Kehle durchgeschnitten worden, dann hatte man den Leichnam, mit einem Stein beschwert, im Tiber versenkt. Alles deutete auf einen Auftragsmord hin.

Eine moderne Illustration zeigt, wie der Körper des ermordeten Juan in den Tiber geworfen wird.

war, hatte die letzte Belagerung und damit das Ende der Orsini-Kämpfe geplant und durchgeführt. Doch natürlich wollte der Papst seinem Lieblingssohn bei dem darauffolgenden Bankett alle Ehren erweisen. Der erzürnte Gonsalvo verließ

daraufhin das Fest. Der Papst redete sich ein, dass die anderen nur auf Juan eifersüchtig seien, und plante sogar, ihn mit neuen Ehren zu überhäufen. So wollte er Juan zum König von Neapel ernennen, nachdem Ferrante II. 1496 gestorben war.

> Der Papst redete sich ein, dass die allgemeine Feindseligkeit nur der Eifersucht auf Juan entspringe.

Erst als König Ferdinand von Aragon dem Papst ein paar mahnende Worte sandte, ließ er von diesem Plan ab.

NOCH MEHR EHREN FÜR JUAN

Doch Alexander benutzte auch seinen Sohn Juan für seine eigenen Ambitionen. Tatsächlich wollte er mit seiner Hilfe die Macht der Borgias in ganz Italien stärken. Als Papst kontrollierte er bereits den Kirchenstaat, der einen großen Teil von Mittelitalien einnahm. Es war ihm zwar nicht gelungen, Neapel im Süden zu annektieren, doch er nutzte päpstliche Lehen innerhalb der Grenzen des Stadtstaates Neapel – Benevento, Terracina und Pontecorvo –, um seine Macht auch dorthin auszudehnen. Als er im Juni 1497 seinen Sohn zum Fürsten dieser drei Städte machte, erhob sich in Rom der Volkszorn gegen ihn. Alexanders Feinde wussten genau, was diese Ernennung zu bedeuten hatte: ein kluger Schachzug, um das Königtum Neapel dem Kirchenstaat einzuverleiben. Es gab letztlich nur noch eine Möglichkeit, dies zu verhindern – einen Mord.

Papst Alexander war zutiefst erschüttert, als man ihm berichtete, auf welche grausame Weise Juan ums Leben gekommen war. Er soll einen Schrei ausgestoßen haben wie ein waidwundes Tier, als man ihm den verstümmelten Körper seines Sohnes brachte. Der Chronist Johannes Burckard, Zeremonienmeister des Papstes, schreibt:

> *Als der Papst hörte, dass der Herzog getötet und in den Fluss geworfen worden war wie Unrat, verfiel er in tiefste Trauer. Der Schmerz und die Bitterkeit in seinem Herzen setzten ihm so zu, dass er sich in seine Gemächer zurückzog und bitterlich weinte.*

SCHULD UND TRAUER

Alexander weigerte sich stundenlang, jemanden zu sich zu lassen. Mehr als drei Tage lang aß und trank er nichts. In seiner Trauer glaubte er, Juan sei wegen seiner Sünden getötet worden. So soll er gesagt haben:

> *Gott hat dies möglicherweise um Unserer Sünden willen getan und nicht, weil der Jüngling einen so grausamen Tod verdient hätte ... Wir sind daher entschlossen, Uns selbst zu bessern und mit Uns auch die Kirche. Wir werden künftig auf jede Art des Nepotismus verzichten. Wir werden bei Uns beginnen und über alle Ebenen der Kirche fortfahren, bis das Werk vollendet ist.*

Natürlich waren dies Worte, aus denen die Trauer sprach. Alexander war Sünder aus ganzem Herzen, er war völlig unfähig, sich auf die in dieser kleinen Ansprache versprochene Weise über Nacht zu bessern. Bald schon fiel er wieder in seine Intrigenspiele und sein unmoralisches Verhalten zurück. Und seine Kardinäle waren darüber alles andere als entsetzt, ließ ihnen das doch Raum für eigene Vergnügungen.

> Als die Prozession die Stelle am Tiberufer erreichte, wo man Juans Leichnam gefunden hatte, zogen die Männer der Borgias ihr Schwert und schworen Rache.

Nur wenige Stunden nach seiner Auffindung wurde Juan in der Familienkapelle beigesetzt. 120 Fackelträger begleiteten seinen Leichenzug. Als die Prozession an der Stelle am Tiberufer vorbeikam, an der sein Leichnam gefunden worden war, zogen die Männer der Borgias ihre Schwerter und schworen Rache an den Urhebern des Verbrechens. Doch der Mörder wurde nie gefunden, obwohl die Familie eine hohe Belohnung aussetzte. Verdächtige allerdings gab es genug. Möglicherweise war dafür eine der römischen Adelsfamilien verantwortlich, die von Juan und seinem Vater um die ihnen zustehenden Ehren gebracht worden waren. Dies traf vor allem auf Kardinal Giuliano della Rovere zu, den großen Feind der Borgias, der außerdem gute Verbindungen zur Familie Orsini hatte. Sie hätten den Mord durchaus planen können.

EINE UNTERSUCHUNG WIRD EINGESTELLT

Ein anderer möglicher Schuldiger aber hatte engere Verbindungen zur Familie, als dies dem Papst lieb sein konnte. Tatsächlich hatte Alexander eine eingehende Untersuchung angeordnet, diese dann aber schon nach nur drei Wochen wieder eingestellt. Der Fall wurde auch später nicht mehr aufgenommen. Dieses merkwürdige Verhalten heizte die Spekulationen um Juans Tod nur weiter an. Man raunte, der Papst wisse längst, wer der Mörder sei, wolle aber nicht, dass dies bekannt werde. Der Einzige, der hier als Verdächtiger infrage käme, wäre wohl sein eigener Sohn, Cesare Borgia. Er war ohnehin der Letzte gewesen, der Juan lebendig gesehen hatte. Juans junge Witwe, Maria Enriquez de Luna, und ihre Familie jedenfalls waren überzeugt, Juan sei von Cesare ermordet worden. Neun Jahre, nachdem er geschworen hatte, seinen Bruder zu töten, soll er seine Drohung wahr gemacht haben. Und es scheint dafür sogar Beweise gegeben zu haben.

> Maria Enriquez de Luna, Juans junge Witwe, und ihre Familie schienen sicher, dass Cesare der Mörder seines Bruders war.

Zum einen waren Cesares erbarmungslose und raffgierige Natur und seine Neigung zur Intrige wohlbekannt. Man traute ihm also einen Mord durchaus zu. Außerdem profitierte Cesare am meisten von Juans Tod. Seit 1488 gelüstete es Cesare nach dem Herzogtum Gandia und all den Titeln und Ehren, die sein Vater Juan hatte zuteil werden lassen. Nun, wo Juan aus dem Weg geräumt war, war Cesares Chance gekommen. Allerdings war sein Vater dagegen. Alexander hatte allerlei Mühen auf sich genommen, um Cesare ins Kardinalskollegium hineinzubringen, denn seiner Überzeugung nach konnte sein Sohn es von dort aus mühelos zum Papst bringen. Cesare aber war ein viel zu weltlich gesonnener Charakter, ein Renaissancemensch im wahrsten Sinne des Wortes.

Er interessierte sich mehr für die Jagd als für das Gebet. Es gelüstete ihn nach Reichtum und Frauen, nicht nach geistlichen Fortschritten. Ausgedehnte Ländereien waren ihm lieber als Demut und Opfer.

Letztlich bekam Cesare dann doch, was er wollte, da Jofre, der nach Alexanders Willen Juans Platz einnehmen sollte, sich als Schwächling herausstellte. Er war den Herausforderungen dieser Position nicht gewachsen. Cesare aber war ein beliebter Soldatenführer geworden, ein ausgezeichneter Stratege, und brachte damit mit, was zur Realisierung der ehrgeizigen Pläne seines Vaters vonnöten war. Daher erlaubte Alexander seinem Sohn 1498 widerwillig, den Stand der Geistlichkeit zu verlassen, was vor ihm noch kein Kardinal getan hatte.

CESARE ALS NACHFOLGER JUANS

Nun endlich waren die weltlichen Ehren, die Cesare begehrte, in Reichweite. Er wurde anstelle seines Bruders zum Generalkapitän der Kirche ernannt und ehelichte 1499 die 16-jährige Charlotte d'Albray, die für einen Papst, der seinen politischen Einfluss ausdehnen wollte, die ideale Schwiegertochter war. Charlotte war Schwester von König Johann III. von Navarra und gehörte zu einer Familie, die mit dem französischen Königshaus verwandt war. Den italienischen Botschaftern am französischen Hof zufolge war sie „unglaublich schön".

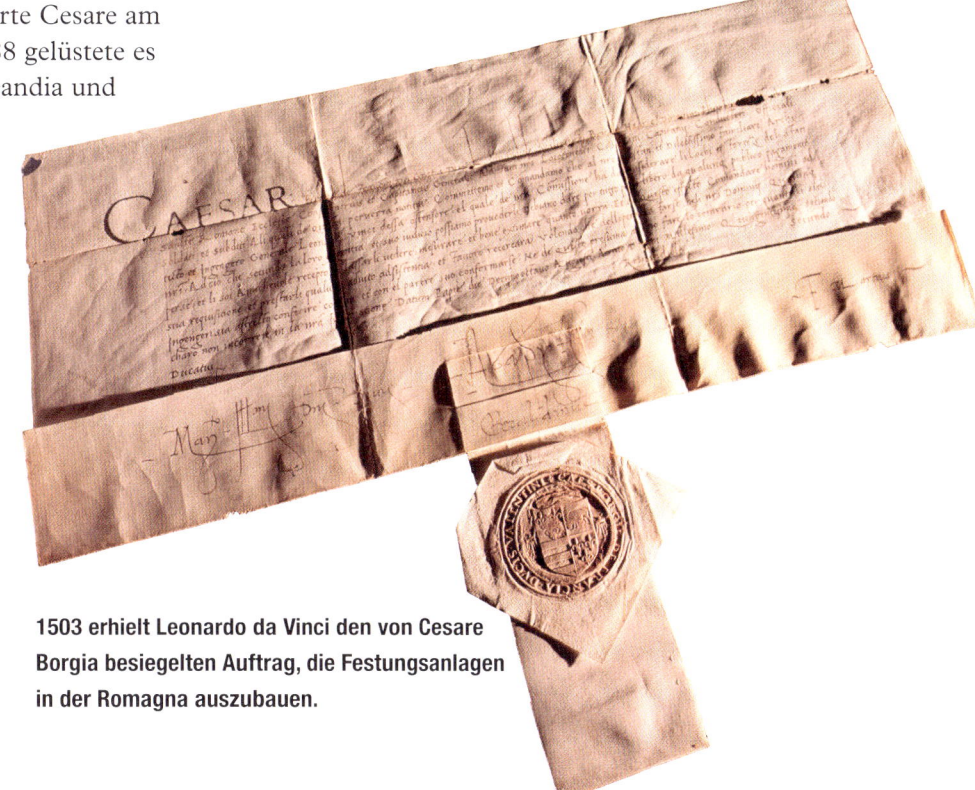

1503 erhielt Leonardo da Vinci den von Cesare Borgia besiegelten Auftrag, die Festungsanlagen in der Romagna auszubauen.

Doch die zweimonatigen Flitterwochen, die Cesare mit seiner jungen Frau in einem Schloss im Herzogtum Valentinois verbrachte, das Papst Alexander 1498 extra für Cesare geschaffen hatte, sollte die einzige Zeit bleiben, die die Frischvermählten miteinander verbringen konnten. Im Juli 1499 zog Cesare in den Krieg und sollte weder Charlotte wiedersehen noch ihrer beider Tochter Luisa, die im Frühling 1500 zur Welt kam. Cesare focht zuerst auf Seiten des französischen Königs Ludwig XII. bei der Eroberung Mailands, dann führte er die päpstliche Armee gegen die rebellischen Feudalherren in der Romagna, die im Nordosten an den Kirchenstaat angrenzte. Sie waren dem Papst gegenüber tributpflichtig, kamen den Forderungen aber nicht nach, und Alexander beschloss, ihnen eine Lehre zu erteilen.

Beide Feldzüge waren ausgesprochen erfolgreich, und so hielten Cesare und sein Vater im Jubiläumsjahr 1500 Festlichkeiten ab, wie sie selbst für die Borgias neu waren. Zunächst einmal veranstaltete man Spiele, die an die Gladiatorenkämpfe des alten Rom erinnerten. Cesare saß in voller Rüstung auf dem Pferd und hieb auf dem Platz vor dem Petersdom sieben wilden Bullen den Kopf ab. Die Menge tobte. Der Chronist Johannes Burckard

> Cesare Borgia soll Ende Oktober 1501 ein Bankett abgehalten haben, bei dem 50 Kurtisanen nackt mit 50 Dienern tanzten.

schreibt, die Feierlichkeiten hätten in einer Orgie geendet, die alle bis dato von den Borgias gewohnten Ausschweifungen in den Schatten stellte.

NACKTE TATSACHEN

Cesare Borgia soll Ende Oktober 1501 ein Bankett abgehalten haben, bei dem 50 Kurtisanen nackt mit 50 Dienern tanzten. Das Bankett artete angeblich in eine Orgie aus, die demjenigen, der die meisten Prostituierten nahm oder sich anderweitig als der Beste auszeichnete, einen Preis sicherte. Die Sieger wurden von den Zuschauern ausgezeichnet, zu denen auch Papst Alexander, Cesare und

Lucrezia tanzt bei einem der ausschweifenden Feste der Borgias für ihren Vater, Papst Alexander VI., und seine Gäste – Gemälde von Hermann Kaulbach (1846–1909).

CESARE BORGIA UND NICCOLÒ MACHIAVELLI

Das Adjektiv „machiavellistisch", mit dem man skrupellose Machtpolitik bezeichnet, geht auf einen italienischen Philosophen zurück: Niccolò Machiavelli, der 1532 sein Buch *Il Principe* (Der Fürst) veröffentlichte. Dort schildert er genau, wie man vorzugehen habe, wenn man Macht erlangen und sie ausüben will. Eines der Vorbilder des dort geschilderten Fürsten war Cesare Borgia, Herzog von Gandia.

Machiavelli lernte Cesare kennen, als er als Gesandter des Stadtstaates Florenz mit ihm Verhandlungen führte und mehr als drei Monate an seinem Hof blieb. Machiavelli hatte also genug Zeit, Cesare und seine Art, Politik zu treiben, eingehend zu studieren. Er veranschaulichte verschiedene Strategien des Machterhalts an Cesares Maßnahmen und legte sie Politikern und Staatsmännern nahe.

In Kapitel 7 des Buches erwähnte Machiavelli ein Ereignis, das ihn ganz besonders beeindruckt hatte. Es geht darum, wie Cesare Borgia auf brutale Weise seine Macht in der Romagna gewann. Nachdem Cesare die Region erobert hatte, hatte er sie nahezu unregierbar vorgefunden. Machiavelli schreibt:

> [Er] *hielt es für nötig, sie zu beruhigen und botmäßig zu machen, indem er sie tüchtig regierte. Zu diesem Zweck machte er Messer Ramiro d'Orco zum Statthalter, einen grausamen und erfahrenen Mann, dem er volle Gewalt erteilte. Dieser stellte binnen kurzer*

Niccolò Machiavelli nahm Cesare Borgia als Vorbild für seine Darstellung erfolgreicher Machtpolitik in seinem Buch *Der Fürst.*

> *Zeit Ruhe und Sicherheit her [...] Hierauf schien es dem Herzog* [Cesare Borgia]*, dass so unumschränkte Gewalt nicht mehr angebracht sei [...] Und da er erfuhr, dass die vorangegangene Strenge einigen Hass erzeugt hatte, so suchte er die Gemüter des Volkes zu beruhigen und es vollends zu gewinnen, indem er ihm bewies, dass alle begangenen Grausamkeiten nicht von ihm, sondern von dem rauen Wesen seines Statthalters herrührten. Er nutzte die Gelegenheit und ließ ihn eines Tages in Cesena auf dem Marktplatz in zwei Stücke zerrissen ausstellen, mit einem Stück Holz und einem blutigen Messer zur Seite.*

Lucrezia gehörten. Botschafter und Diplomaten anderer Länder kamen mit den saftigsten Klatschgeschichten nach Hause. So hörte man, dass in den päpstlichen Gemächern ein Bordell eingerichtet worden sein soll, in dem jede Nacht 25 Dirnen im Vatikan ihre Dienste anboten und bei den Festlichkeiten des Papstes, Cesares und anderer Kardinäle zur Verfügung standen. Papst Alexander hatte die

Anzahl der Kardinäle in seinem Kollegium um neun neue Kandidaten erhöht. Natürlich hatte jeder der neu ernannten Kardinäle Tausende von Golddukaten für dieses Privileg bezahlt.

Das Geld floss direkt in die Taschen des Papstes und Cesares, die ohnehin schon so reich waren, hieß es, dass selbst König Krösus sie beneidet hätte. Der ehrenrührigste Tratsch über die Borgias

Gemälde des deutschen Malers Wilhelm Trübner (1851–1917), das den Tod von Papst Alexander VI. zeigt. Es hieß, der Papst sei vergiftet worden. Moderne Forschungsergebnisse deuten auf Malaria.

aber stammte von ihrem Erzfeind Silvio Savelli, dessen Ländereien von Papst Alexander beschlagnahmt worden waren, wofür Savelli ihn mit abgrundtiefem Hass verfolgte. Als er aus Neapel ein Schreiben erhielt, in dem die Ausschweifungen der Borgias in den schrillsten Tönen geschildert wurden, ließ er dieses in alle europäischen Sprachen übersetzen und an die Königs- und Fürstenhöfe Europas senden. In dem Brief wurde Papst Alexander nur als „das Ungeheuer" oder als „das schändliche Untier" bezeichnet. Dann hieß es:

> *Wer aber wäre nicht entsetzt über die Geschichten ungeheuerlicher Lüsternheit, die im Vatikan herrscht, Gott zur Schmach und jeglicher Form des Anstands trotzend? Wer fühlte sich nicht abgestoßen von den Ausschweifungen, den inzestuösen Beziehungen, der Obszönität, die die Kinder des Papstes und das Heer der im Petersdom tätigen Kurtisanen an den Tag legen? Es gibt kein übel beleumundetes Haus, kein Bordell, das nicht mehr Respekt verdiente!*

Natürlich verfolgte dieser Brief das Ziel, die Borgias zu diskreditieren, doch die darin vorgebrachten Anklagen deckten sich mit den Erfahrungen der Römer. Jahrelang hatten Kardinäle, Priester und Aristokraten zusehen müssen, wie Papst Alexanders

Ehrgeiz sie rücksichtslos entmachtete. Sie waren Zeugen seines gnadenlosen Nepotismus, seiner Gier nach Ländereien und der Annexion angrenzender Staaten für den Kirchenstaat. Im Vatikan gingen seine Geliebten und Bastarde ein und aus. Sein ausschweifender Lebensstil war eine Beleidigung für die ganze Kirche. Doch erst 1503, als der Papst starb, erhielten sie Gelegenheit zurückzuschlagen. Alexander und Cesare waren zur gleichen Zeit erkrankt. Man nimmt heute an, dass es die Malaria war, denn die Stadt war voller Stechmücken. Cesare aber war jünger und kräftiger. Er überlebte die Erkrankung.

Trotz – oder vielleicht auch wegen – der Anstrengungen seiner Ärzte, die ihn mehrfach zur Ader ließen, erlag Alexander VI. am 18. August 1503 nach einer Woche seiner Erkrankung, was jedoch noch mehrere Tage geheim gehalten wurde.

Trotzdem griff danach unter den Borgias im Vatikan die Panik um sich. Sie wussten, zumindest galt dies für Cesare, dass ihre Macht allein auf der Stellung des Papstes beruhte. Manche flohen sofort, an-

---

Jahrelang war man im Vatikan der Gier, dem Machtstreben und Nepotismus Alexanders ausgesetzt, sah Geliebte und Bastarde ein- und ausgehen.

---

dere blieben noch lange genug, um Alexanders Schätze sicherzustellen. Man leerte Alexanders Gemächer im Papstpalast und raubte Gold, Silber, Juwelen und einen Smaragdkelch, die goldene Statue von einer Katze mit Diamantaugen sowie den Mantel des Papstes, der mit kostbaren Steinen bestickt war. Die Beute wurde in der Engelsburg verborgen. Erst dann verkündete man den Tod des Papstes. Der Tod und das schwüle Augustwetter hatten dem Körper Alexanders ordentlich zugesetzt, sodass er kaum anzusehen war. Johannes Burckard schrieb:

> *Sein Gesicht hatte die Farbe von Maulbeeren angenommen oder von schwarzem Tuch, so dicht war es von blauschwarzen Flecken bedeckt. Die Nase war geschwollen, der Mund klaffte weit auf, da die Zunge zur doppelten Größe angeschwollen war. Die Lippen schienen die ganze Miene auszumachen.*

Selbst als die grotesk angeschwollene Leiche in den Sarg gepresst worden war, wollte ihr niemand zu nahe kommen oder sie berühren. Es hieß, Papst Alexander hätte einen Pakt mit dem Teufel geschlossen, der ihn 1492 zum Papst gemacht hätte, und so habe man bei seinem Tod Dämonen gesehen, die seine Seele geholt hätten. Das mag einer der Gründe sein, warum die Priester im Petersdom sich weigerten, ihn dort zu bestatten. Andere Priester stieß der Zustand der Leiche ab. Man setzte sich nun endlich gegen den miserablen Ruf der Borgias zur Wehr und verweigerte ihrem Papst die letzte Ruhe in der Begräbnisstätte seiner Vorgänger. Tatsächlich wurde er nur auf die Drohung mit dem gezogenen Schwert hin überhaupt bestattet.

KEINE TRAUER VONSEITEN DER KIRCHE

Der schlechte Ruf der Borgias hielt auch die Domherren des Vatikans von der Teilnahme am Trauergottesdienst ab. Nur vier Priester nahmen daran teil. Francesco Piccolomini, der Alexander als Pius III. nachfolgen sollte, sagte eine weitere Messe für Alexanders Seelenruhe ab. „Es ist Blasphemie", so ließ er verkünden, „für die Seelen der Verdammten zu beten." Schließlich setzte man Alexander in der spanischen Kirche in Rom bei, in Santa Maria di Monserrato.

Das „Reich" der Borgias, das Alexander mit so viel Anstrengungen aufgebaut hatte, zerfiel unmittelbar nach seinem Tod. Lucrezia hatte sich zu seinen Lebzeiten einer gewissen Bedeutung erfreut, da Gesandte und Botschafter häufig ihr die Aufwartung machten, bevor sie um päpstliche Gefälligkeiten ersuchten. Alexanders Cousine, Adriana de Mila, hatte eine ganz ähnliche Stellung inne, denn ein zeitgenössischer Chronist schrieb über das Haus, in dem die beiden Frauen zusammen lebten: „Der Großteil all jener, die sich die Gunst des Papstes sichern wollen, gehen durch diese Türen." Sobald Alexander aber tot war, hatte dies schnell ein Ende.

CESARE UND LUCREZIA: DAS ENDE

Cesares Machtposition war ebenso schnell ausgehöhlt. Alte Feinde – die Orsini, Guidobaldo da Montefeltre, sein kurzzeitiger Schwager Giovanni Sforza und die Feudalherren der Romagna – forderten ihr Land und ihre Rechte zurück, deren er sie beraubt hatte. 1503 wurde Alexanders Langzeit-Feind Giuliano della Rovere zum Papst gewählt und nahm den Namen Julius II. an. Er setzte alles daran, die Macht der Borgias im Kirchenstaat zu beschneiden.

Gonsalvo de Cordoba, der ebenfalls Grund hatte, die Borgias zu hassen, setzte Cesare in Spanien fest, doch 1506 gelang ihm die Flucht. Als Söldner seines Schwagers, König Johannes III. von Navarra, geriet er in einen Hinterhalt und starb. Cesares vielfach missbrauchte Schwester Lucrezia starb 1519 bei der Geburt ihres achten Kindes.

Damit war auch die Letzte der unseligen Borgias tot, vergessen aber wurden sie nicht. Bald rankten sich um Alexander VI., Cesare und Lucrezia Borgia die wüstesten Gerüchte, die sie auch heute noch zu beliebten Gestalten in Romanen und Spielfilmen machen.

Das Schlafzimmer Lucrezia Borgias im Schloss von Sermoneta, in dem sie von 1500 bis 1503 lebte. Das Schloss ist heute ein Museum.

DIE AFFÄRE GALILEI

Das für Galileis Leben wichtigste Ereignis fand 21 Jahre vor seiner Geburt 1564 statt: Der polnische Mathematiker Nikolaus Kopernikus veröffentlichte 1543, also kurz vor seinem Tod, *De Revolutionibus Orbium Coelestium* (Über die Umschwünge der himmlischen Kreise).

Schnell wurde klar, welche Bedeutung Kopernikus' Buch hatte – sowohl für die Wissenschaft als auch für die Kirche. Denn Kopernikus widersprach darin beinahe allem, was die Kirche in Bezug auf Himmel, Erde, Planeten und Sonnensystem glaubte und lehrte. Galilei wurde später zum Kopernikaner. Er glaubte, dass Kopernikus die Wahrheit entdeckt hatte und die Kirche falsch lag. Zu Galileis Zeiten war dies eine gefährliche Überzeugung. Kopernikus und seine

Galileo Galilei (links) machte astronomische Beobachtungen, die ihn von der Wahrheit der Theorien des Nikolaus Kopernikus (oben) überzeugten. Kopernikus' Buch *Über die Umschwünge der himmlischen Kreise* revolutionierte die Astronomie.

> Kopernikus und seine Anhänger liefen Gefahr, als Ketzer angeklagt zu werden, wenn sie die Lehren der Kirche infrage stellten.

Anhänger liefen Gefahr, als Ketzer angeklagt zu werden, wenn sie dergestalt die Lehren der Kirche infrage stellten. Denn Kirche und Papsttum waren eifrig darauf bedacht, jegliche Ansicht auszumerzen, die nicht mit ihrer Lehre übereinstimmte. Diese Haltung verschärfte sich noch Mitte des 16. Jahrhunderts, als die Abspaltung der Protestanten die

KIRCHE GEGEN KOPERNIKANER

Das Weltbild, welches die Kirche propagierte, stammte von zwei griechischen Wissenschaftlern: Aristoteles, der im 4. Jahrhundert v. Chr. lebte, und Ptolemäus, der im 2. Jahrhundert in Ägypten lebte. Ihr Weltbild galt als unverrückbar, da es mit der Bibel übereinstimmte. Für die „Peripatetiker", wie man die Anhänger des Aristoteles nannte, waren die Aussagen des Naturforschers Gesetz, ihre Korrektur galt als ketzerisch. In ihrem Weltbild stand die Erde unbewegt im Zentrum des Universums und wurde von

der Sonne umkreist. Der Beweis dafür finde sich in den Psalmen. Dort heißt es (104, 5): *„Du hast die Erde auf Pfeiler gegründet. In alle Ewigkeit wird sie nicht wanken."*

Kopernikus' heliozentrisches Weltbild sah die Sonne im Zentrum und die Planeten umliefen sie auf Kreisbahnen. Damit stellte es die Wahrheit der Bibel infrage. Es sehe zwar von der Erde aus betrachtet so aus, als ziehe die Sonne über den Himmel, doch das, so Kopernikus, sei eine Illusion, die durch die Drehung der Erde entstehe.

katholische Kirche vor die größte Herausforderung in ihrer Geschichte stellte.

Vielleicht hatte Kopernikus deshalb zu einem eher ungewöhnlichen Mittel gegriffen: Er widmete sein Werk Papst Paul III. und veröffentlichte es erst kurz vor seinem Tode. Von seiner Seite aus war dies weise Voraussicht. Das heliozentrische Weltbild entging drei Jahre lang der Verurteilung durch die

Kirche, und zwar bis 1546, als der Dominikanermönch Giovanni Maria Tolosani eine Gegentheorie veröffentlichte, in der er für die Wahrheit der Heiligen Schrift eintrat, die nicht infrage zu stellen sei. Damit beließ man es zunächst von Kirchenseite, doch um 1609 ging man dazu über, Kopernikus' Werk ernsthaft zu bekämpfen. Galileo Galilei sollte als Erster ins Kreuzfeuer geraten.

GALILEI IN VENEDIG

In Pisa, wo Galilei Mathematik lehrte, galt er als arrogant, weil er ständig versuchte, aristotelische Konzepte zu widerlegen, die von der Kirche anerkannt waren. Bald war er so unbeliebt, dass er 1592 an eine andere Universität ging. Padua lag in der reichen Republik Venedig. Dies war ein Pflaster, das Galileis Bemühungen förderlicher war. Die Republik legte „Abweichlern" gegenüber ein eher tolerantes Verhalten an den Tag, mehr jedenfalls, als er in Rom hätte erwarten dürfen, wo man ihm die Polizei auf den Hals hetzte. In Padua knüpfte Galilei Beziehungen zu reichen, hochgestellten Venezianern, die ihn unterstützten. Bald konnte er, anders als in Pisa, seine Ideen offen diskutieren. In dieser intellektuell anregenden Atmosphäre stellte er ballistische Forschungen an und erfand ein Thermoskop, eine Vorform des Thermometers, sowie einen Proportionszirkel, einen Vorläufer des Rechenschiebers.

Stich, der Papst Paul III. zeigt. Kopernikus widmete ihm sein Buch über die Bewegung der Himmelskörper, um der Kritik durch die Kirche zuvorzukommen.

PROTESTANTEN GEGEN KATHOLIKEN

Die Kirche hatte seit jeher mit abweichenden Meinungen und den Strömungen, die sie vertraten, zu kämpfen, aber nichts kam der Herausforderung gleich, die während der Reformation durch die Abspaltung der Protestanten entstand. Sie stellten die Autorität des Papstes infrage und gaben sich künftig für ihr Leben als Christen eigene Regeln. Dieses größte Schisma der Christenheit wirkt bis heute nach. Der Bruch zwischen Protestanten und Katholiken nahm seinen Anfang am 31. Oktober 1517, als der deutsche Mönch und Theologe Martin Luther ein Schreiben an Albrecht, den Erzbischof von Mainz und Magdeburg, richtete, in dem er das Treiben des Johann Tetzel, eines Dominikanermönchs, kritisierte, den Papst Leo X. mit dem Ablasshandel betraut hatte. Tetzel war gerade nach Deutschland gekommen, wo er seine Ablässe anbot, um Geld für den Bau der Basilika von St. Peter zusammenzubekommen.

Für die Katholiken gehörten Geldspenden an die Kirche, ob in Gestalt des Ablasshandels oder in anderer Form, zu den „guten Werken", die sie zu tun aufgerufen waren. Luther war damit nicht einverstanden. In seinen „*Propositiones wider den Ablass*", später bekannt als „*95 Thesen*", unterstrich er, dass nur Gott Sünden vergeben und das Heil nicht durch Ablass erkauft werden könne.

Doch der Streit über den Ablasshandel war nur der Auftakt. Luther kritisierte auch die Position der Kirche, die Laien die Lektüre der Bibel untersagte, um sie – in Luthers Augen – „dumm zu halten", damit sie ganz auf die Aussagen „boshafter Priester" angewiesen seien. Der Papst sei keineswegs der Mittler zwischen den Gläubigen und Christus, denn Christus sei der einzige Mittler zu Gott. Daher führe der einzige Weg zum Heil auch über Jesus und nicht über fromme Werke, wie die Katholiken dies glaubten.

Die Reformation und die Reaktion der katholischen Kirche darauf, die man als „Gegenreformation" bezeichnet, veränderten die politische Landschaft Europas. Der Norden bekannte sich bald zum Protestantismus, der Süden zum Katholizismus. Zu Lebzeiten Galileis war dieser Prozess in vollem Gange und die Inquisition spielte, wie der große Forscher zu spüren bekam, dabei eine entscheidende Rolle. Sie sollte jedes Zeichen von Ketzertum und abweichender Auffassung innerhalb der Christenheit ausmerzen.

DIE ERFINDUNG DES TELESKOPS

1609 hörte Galilei dann von einem Fernrohr, das man später als „Teleskop" bezeichnete. Es war von dem Holländer Hans Lipperhey gebaut worden. Galilei erkannte sofort, welche Möglichkeiten so ein Instrument für die Astronomie bot. Und so machte er sich daran, selbst ein Teleskop zu bauen, das sehr viel stärker war als das von Lipperhey, das Objekte nur um das Zwei- bis Dreifache vergrößern konnte. Galilei lernte, selbst Linsen zu schleifen, und baute bald ein Teleskop mit 32facher Vergrößerung. Dieses sollte ihm Einblick in die wunderbare Welt des Himmels geben und den Weg zu neuen Entdeckungen bahnen. In einer kalten Nacht im Januar 1610 hüllte Galilei sich in

Galilei brachte viele Stunden damit zu, mit seinem Teleskop den Himmel zu beobachten.

GALILEI FORDERT DEN PAPST HERAUS

Galilei hatte sich der offiziellen päpstlichen Linie in puncto Astronomie widersetzt, seit er als junger Mann von 25 Jahren 1588 in Bologna hierüber Vorträge gehalten hatte. Später ging er als Mathematiker an die Universität Pisa. Dort sollte er seinen Studenten beibringen, was seit Jahrhunderten Stoff der Mathematik war. Er hingegen lehrte sie, dass die Beobachtungen des Aristoteles und des Ptolemäus nicht immer korrekt waren. Zum Beispiel, was fallende Objekte anging. Aristoteles ging davon aus, dass schwere Objekte schneller fallen als leichte. Galilei widerlegte ihn, indem er zwei Kanonenkugeln unterschiedlicher Größe vom Schiefen Turm fallen ließ. Die beiden Kugeln schlugen nahezu zur selben Zeit auf, eine aber kaum messbar später. Trotzdem hielt Galilei, wie sein Schüler und Biograf festhielt, die Theorie des Aristoteles damit für widerlegt.

Die Szene auf dem Schiefen Turm von Pisa, wo Galilei 1589 bewies, dass schwere Objekte nicht schneller fallen als leichte.

einen dicken Mantel und begab sich in den höchstgelegenen Raum seines Hauses in Padua. Dort brachte er Stunden damit zu, mit dem Teleskop den Himmel zu beobachten. Dasselbe wiederholte er Nacht um Nacht, bis er Beobachtungen über den Zeitraum eines Monats vorweisen konnte. Diese Aufzeichnungen waren eine Offenbarung für ihn. Wohin er sein Teleskop auch richten mochte, der Himmel sah völlig anders aus, als Aristoteles, Ptolemäus und ihre Nachfolger ihn schilderten. Der Mond war keine glatte Kugel, wie Aristoteles behauptete, sondern hatte eine raue, zerklüftete Oberfläche voller Krater. Die Erde war nicht der einzige Planet mit einem Satelliten: Galilei beobachtete die vier größten Monde des Jupiter. Und er erkannte, dass die Venus wie die Erde um die Sonne kreiste.

Galilei führt venezianischen Adligen 1610 sein Teleskop vor. Es schaffte eine 32fache Vergrößerung und war stärker als alle davor gebauten.

GALILEIS SUPERNOVA

1604 beobachtete Galilei eine Supernova, einen explodierenden Stern, was ihn zu der Annahme brachte, dass der Himmel keineswegs unveränderlich sei. Eine Supernova war ein klarer Beleg dafür, dass diese These falsch war, denn sie zeigte, dass selbst das Leben eines Sterns begrenzt war.

Zu einer Supernova kommt es zum Beispiel, wenn der innere Kern des Planeten keine Energie mehr erzeugt. Dann kollabiert der Stern und wird zum Neutronenstern oder zum schwarzen Loch. Oder er heizt sich auf, bis er explodiert. Die Explosion schleudert seine äußere Hülle weit in den Weltraum hinein. Dabei wird so viel Energie frei, dass die Supernova den Himmel lange erhellt und noch Wochen oder Monate sichtbar sein kann, bevor sie endgültig erlischt.

Galilei hatte das Glück, Zeuge eines solchen Ereignisses zu werden, da Supernovä höchstens alle fünfzig Jahre einmal vorkommen. Zur richtigen Zeit am richtigen Ort konnte also nur jemand sein, der systematisch den Himmel beobachtete. Dabei hatte Galilei damals noch kein Teleskop zur Verfügung.

Die Supernova, die der große Forscher damals beobachtete, musste Jahrtausende vorher explodiert sein, da man heute davon ausgeht, dass sie 20 000 Lichtjahre entfernt war. Das Universum aber ist so unendlich groß, dass das Licht lange brauchte, um auf der Erde anzukommen. Der Stern selbst war, als die Supernova entdeckt wurde, schon lange erloschen.

Galilei erstellte Diagramme von den Planeten, wie sie sich um die Sonne drehen, die Erde eingeschlossen. Dies stand im Gegensatz zur Lehrmeinung der Kirche, die davon ausging, dass die Erde der Mittelpunkt des Universums ist.

DER STERNENBOTE

Über seine Beobachtungen im Januar 1610 verfasste Galilei ein schmales Büchlein, in dem er die größten Jupitermonde beschreibt. Es erschien im März 1610 und wurde sofort zum Bestseller. Innerhalb einer Woche waren alle 550 Exemplare der Erstauflage ausverkauft. Kein Wunder, betrat Galilei doch damit ein ganz neues Gebiet wissenschaftlicher Betätigung. Einer seiner Bewunderer war

Kardinal Maffeo Barberini, Sprössling einer reichen und mächtigen Familie in Rom und Florenz. Barberini lernte Galilei 1611 kennen und schätzte ihn um seines Argumentationsgeschicks willen. Seine Bewunderung war so groß, dass er ihm schrieb: „Ich danke dem Herrn dafür, dass er Euch gesund erhält, denn achtbare Männer wie Ihr verdienen es, zum Wohle des Volkes lange zu leben."

Und doch war der Kirchenmann Barberini weltmännisch genug, um eine vom herrschenden Konsens abweichende Meinung zu erkennen, wenn er sie vor sich hatte. Er informierte sich ständig über die Fortschritte des Wissenschaftlers, weil er nicht wusste, in welche Richtung diese gehen würden. Irgendwann, glaubte der Kardinal, würde er Galilei warnen müssen, damit er sich nicht auf ein Terrain wagte, auf dem ihn die Inquisition erwartete.

Die Wachsamkeit des Kardinals hatte ihren Grund unter anderem in der geänderten päpstlichen Haltung zu Keplers Buch (siehe Seite 131). Die Veröffentlichung von *De Revolutionibus* war von weniger

> Irgendwann, so glaubte der Kardinal, würde er Galilei warnen müssen, in seinem Entdeckungseifer nicht zu weit zu gehen …

konservativen Kirchenmännern gefördert worden, die Papst Paul III. dazu brachten, die Widmung an ihn zu akzeptieren. Paul III., der von 1534 bis 1549 im Amt war, und einer seiner Nachfolger, nämlich Gregor XIII., der 1572 gewählt worden war, erklärten sich mit einigen Thesen des Kopernikus einverstanden.

Doch Paul III. war nicht wirklich auf Kopernikus' Seite. Er rief vielmehr 1542 die Römische Inquisition ins Leben, die zunächst mit den Ideen des polnischen Astronomen nichts zu schaffen hatte. Sie sollte das Vordringen des Protestantismus verhindern, der die Christenheit spaltete. Doch es zeigte sich, dass die Römische Inquisition auch mit

Das Frontispiz von Galileis Buch *Sidereus Nuncius (Der Sternenbote)* von 1610. Das Buch enthielt seine Beobachtungen des Nachthimmels, die er mit dem Fernglas gemacht hatte.

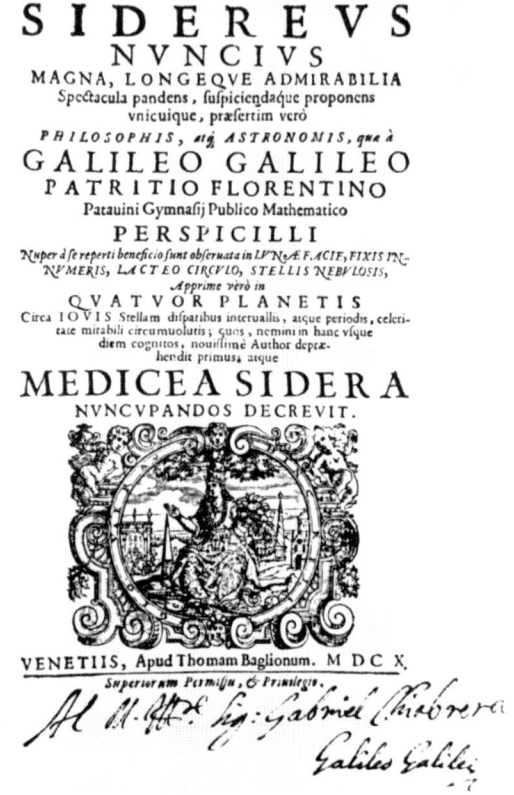

der Untersuchung anderer Häresievorwürfe, die Päpste oder andere Kirchenmänner erheben mochten, nicht überfordert war.

Genau dies sollte nach 1614 zum Aufgabenbereich der Inquisition werden. In diesem Jahr nämlich zeigte ein Priester namens Vater Tommaso Caccini Galilei wegen dessen „häretischer" Auffassung über die Bewegung der Erde an, wie sie im *Sternenboten* dargelegt wurde. Schließlich lag klar auf der Hand, wohin seine Beobachtungen führen würden: Sie besagten, dass die Kirche Unwahrheiten verbreitete, die Gottes Wahrheit verschleierten, statt sie zu offenbaren.

Zu jener Zeit allerdings hatte Galilei für seine kopernikanischen Ideen schon zahlreiche Unterstützer gefunden, und zwar sowohl an den Universitäten als auch unter den Gelehrten und einigen Kirchenmännern. Doch eben ihre Popularität

> Galileis Beobachtungen besagten, dass die Kirche Unwahrheiten verbreitete, um Gottes Wahrheit zu verschleiern statt zu offenbaren.

machte Galileis Ideen vor dem Hintergrund der „protestantischen Bedrohung" so gefährlich.

Galileis Stellung wurde nicht verbessert durch die Veröffentlichung einer Streitschrift eines seiner Bekannten, des Karmelitermönchs Paolo Antonio Foscarini, in der dieser Kopernikus und das heliozentrische Weltbild verteidigte. Foscarini versuchte, beide Seiten zufriedenzustellen. Er behauptete, Kopernikus' Lehren seien durchaus mit Bibelstellen zu unterlegen. Kardinal Robert Bellarmin, Jesuit und einer der wenigen, die den Titel „Doktor der Kirche" tragen durften, sah sofort, worauf dies hinauslief, und antwortete Foscarini klar und deutlich:

Die Behauptung, in Wirklichkeit stehe die Sonne im Mittelpunkt der Welt und drehe sich nur um sich selbst, ohne sich von Osten nach Westen zu bewegen, und die Erde … kreise mit großer Geschwindigkeit um die Sonne … ist ein höchst gefährlich Ding, das nicht nur alle scholastischen Philosophen und Theologen irremachen, sondern auch den Heiligen Glauben verletzen und die Heilige Schrift als falsch erscheinen lassen würde.

GALILEIS BRIEFE

Galilei schrieb zahlreiche Briefe an hochgestellte Kirchenmänner und an seine Schüler, in denen er seine von Kopernikus beeinflussten Theorien verteidigte. In einem dieser Briefe, den er 1613 an Christine von Lothringen, Großherzogin der Toskana, schrieb, erläuterte er den Unterschied zwischen der Sicht des Glaubens und jener der Wissenschaft:

> *Vor einigen Jahren entdeckte ich am Himmel viele Dinge, die vor unserer Zeit noch nie gesehen wurden. Dass sie so neu waren, hat nicht wenige Professoren gegen mich aufgebracht … Diese schätzten ihre eigene Meinung höher als die Wahrheit, daher versuchten sie, die Neuentdeckungen mit allen Mitteln zu widerlegen, wo ihre Sinne ihnen doch, hätten sie selbst nachgesehen, gesagt hätten, dass diese wahr sind. Stattdessen schleuderten sie Anklage um Anklage gegen mich und veröffentlichten zahlreiche Schriften voller sinnloser Argumente … Männer aber, die in den astronomischen und physikalischen Wissenschaften wohlbewandert waren, waren sofort überzeugt, als sie von meinen Beobachtungen hörten. Nun, die Zeit hat die Wahrheit jener Dinge unter Beweis gestellt, die ich schon damals entdeckt habe …*

Wie man sieht, trifft auch hier ein freier Geist auf Starrheit und Unbeweglichkeit, wie die Formulierungen in Galileis Brief beweisen. Er war sicher, dass er richtig lag. Seine Gegner, die Aristoteliker, aber auch. Dass längst bewiesen war, dass er recht hatte, war vielleicht nicht so

Christina von Lothringen, Großherzogin der Toskana, war die Enkelin von Katharina de' Medici. Galilei schrieb ihr einen Brief, in dem er den Unterschied zwischen Glauben und Wissenschaft erläutert.

ganz richtig. 1616 jedenfalls musste Galilei nach Rom, um sich gegen Caccinis Anklagen zu verteidigen. Und dort traf er dann auf eine unbewegliche Kirche, die ihm mit aller Macht entgegentrat.

Foscarinis Buch wurde als so gefährlich eingestuft, dass es sofort auf dem Index der verbotenen Bücher landete. Die Affäre Foscarini, die in Papstkreisen als Skandal galt, führte zu einer strikt anti-kopernikanischen Haltung, die auch zu der Zeit, als Galilei nach Rom kam, noch herrschte. In dieser Atmosphäre waren die Chancen auf eine unvoreingenommene Anhörung seiner Ideen ohnehin gering. Außerdem hatte sein Freund, Kardinal Barberini, ihn offen gewarnt. Barberini sprach nicht

persönlich mit Galilei, sondern schickte seinen Sekretär Giovanni Ciampoli, der den Astronomen verehrte. Dieser teilte ihm mit:

> *Kardinal Barberini, der, wie Ihr aus eigener Erfahrung wisst, Eure Tugenden immer zu schätzen gewusst hat, sagte mir gestern, dass er in dieser Angelegenheit zu mehr Vorsicht rate. Er empfiehlt Euch, nicht über die Darlegung der Theorien von Ptolemäus oder Kopernikus hinauszugehen, ja*

Ein Kupferstich von Kardinal Bellarmin, der Galilei warnte, er solle nicht die „häretischen" Ideen des Kopernikus unterstützen.

Euch überhaupt nicht über die Grenzen der Physik und der Mathematik hinauszubewegen, denn die Theologen gehen davon aus, dass die Interpretation der Heiligen Schrift allein ihre Sache ist.

Kardinal Robert Bellarmin, der ein hochgeschätzter Theologe war, behandelte Galilei schon mit weit weniger Takt. Bellarmin war Jesuit und gehörte damit zu einem Orden, der den Gehorsam gegenüber der Mutter Kirche über alles stellte. Daher war er nie von der kirchlichen Linie abgewichen, wonach alles, was es über Sonne und Erde zu wissen gab, in der Bibel stand. Der Kardinal schrieb: Wer immer die Schriften studiert, „geht davon aus, dass sie wörtlich zu lesen sind und dass also die Sonne am Himmel steht und sich mit großer Geschwindigkeit um die Erde dreht und die Erde weit weg vom Himmel unbewegt im Zentrum des Universums steht. Wie also", schrieb Bellarmin weiter, „sollte die Kirche hinnehmen können, dass die Schriften anders ausgelegt werden als zur Zeit der Heiligen Väter und aller Kommentatoren in Griechisch und Latein".

Angesichts dieser Haltung würde Galilei nicht die leiseste Chance haben. Sie glich der jener

Priester, die durch sein Teleskop schauten und die zerklüftete Oberfläche des Mondes erkennen konnten, aber sich dies damit erklärten, dass das Instrument künstlich geschaffen sei und daher auch das dadurch erzeugte Bild ein künstliches sein müsse, das nicht der Natur entspreche.

KOPERNIKUS' BUCH LANDET AUF DEM INDEX

Kein Wunder also, dass Bellarmin sich weit weniger diplomatisch äußerte als Barberini. Er sagte Galilei unumwunden, dass im Februar 1616 ein Edikt ergangen war, welches das heliozentrische Weltbild als Häresie brandmarkte. Einen Monat später, am 5. März 1616, setzte man *De Revolutionibus* auf den Index der verbotenen Bücher. Von diesem Moment an war jeder, der für Kopernikus' Ideen eintrat oder sie auch nur zu diskutieren wagte, ein Ketzer und, fügte Bellarmin hinzu, die Inquisition wisse sehr wohl, wie sie mit diesen umzugehen habe.

Bellarmins Warnung erschreckte Galilei, was auch die Absicht des Kardinals gewesen war. Galilei wusste, welche Strafen Ketzern drohten: Befragung,

Die Statue des Dominikanermönchs Giordano Bruno steht auf dem Campo de' Fiori in Rom, wo er 1600 auf dem Scheiterhaufen verbrannt wurde, weil er Kopernikus' Ideen unterstützt hatte.

FAKTEN ALS FIKTION

Galileis *Dialog über die beiden hauptsächlichen Weltsysteme* stellt eine imaginäre Diskussion dar, ein Kunstgriff, den bereits Johannes Kepler benutzt hatte, der ebenfalls zu den Anhängern der kopernikanischen Ideen gehörte. Keplers *Somnium* (Der Traum) beschreibt eine interplanetare Reise zum Mond, die auf seinen Beobachtungen beruhte, als Traumgeschehen und gilt somit als erstes Science-Fiction-Werk. Doch natürlich gab es keine Garantie, dass die Inquisition auf solche Tricks hereinfallen würde, wie sie Kepler und Galilei anwandten. Für Keplers Mutter Katharina jedenfalls hatte das Buch Konsequenzen: Sie wurde aufgrund des Werkes 1617 der Hexerei angeklagt. Glücklicherweise wurde die alte Dame 1621 freigesprochen, unter anderem, weil ihr Sohn sie verteidigt hatte.

Nichtsdestotrotz lag die Gefahr auf der Hand, und Galilei hatte keine Lust, ein ähnliches Schicksal zu erleiden. Also brachte er seinen *Dialog* persönlich nach Rom und begleitete das Buch durch den Genehmigungs- und Veröffentlichungsprozess. Man bat ihn um einige kleinere Änderungen, die er vornahm. Im Februar 1623 konnte es dann gedruckt werden. Es war ein unglaublicher Erfolg und kurz nach Erscheinen schon ausverkauft.

Der Deutsche Johannes Kepler (1571–1630) war Astronom, Astrologe und Mathematiker. Bekannt geworden ist er vor allem durch seine Entdeckungen der Planetenbewegungen.

Folter, Kerker und für die als schuldig Befundenen der Scheiterhaufen. Da war zum Beispiel der Fall des Dominikanermönchs Giordano Bruno, der 1600 verbrannt wurde, weil er wie Galilei und Kopernikus behauptet hatte, dass die Erde sich um die Sonne drehe. Bruno hatte seine „Häresie" auf die Spitze getrieben, weil er behauptete, es gäbe im Universum viele Welten, die seien wie die Erde, und sie hätten ihre eigenen Satelliten und ihre eigenen Sonnen. Galilei wusste also, welche Gefahren Häretikern drohten, und so überlegte er es sich zweimal, ob er Kopernikus' Vorstellungen weiterhin so offen unterstützen sollte. Immerhin war er schon 52 Jahre alt, was im 17. Jahrhundert bereits ein hohes Alter war, und außerdem stand es in letzter Zeit um seine Gesundheit ohnehin nicht zum Besten. Es schien also angebracht, sich eine Zeit lang mit Vorsicht zu bedecken.

Der Dominikanermönch Giordano Bruno wurde 1600 verbrannt, weil auch er behauptet hatte, dass die Erde sich um die Sonne drehe.

Papst Urban VIII., gemalt von Gian Lorenzo Bernini (1598 bis 1680). Er war mit Galilei befreundet und erwies sich doch als sein ärgster Feind.

ZU HAUSE IN ARCETRI

Zurück aus Rom, lebte Galilei in seinem Haus in Arcetri, in der Nähe von Florenz. Die Drohungen der Inquisition und seine unerfreuliche Begegnung mit Bellarmin schienen ihn kuriert zu haben. Er studierte drei Kometen, die im Herbst und Winter 1616 am Himmel über Florenz zu sehen waren, und schrieb ein Buch über seine Beobachtungen, das 1623 unter dem Titel *Il Saggiatore* (Die Goldwaage) erschien. Ansonsten führte er das behagliche Leben eines Landedelmannes, der auf seinem Maultier das Land durchstreift und der Falkenjagd nachgeht. Er baute ein wenig Wein an, doch natürlich war ihm so ein Leben nicht angemessen. Irgendwann musste damit Schluss sein.

> Ansonsten führte er das behagliche Leben eines Landedelmannes, mit Ausritten, Falkenjagd und Weinbau.

1623 war Kardinal Barberini zum Papst gewählt worden und nahm den Namen Urban VIII. an. Es schien für Galilei also alles bestens zu laufen, denn trotz der Anhörung von 1616 hatten Barberini und er in stetem Briefwechsel gestanden. Galilei widmete dem Papst sogar seinen *Saggiatore*, von dem Urban so beeindruckt war, dass er Teile des Buches bei öffentlichen Veranstaltungen vorlesen ließ. Und er lud Galilei zu sich nach Rom ein, doch der Astronom war gesundheitlich nicht auf der Höhe und so konnte er die Einladung erst 1624 annehmen.

Papst Urban suchte Galilei auf, als er endlich nach Rom kam, und die Freunde trafen sich regelmäßig, ganze sechs Mal in fünf Wochen. Sie durchstreiften die vatikanischen Gärten und unterhielten sich angeregt, auch über Kopernikus' heliozentrisches Weltbild. Galilei verließ Rom am 8. Juni 1624 und nahm ein Schreiben an Großherzog Ferdinand II. von Urbino mit, in dem Papst Urban seinen Freund lobte als „großen Mann, dessen Ruhm den Himmel so hell erleuchtet, dass er auch auf Erden strahlt". Gerade dieses Lob aus höchstem Munde verleitete Galilei zu dem Glauben, dass die Debatte um das heliozentrische Weltbild, die 1616 so unvermittelt beendet worden war, vielleicht doch wieder auf die Tagesordnung gesetzt werden könnte.

> Indem er seine Ideen fiktionalen Gestalten in den Mund legte, hoffte Galilei, der Zensur zu entgehen ...

GALILEIS *DIALOG*

Galilei plante ein neues Buch: *Dialog über die beiden hauptsächlichen Weltsysteme*. Es war als Dialog zwischen drei Personen geschrieben und endete – wie gefordert – mit einer Darlegung des ptolemäischen Systems. Galilei glaubte, er könne der Zensur durch die Heilige Kongregation entgehen, wenn er sein Gespräch fiktionalen Personen in den Mund legte. (Die Heilige Kongregation war jene Institution innerhalb der katholischen Kirche, die entschied, welche Glaubensvorstellungen und Bücher „häretisch" waren und von Katholiken nicht gelesen werden sollten.)

Wie dem auch sei, die Erfahrungen von 1616 hatten ihn vorsichtig werden lassen. Es stand nämlich durchaus in der Macht der päpstlichen Behörden, Ideen, mit denen sie nicht einverstanden waren, auszumerzen, von deren Vertretern ganz zu schweigen. Galilei ergriff also eine Vorsichtsmaßnahme. Er „testete" den *Dialog* an dem Jesuiten und Juristen Francesco Ingoli, der einmal Galileis kopernikanische Ansichten kritisiert hatte. Der Forscher schrieb an Ingoli, er habe das heliozentrische Weltbild zusammengefasst, fügte aber zur Vorsicht noch hinzu: „Ich habe dies nicht getan, um ein Weltbild, das bereits als verdächtig und abstoßend bezeichnet wurde, als Wahrheit darzustellen." Stattdessen habe er, fuhr er fort, alle Argumente dafür und dagegen zusammengetragen, sodass beide Weltbilder vom Leser unvoreingenommen beurteilt werden konnten.

Ingoli erhielt Galileis Brief im Dezember 1624 in Rom, und der Wissenschaftler wartete ängstlich auf die Reaktion von Papst Urban, doch es gab keinen Wirbel, kein Aufsehen, keine wütenden Befehle, sich sofort in Rom einzufinden und sich zu erklären. Daher nahm Galilei an, es sei alles in Ordnung, und fuhr mit dem *Dialog* fort, der sich zu einem Monumentalwerk von gut 500 Seiten auswuchs. Er brauchte sechs Jahre, um ihn zu vollenden, was dem Sechsundsechzigjährigen schon aus gesundheitlichen Gründen nicht leicht fiel. Er litt unter schwerem Rheuma, was ihm das Schreiben erheblich erschwerte.

Viele Wissenschaftler im katholischen Europa griffen zu demselben Trick, um kontroverse Ideen durch die Zensur zu bringen: Sie stellten ihre Theorien als rein intellektuelle Fingerübung dar oder legten sie fiktionalen Gestalten in den Mund.

Galilei war zufrieden, als der *Dialog* die vorläufige Druckgenehmigung erhielt. Er hatte nur eines übersehen. Als Papst konnte Urban sich auf diese Wortspielereien nicht mehr einlassen, durch die die inkriminierten Ideen immer weitere Verbreitung fanden. Diesbezüglich hat Galilei wohl die Freiheiten, die ihm seine Freundschaft mit dem einstigen Kardinal eintrug, wohl falsch eingeschätzt. Freund

> Papst Urban VIII. konnte sich nicht auf Wortspielereien einlassen, durch die als häretisch verschriene Ideen weitere Verbreitung fanden.

Das Frontispiz zum *Dialogo sopra i due massimi sistemi del mondo (Dialog über die beiden hauptsächlichen Weltsysteme)*, das Buch, das seine Freundschaft zu Papst Urban VIII. zerstörte.

oder nicht Freund, als Papst konnte Urban nicht mehr so nachsichtig sein. Umso mehr, als sich 1625 in Rom die Nachricht wie ein Lauffeuer verbreitete, dass die deutschen Protestanten das heliozentrische Weltbild angenommen hatten.

Schnell wurde deutlich, wie die Reaktion des Papstes darauf ausfallen musste: Galilei hatte ihm ein Exemplar des *Dialogs* geschickt, und Urban kochte vor Wut, als er sah, welchen Namen die Figur trug, die für das ptolemäische Weltbild eintrat: Während die anderen beiden Stimmen dem Wissenschaftler Salviati und dem Intellektuellen Sagredo gehörten, war es Simplicius, der Einfaltspinsel, der sich

Das Universum nach Ptolemäus, einem griechischen Astronom und Mathematiker, der die Erde im Zentrum der Welt sah und die Sonne auf einer Kreisbahn darum herum.

Ptolemäus auf die Fahnen geschrieben hatte. Oder wie einer von Galileis Freunden es ausdrückte:

> *Simplicius scheint der Spielball dieser philosophischen Komödie zu sein, weil er mit seinen leeren Worten, seiner Dickköpfigkeit und mangelnden Logik die Narretei seiner Position lebendig verkörpert.*

Simplicius wurde im ganzen Buch lächerlich gemacht, und Galilei hatte es geschafft, auch die Aristoteliker zu beleidigen, denn sie seien „es zufrieden, einen Schatten zu verehren und nicht mit der nötigen Übersicht zu philosophieren, sondern

---

> Indem er wie alle Päpste vor ihm das ptolemäische Modell unterstützte, benahm Urban VIII. sich in Galileis Augen wie ein Narr.

---

nur mit ein paar auswendig gelernten und kaum verstandenen Prinzipien zu argumentieren". Noch schlimmer war das Gerücht, das sich bald in den Straßen Roms verbreitete: Simplicius sei eine Karikatur von Papst Urban selbst.

DAS ENDE EINER LANGEN FREUNDSCHAFT

Ob das nun Galileis Absicht gewesen sein mag oder nicht, Papst Urban jedenfalls glaubte es. Denn Galileis Intention war klar erkennbar. Indem Urban wie alle Päpste vor ihm das ptolemäische Weltbild verteidigte, benahm er sich wie ein hirnloser Narr. Kein Wunder also, dass Urban so wütend war. Seine Freundschaft mit Galilei war in diesem Moment erloschen. Verständlicherweise fühlte er sich von dem Wissenschaftler verraten und war in seiner Feindschaft genauso konsequent wie in seiner Freundschaft. Oder wie Francesco Niccolini, der Botschafter der Toskana in Rom, über ihn schrieb:

> *Wenn Seine Heiligkeit sich etwas in den Kopf setzt, dann ist damit aller Tage Abend gekommen, vor allem, wenn man ihm widerspricht, ihn herausfordert oder bedroht … Dann nämlich verhärtet er sich und zeigt keinerlei Achtung mehr … Daher wird diese Untersuchung eine richtig schwierige Angelegenheit werden.*

Niccolini sollte recht behalten. Ende 1632 wurde Galilei vor das Inquisitionsgericht geladen. Er versuchte verzweifelt, den Termin aufzuschieben, verwies auf seine schlechte Gesundheit und den Ausbruch der Pest in Florenz, die eine Reise gefährlich machen würde. Doch Urban ließ sich nicht beirren. Der nun 68-jährige Astronom wurde von einem Arzt untersucht und für reisefähig erklärt. Urban entschied, wenn er nicht schwer krank sei oder im Sterben liege, solle er festgenommen und mit Gewalt nach Rom gebracht werden. Galilei wollte sich von seinem früheren Freund nicht so demütigen lassen, also verließ er Florenz aus eigenem Antrieb am 20. Januar 1633. Er verbrachte einige Zeit in Quarantäne in Acquapendente, etwa 200 Kilometer von Florenz entfernt, und reiste, nachdem er für nicht von der Pest befallen erklärt wurde, drei Wochen später weiter nach Rom, wo er am 13. Februar ankam. Er kam dort in der Villa Medici als Gast von Francesco Niccolini unter, was man ihm

Dieses Gemälde von Joseph-Nicolas Robert-Fleury
(1797–1890) zeigt den 68-jährigen Galilei (am Pult) 1633 bei
der Verhandlung vor der Inquisition in Rom.

trotz der offenen Feindseligkeit des Papstes aufgrund seines Alters und seines Gesundheitszustands erlaubte.

Galilei musste zwei Monate warten, bevor man ihn endlich befragte. Die Inquisition wusste nämlich nicht, wie sie diesen Fall behandeln sollte. Urban war sich vollkommen sicher, dass es keinen wissenschaftlichen oder theologischen Beweis für das heliozentrische Weltbild gäbe, doch so mancher in der Heiligen Kongregation war da nicht so ganz überzeugt. Man fürchtete, wenn bei der Verhandlung ein solcher Beweis gefunden würde, wäre damit belegt, dass die Bibel, der Papst und die

> Die Heilige Kongregation fürchtete, ein Beleg für das heliozentrische Weltbild würde auch beweisen, dass die Bibel, der Papst und die Kirche einen Fehler begangen hatten.

Kirche einen enormen Fehler gemacht hatten. Das wäre, gelinde gesagt, peinlich. Für die Glaubwürdigkeit der Kirche aber wäre es geradezu Gift.

Und dann war da natürlich noch das Problem, wie man einem so berühmten und bewunderten Mann wie Galilei den Prozess machte. Außerdem hatte der *Dialog* vom Meister des Heiligen Palastes, dem Cheftheologen des Vatikans, eine vorläufige Druckerlaubnis erhalten. Papst Urban schien darüber nichts zu wissen und leugnete, dass je eine Druckgenehmigung erteilt worden war. Und doch war das Buch gedruckt worden und ein Riesenerfolg. Er wollte seinen früheren Freund in die Knie zwingen und dem *Dialog* den Prozess machen, doch selbst Papst Urban sah ein, dass es nicht klug war, um das Buch zu prozessieren.

Nach Wochen enervierenden Wartens entschied die Heilige Kongregation am Ende, den Prozess aufzunehmen. Man befragte Galilei am 12. April 1633.

Auf dieser Darstellung aus dem 17. Jahrhundert wird ein der Ketzerei Verdächtiger gefoltert. Die Jungfrau Maria mit dem Jesuskind „beobachtet" die Szene.

Er blieb bei seiner Meinung, er habe nicht gegen die Auflage hinsichtlich des kopernikanischen Weltbilds und Buches verstoßen, die man ihm mit dem Edikt von 1616 gemacht hatte. Er habe die Theorie des Kopernikus einzig als Hypothese beschrieben und leugnete, je behauptet zu haben, dass sie wahr sei.

GALILEI IN HÖCHSTER GEFAHR

Durch Galileis Verteidigung geriet die Heilige Kongregation in eine Zwickmühle. Wenn die Inquisition das Gesicht wahren wollte (was sie ja musste), durfte man Galilei nicht einfach ungestraft davonkommen lassen. Natürlich hätte man den *Dialog* auf den Index der verbotenen Bücher setzen können wie Kopernikus' Werk, doch damit wäre der Autor selbst aus dem Schneider. Papst Urban jedenfalls verwahrte sich entschieden gegen die Idee, dass man das Buch verdammen sollte, aber nicht seinen Autor. Er wollte, dass sein früherer Freund schuldig gesprochen wurde.

Gewöhnlich übergab man die Angeklagten an diesem Punkt den Folterknechten, damit sie ein Geständnis aus ihnen herausholten. Die Inquisitoren zeigten den Betroffenen zuerst die Folterinstrumente. Jene Instrumente, die die Priester gesegnet hatten, weil sie als heilige Werkzeuge Gottes galten, die den Inquisitoren erlaubten, die Ab-

> Die Folterinstrumente galten als heiliges Werkzeug und wurden daher von den Priestern gesegnet.

weichler zurück zum „wahren" Glauben zu führen. Dann gaben sie ihnen Gelegenheit, ihren irrigen Ansichten abzuschwören.

Es ist sehr wahrscheinlich, dass Galilei über diese Dinge genauestens Bescheid wusste. Obwohl die Inquisition meist keine älteren Menschen folterte, war sich der große Forscher, der 1633 fast schon siebzig war, wohl nicht sicher, wie weit man in seinem Fall tatsächlich gehen würde. Für einen gebrechlichen alten Mann aber, der voller Angst und geplagt von allerlei Gebrechen auf sein Urteil wartete, konnte allein die Aussicht auf die Folter schon ausreichen, um ihn den einzigen anderen Weg einschlagen zu lassen, den die Inquisition noch hatte: auf Galilei Druck auszuüben, bis er irgendwann vor Angst und Erschöpfung nachgab.

Fast drei Wochen nach seinem ersten Erscheinen vor dem Inquisitionsgericht kehrte Galilei am 30. April dorthin zurück und gestand, dass sein Urteilsvermögen bei der Abfassung des *Dialogs* getrübt gewesen war:

Ich bekenne aus freien Stücken, dass ich an verschiedener Stelle etwas vertreten habe, das einen Leser, der meine wahren Absichten nicht kannte, dazu verleitet haben mochte, die Argumente der falschen Seite, die ich eigentlich widerlegen wollte, für jene zu halten, die ich vertrat, da sie so ausgedrückt waren, dass sie durch ihre Stichhaltigkeit überzeugen sollten und nicht verworfen werden.

EIN DEMÜTIGENDES GESTÄNDNIS

Galilei ging noch weiter und erniedrigte sich selbst, indem er gestand, „in eitlem Ehrgeiz" gehandelt zu haben. Nach diesem verzweifelten Geständnis führte man Galilei in die Kerker der Inquisition, wo er drei Wochen ausharren musste, ehe man ihn wieder vor Gericht stellte. Vor diesem musste er nun Kopernikus und seinen Ideen förmlich abschwören und den Inquisitoren ein schriftliches Geständnis seiner Irrtümer vorlegen. Er erkenne nun, so heißt es darin, dass der *Dialog* „unbeabsichtigt" das kopernikanische Weltbild gestützt habe, das die Kirche zu Recht für falsch befunden habe. Danach ließ Papst Urban VIII. Galileis Eid im ganzen katholischen Europa verbreiten und in allen Kirchen verlesen. Die Katholiken sollten wissen, dass selbst der große Galilei sich dem Willen der Inquisition untergeordnet hatte.

Seine demütigende Unterwerfung und die Rachsucht des Papstes hatten Galilei im Innersten getroffen. Er war zutiefst verbittert über die Behandlung durch die Inquisition und seinen früheren Freund, der ihm ein wahrhaft schmerzliches Opfer abverlangt hatte. Er war gezwungen worden,

> Galilei wurde gezwungen, seiner Lebensarbeit abzuschwören zugunsten einer Theorie, von der er wusste, dass sie völlig falsch war.

seiner Lebensarbeit abzuschwören zugunsten einer Theorie, von der er wusste, dass sie durch und durch falsch war. Trotz seines Schwurs war Galilei immer noch aufsässig. Niccolini und seine anderen Freunde mussten sich die größte Mühe geben, um ihn zu beruhigen, denn wenn er weiter auf seinen Ideen beharrte, würden Papst Urban und die Inquisition ihn ihr gesamtes Instrumentarium spüren lassen. Dies würde der große Astronom wohl nicht überleben. Niccolini brauchte eine Weile, um Galilei dies zu vermitteln. Er schrieb:

Er meinte, er könne seine Meinung sehr wohl und schlüssig verteidigen, ich aber überredete ihn, sich auf diesen Kampf nicht einzulassen, damit alles

Eine Seite aus dem *Sternenboten* aus einer Auflage von 1653, die Galileis Skizzen der Krater auf der Mondoberfläche zeigt. Seine Entdeckung, dass sich dort Berge und Täler befanden wie auf der Erde, stellte die Vorstellung, der Himmel sei unwandelbar und alle Planeten mit ihm, infrage.

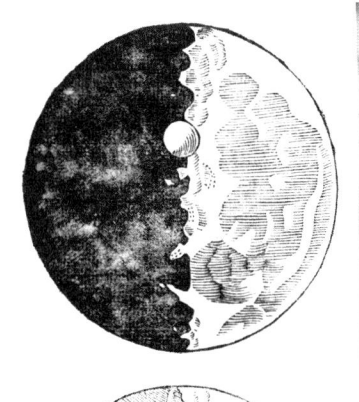

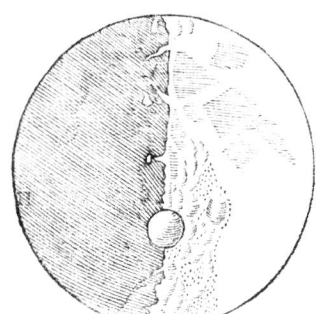

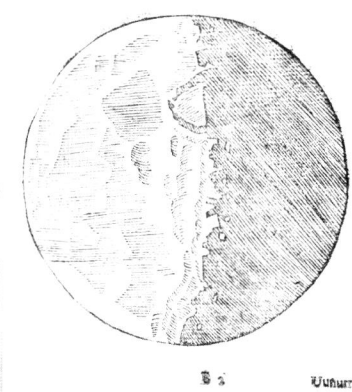

DER SCHULDSPRUCH

Am 22. Juni 1633 musste Galilei ein letztes Mal vor dem Inquisitionsgericht erscheinen, dieses Mal, um sein Urteil entgegenzunehmen. Er trug ein langes weißes Gewand und den spitzkegeligen Hut des Büßers und kniete vor seinen Richtern nieder, um sein Urteil zu empfangen. Die Inquisition erklärte ihn „schädlicher Verbrechen" für schuldig und verdeutlichte einmal mehr, dass er „der Häresie verdächtig" sei. Galilei erwiderte: „Ich verfluche und verabscheue meine Irrtümer und Ketzereien."

Sein *Dialog* kam auf den Index und blieb dort fast 200 Jahre lang. Er selbst wurde zu lebenslanger Haft verurteilt und in den Kerker unterhalb der Heiligen Kongregation geführt, wo er blieb, bis der junge Kardinal Francesco Barberini, Neffe von Papst Urban VIII., eingriff. Barberini bewunderte Galilei und überzeugte seinen Onkel, den Astronomen in die toskanische Botschaft zurückkehren zu lassen. Botschafter Niccolini war entsetzt über Galileis Gesundheitszustand. „Es ist schrecklich",

John Milton (rechts), der englische Schriftsteller, aus dessen Feder *Das verlorene Paradies* stammt, besuchte den kranken Galilei (zweiter von links) 1638, während er in Arcetri unter Hausarrest stand.

VATIKAN-LEXIKON

VORHÖLLE UND FEGEFEUER

Die Vorhölle *(Limbus)* ist kein offizielles Dogma der katholischen Kirche. Der lateinische Begriff bedeutet „Rand" und bezeichnet in der Theologie den „Ort" oder die Erfahrung von Menschen, die im Stande der Erbsünde sterben, ohne gesündigt zu haben, wodurch sie ihren Platz in der Hölle hätten erhalten müssen. Das Fegefeuer *(Purgatorium)* ist der „Ort", an dem Menschen um ihrer Sünden willen leiden, damit sie später gereinigt in den Himmel aufgenommen werden können. Diese Strafe wird von der katholischen Kirche als vorübergehend betrachtet. Für die anderen christlichen Kirchen hat das Fegefeuer keinerlei Bedeutung. Kaufte ein Katholik einen Ablass, konnte er damit seine Zeit im Fegefeuer deutlich verkürzen.

---

schneller vorüberginge. Ich bat ihn, sich allem zu beugen, was die Inquisition von ihm zu glauben verlangen mochte. Davon war er zutiefst erschüttert, und ich habe persönlich erlebt, wohin ihn das gebracht hat. In diesem Augenblick fürchte ich um die Sicherheit seines Lebens.

schrieb er, „mit der Inquisition zu tun zu haben. Der arme Mann ist mehr tot als lebendig zurückgekommen."

Niccolini setzte sich dafür ein, dass Galilei zurück nach Hause durfte. Papst Urban schlug dies rundweg ab, doch er erlaubte dem in Ungnade gefallenen Astronomen immerhin, seinen Hausarrest in der Villa des Erzbischofs von Siena, Ascanio Pic-

> Galilei blieb unter Hausarrest,
> ein Gefangener der Inquisition,
> dem jede Form der Lehre künftig
> untersagt war.

colomini, zu verbringen. Dort erlitt Galilei einen Nervenzusammenbruch und blieb fünf Monate in dessen Haus. Erst Ende 1633 durfte er wieder nach Hause, nach Arcetri. Aber auch dort stand er unter Hausarrest, ein Gefangener der Inquisition. Er durfte keine Freunde oder Kollegen empfangen oder gar die Lehre wieder aufnehmen.

Doch er konnte immer noch schreiben. In Arcetri arbeitete er weiter an einem Buch, das er schon im Hause Piccolominis begonnen hatte: *Discorsi intorno a due nuove scienze* (Unterredungen über zwei neue Wissenschaften). Doch der Bannstrahl der Inquisition sorgte dafür, dass die Verleger in Italien nicht wagten, es zu veröffentli-

> Galilei hatte beim unablässigen
> Beobachten der Sterne seine Augen
> ruiniert und war blind geworden.

chen. Aus Venedig kam eine Ablehnung, die Jesuiten verhinderten die Veröffentlichung des Buches in Deutschland. Schließlich schmuggelte ein Freund das Manuskript über die Alpen in die protestantischen Niederlande, wohin der Arm des Papstes nicht reichte. Im Juni 1638 wurde es endlich publiziert. Zu dieser Zeit war Galilei bereits erblindet, vermutlich weil er mit seinem Teleskop ständig ungeschützt die Sonne beobachtet hatte. Er sollte das gedruckte Buch nicht mehr zu Gesicht bekommen.

Galileis Grabmal, das 1737 auf Befehl von Papst Clemens XII. im Dom von Santa Croce in Florenz geschaffen worden war – fast hundert Jahre nach seinem Tod.

GALILEIS TOD

Ende 1641 kehrte das Fieber zurück, an dem Galilei jeden Winter litt, nur sollte er sich diesmal nicht mehr davon erholen. Er starb am 8. Januar 1642, einige Wochen vor seinem 78. Geburtstag. Und Papst Urban verfolgte ihn sogar noch im Tode. Er verweigerte seinem einstigen Freund ein öffentliches Begräbnis und widersetzte sich auch den Bitten des Mathematikers Vincenzo Viviani, der Galilei ein Denkmal setzen wollte. Galileis Versündigung gegen Gott und die katholische Kirche habe, so Urban, zum „größten Skandal der Christenheit" geführt. Und so bestattete man Galilei anonym im Keller von Santa Croce in Florenz.

1737, also fast ein Jahrhundert später, ordnete Papst Clemens XII. an, dass in eben dieser Kirche für Galilei ein Grabmal errichtet werden sollte. Doch es dauerte noch 350 Jahre, bis Papst Johannes Paul II. 1992 die beiden Urteile von 1616 und 1633 aufhob und eingestand, dass Galilei recht gehabt hatte.

DER GEFANGENE IM VATIKAN – TEIL 1

Das Jahr 1848 lehrte die Monarchen Europas das Fürchten. Den Papst in Rom, der ebenso absolutistisch über den Kirchenstaat in Mittelitalien herrschte, vielleicht sogar noch mehr als andere Herrscher.

Zum ersten Mal in der Geschichte war die Macht, die diese Herrscher über ihre Untertanen ausgeübt hatten, wirklich bedroht. Neue liberale Ideen hatten schon die Französische Revolution befeuert, nun griffen sie auf den ganzen Kontinent über: Freiheit, Gleichheit, Brüderlichkeit. Diese Ideale wurden in Europa heiß diskutiert. Sie gaben dem geschundenen Volk Hoffnung auf ein selbstbestimmtes Leben.

Papst Pius IX., der 1846 zum Papst gewählt worden war, schien zunächst ein recht unwahrscheinliches Opfer dieser „revolutionären Welle" zu sein, wie manche Historiker diese Ereignisse bezeichnen.

Paris war eine der Städte, in denen es während der Aufstände von 1848 zu heftigen Kämpfen kam. Das Volk forderte endlich seine Rechte ein. Selbst Papst Pius IX. war betroffen, sodass aus dem einstigen Liberalen quasi über Nacht ein absoluter Autokrat wurde.

Sein Vorgänger, der stockkonservative Gregor XVI., glaubte, dass jeder Aspekt des modernen Lebens Ausdruck des Bösen sei. Dies galt vor allem für technische Neuerungen wie Straßenbeleuchtung oder Eisenbahn. Gregor sah all das als Werk des Teufels, das dem entgegenstand, was Gott für das Leben der Menschen vorgesehen hatte. Pius, der fast 30 Jahre jünger war als sein Vorgänger, wusste den Fortschritt durchaus zu schätzen. Er war einer der wenigen europäischen Herrscher mit einer liberalen Einstellung. So führte er nach seiner Wahl sofort die Straßenlaternen und die Eisenbahn im Kirchenstaat ein, was Gregor vehement abgelehnt hatte. Er begnadigte politische Gefangene in den päpstlichen Kerkern und reformierte die ineffiziente und korrupte Bürokratie im Vatikan. Er hegte Pläne, das Wirken der Inquisition einzuschränken, den Index verbotener Bücher abzuschaffen und Zeitungen und Bücher nicht mehr der Zensur zu

▲ **Die Krönung von Papst Pius IX. im Jahr 1846. Das Volk hatte sich in den Straßen versammelt und jubelte ihm zu. Doch Pius musste erleben, wie das Papsttum unter seiner Regentschaft massive Veränderungen hinnehmen musste.**

▼ **Die Ermordung des päpstlichen Premierministers Pellegrino Rossi 1848 ließ Pius IX. um sein Leben fürchten. Er floh nach Neapel.**

unterwerfen. Die neuen bürgerlichen Freiheiten sollten, gemeinsam mit freien, demokratischen Wahlen, im Kirchenstaat eingeführt werden. Doch Pius setzte all diese Reformen nie um. Wie weit dieser liberale Papst in der Modernisierung des Kirchenstaates tatsächlich gegangen wäre, werden wir wohl nie erfahren. Im Januar 1849, nur ein Jahr nach den europaweiten Aufständen, hatte Papst Pius IX. all seine liberalen Ideen fallen lassen und führte von nun an ein ebenso reaktionäres und autoritäres Regiment wie alle anderen Machthaber in Europa.

Pius begnadigte politische Gefangene in den päpstlichen Kerkern und reformierte die ineffiziente und korrupte Bürokratie im Vatikan.

Die liberalen Reformen, die Papst Pius IX. nach seiner Wahl hatte durchführen wollen, wurden mit Begeisterung begrüßt, doch nie umgesetzt.

WANDEL OHNE GEWISSENSBISSE

Was war geschehen, das solch einen Wandel bewirkt hatte? Kurz gesagt: Der revolutionäre Geist, der Freiheit, Gleichheit und Brüderlichkeit endlich umgesetzt sehen wollte, war so stark geworden, dass er die alte Ordnung mit Gewalt und Blutvergießen hinwegfegen wollte. Selbst im Kirchenstaat war die öffentliche Ordnung in Gefahr, und niemand konnte sich mehr auf die Straßen wagen. Die Forderung nach einer neuen Verfassung wurde laut vorgetragen, und damit war Pius' Plan, liberale Reformen langsam und unter seiner Ägide zu bewerkstelligen,

nicht mehr durchführbar. Die Stimmung kochte hoch, als Pius' Stütze, Pellegrino Rossi, Premierminister im Kirchenstaat, am 15. November 1848 auf dem Vatikanhügel erstochen wurde. Mehrere Passanten wurden Zeugen des Mordes, aber offenkundig wollte niemand dem Premierminister zu Hilfe eilen. Der Täter wurde nie gefasst.

Rossis Tod erschütterte Pius zutiefst. Schließlich waren bei Volksunruhen niemals Päpste umgekommen, zumindest nicht in den letzten neunhundert Jahren. Doch Pius fürchtete, er würde der Nächste sein. Also beschloss er, aus Rom zu fliehen. Er

DIE FORDERUNGEN DER REVOLUTIONÄRE

Revolten und Aufstände waren in den europäischen Ländern freilich nichts Neues, doch die Revolution, die im Januar 1848 ausbrach, unterschied sich davon beträchtlich. Die Missstände, die bekämpft werden sollten, waren nicht auf ein Land beschränkt. Die Demonstrationen und Gewaltakte begannen in Frankreich und griffen schnell auf Deutschland und Italien über. Danach wurden das Österreichisch-Ungarische Kaiserreich erfasst, die Schweiz, Groß-Polen und die Walachei im südlichen Rumänien. Die Proteste jagten den herrschenden Eliten Europas Angst ein, denn ihr Ziel war eines, das

die politische Landschaft für immer verändern würde: eine liberale Verfassung, demokratische Rechte, Redefreiheit und andere Bürgerrechte. Die Herrschenden wurden offen herausgefordert zum Zeichen dessen, dass die Zeiten der Unterwürfigkeit, auf die sie ihre Macht gebaut hatten, ein für alle Mal vorüber waren. „Wir gegen sie" – das war die neue Losung. Der konservative Historiker de Tocqueville schrieb: „Die Gesellschaft war zweigeteilt: Die, die nichts hatten, vereinten sich in allgemeiner Missgunst, die aber, die etwas hatten, wurden durch die Furcht geeint."

Pius IX. beschloss, sich in Sicherheit zu bringen, und floh als einfacher Priester verkleidet aus Rom.

verkleidete sich als gewöhnlicher Priester, setzte eine Sonnenbrille auf und stieg unerkannt in die Kutsche des bayerischen Botschafters, die ihn ins Königreich beider Sizilien nach Gaeta brachte, eine Festung an der Küste nördlich von Neapel. In der Zwischenzeit wurde der Kirchenstaat von Revolutionen erschüttert, die von Bologna bis nach Rom reichten. Im ganzen Gebiet wurden die Abgesandten des Papstes, seine Legaten, vertrieben und durch Revolutionskomitees ersetzt, die das Ende der päpstlichen Herrschaft und die Römische Republik ausriefen. Dies wurde im Januar 1849 bestätigt, als die Volksversammlung in Rom, die aus gewählten Vertretern bestand, eine neue Verfassung verabschiedete, in der der erste Artikel lautete, dass die weltliche Herrschaft des Papstes abgeschafft werde.

Eine öffentliche Bekanntmachung: Die demokratisch gewählte Volksversammlung beruft die Radikaldemokraten Mazzini, Saffi und Armellini zur Regierung der kurzlebigen Römischen Republik.

ASSEMBLEA COSTITUENTE

IN NOME DI DIO E DEL POPOLO

In seguito del Decreto d' oggi che instituisce un Triumvirato pel Governo della Repubblica, si rende noto che l' Assemblea ha immediatamente nominato **Triumviri i Cittadini**

GIUSEPPE MAZZINI

AURELIO SAFFI

CARLO ARMELLINI

Roma dalla Residenza dell' Assemblea il **29 Marzo 1849.**

Il Presidente

G. GALLETTI

I Segretari
FABRETTI
PENNACCHI

Pius IX. erhebt die Hand zum päpstlichen Segen. Er war mit seiner 32-jährigen Amtszeit der am längsten herrschende Papst.

DIE BEWAFFNETEN GARDEN DES PAPSTES

Doch der Papst sollte Hilfe aus dem Ausland erhalten; daher erwies sich die Römische Republik als nicht besonders langlebig. Truppen aus Österreich und Frankreich, beides katholische Länder, die Italien von 1713 bis 1814 beherrscht hatten, marschierten ein, lösten die Volksversammlung auf und setzten Pius wieder in seine Rechte und Pflichten ein. Doch natürlich war es eine unhaltbare Situation für den Papst, sich nur mit ausländischer militärischer Hilfe im Kirchenstaat halten zu können. Die Österreicher, die die Lombardei und Venedig im Nordwesten des Kirchenstaates besetzt hielten, bewachten den Kirchenstaat. Französische Truppen patrouillierten in Rom. Nur dies schützte den Papst vor weiteren Unruhen.

Als Pius IX. in den Vatikan zurückkehrte, wurde er nicht etwa mit Jubelrufen begrüßt, obwohl die frommen Katholiken Europas auf seiner Seite waren. Doch der Papst, der nach Rom zurückkehrte, war nicht derselbe, der den Vatikan unter solch gefährlichen Umständen verlassen hatte. Dass man mit Gewalt versucht hatte, ihn abzusetzen, und ihn in seinen Augen zu Unrecht von dem Platz vertreiben wollte, den Gott den Päpsten zugedacht hatte, empörte Pius. Für ihn war die weltliche Herrschaft über den Kirchenstaat ebenso Gottes Wille wie die spirituelle Führerschaft der Kirche, und beides hätte er beinahe eingebüßt. Dies ließ ihn von seinem liberalen Kurs abrücken, sodass er seine weltliche Herrschaft fortan auf neue, beinahe polizeistaatliche Weise ausübte.

DIE LIBERALE VERFASSUNG

Doch die Revolution von 1848 fegte auch andere Machthaber vom Thron. 1849 kam es zur Restauration; die meisten Herrscher hatten durch drakonische Unterdrückungsmaßnahmen ihre Gebiete zurückerobert. Liberale wurden verhaftet, gefoltert und getötet, ihre Anhänger bedroht, bis sie sich unterwarfen. Die liberalen Verfassungen, die man den Herrschern abgerungen hatte, wurden sogleich widerrufen und die Plage der absolutistischen Machtausübung befiel Europa erneut. Und doch – das Leben war für die Herrschenden Europas nicht mehr das gleiche wie vorher. Sie fühlten sich nicht mehr

sicher und verschanzten sich in ihren Festungen. Dasselbe galt auch für Papst Pius, aber aus anderen Gründen. Obwohl die Volksversammlung in Rom nicht lange existiert hatte, hatte sie es verstanden, die neue liberale Verfassung in gültige Gesetze umzusetzen. Dagegen konnte der Papst nicht an. Er konnte die Verfassung nicht einfach wieder abschaffen wie die anderen Herrscher. Die Verfassung der Römischen Republik blieb gültig und eröffnete den übrigen Republiken Italiens Möglichkeiten, in der nationalen Einigungsbewegung den Willen des Volkes und seinen demokratischen Traum zu verwirklichen.

Natürlich fühlte Pius sich durch eben diesen Willen ständig bedroht. Die Hoffnung der Liberalen ruhte nun ganz auf dem Königreich Sardinien, dessen Territorium – anders als sein Name vermuten lässt – in Piemont im nordwestlichen Italien lag und Turin als Hauptstadt erwählt hatte. Zu diesem Königreich gehörte das umliegende Ligurien und Sardinien, nach Sizilien die zweitgrößte Insel Italiens. Unter ihrem Herrscher, König Vittorio Emanuele II. aus dem Hause Savoyen, wurde Piemont-Sardinien von einem absolutistisch regierten Staat

Das Revolutionsjahr 1848 bedrohte auch den Papst. Hier Aufmärsche vor dem Papstpalast.

RISORGIMENTO: DIE EINIGUNG ITALIENS

Risorgimento heißt „Wiedererstehung", was sich auf die Einheit Italiens bezieht. Jahrhundertelang war Italien in kleine Fürsten- und Königtümer geteilt gewesen, die sich nach dem Fall des Weströmischen Reiches um 476 herausgebildet hatten. Eines dieser Gebiete war der Kirchenstaat in Mittelitalien, der sich Ende des 18. Jahrhunderts bis nach Bologna und Ferrara erstreckte und unter der weltlichen Herrschaft des Papstes stand.

Die Situation der Teilung Italiens dauerte gut 1400 Jahre an. In Oberitalien aber herrschten im 19. Jahrhundert Österreicher und Franzosen. Der Prozess der Einigung ging nur schrittweise vonstatten und dauerte von 1814 bis 1870. In diesem Jahr besetzten italienische Truppen Rom und den Kirchenstaat. Das Trentino, Südtirol und Triest kamen erst 1919 nach dem 1. Weltkrieg zu Italien.

> Die Kirche hatte keine Kontrolle mehr über die Schulen. Die Religionsfreiheit wurde ausgerufen und Jesuiten des Landes verwiesen.

zur ersten parlamentarischen Demokratie Italiens umgestaltet. Die Kirche hatte keine Kontrolle mehr über die Schulen. Die Religionsfreiheit wurde ausgerufen, die Jesuiten, die zum Schaden des Landes für den Papst arbeiteten, aus dem Königreich vertrieben. Natürlich waren das für

1861 wurde Vittorio Emanuele II. von Piemont-Sardinien einer der ersten drei Könige Italiens.

Pius IX., der die Entwicklung in Piemont-Sardinien aufmerksam verfolgte, keine guten Nachrichten. Am schlimmsten war, dass Vittorio Emanuele II. beim Volk ungeheuer beliebt war, eben weil er sich für liberale Reformen einsetzte. Von der Kirche und von Rom aber wandten die Menschen sich zusehends ab.

Und als wäre dies nicht genug, wurde Vittorio Emanuele II. auch als Kriegsheld verehrt, der 1848/49 persönlich in den vier Schlachten um Italiens Unabhängigkeit von Österreich gekämpft hatte. Man hatte versucht, Italien vom Joch der österreichischen Herrschaft zu befreien. Bei diesen Kämpfen wurde jedoch vor allem eines deutlich: Ein einzelner italienischer Staat konnte die Fremdherrschaft nicht abschütteln, ob sie nun von den Franzosen oder den Österreichern ausging. Doch obwohl das Königreich Piemont-Sardinien diesen Krieg verlor, ging der damals 29-jährige Vittorio Emanuele daraus als strahlender Held des *Risorgimento* hervor, der Bewegung zur Einigung des in einzelne König- und Fürstentümer zerfallenen Italiens.

Je beliebter der Heldenkönig wurde, desto größer war die Gefahr für Pius IX. Bald nahm die Hoffnung, Italien mit seinen zahlreichen Kleinstaaten zu einer Monarchie zu vereinen, konkrete Formen an, vor allem im Kopf des ehrgeizigen Vittorio Emanuele. Für einen Papst mit Alleinherrschaftsanspruch und einen Kirchenstaat, der fast bis zur Adria reichte, blieb da wenig Platz.

> Für einen autokratischen Papst blieb hierbei wenig Platz.

Vittorio Emanueles erste Möglichkeit zur Herrschaft über ganz Italien bot sich 1859, als es neuerlich zum Krieg mit Österreich kam. Dieses Mal hatte sich der König mit den Franzosen verbündet, die ebenfalls wollten, dass ihre Erzfeinde, die Habsburger, aus Italien vertrieben würden. Entscheidend war dabei der Sieg Vittorio Emanueles über die päpstliche Armee bei der Schlacht von Castelfidardo. Danach trieb der König die päpstlichen Soldaten vor sich her nach Rom. Der Ausbruch der Feindseligkeiten wurde begleitet von Aufständen im Kirchenstaat. Einmal mehr wurden die päpstlichen Legaten vertrieben.

Danach forderten auch die Nationalisten in Neapel und Sizilien die Vereinigung mit dem Königreich Piemont-Sardinien. Am 18. Februar 1861 wurde das Vereinte Königreich Italien offiziell ausgerufen. In der Frühzeit allerdings blieben zwei große Gebiete noch von der Einigung ausgeschlossen: das Veneto im Nordosten mit seiner Hauptstadt Venedig wurde immer noch von Österreich kontrolliert. Und natürlich Rom und der Kirchenstaat, wo der Papst fest entschlossen war, jeden

> Pius IX. erklärte, dass Gott auf seiner Seite stehe und dieser die Revolutionäre bestrafen würde.

Am 20. Mai 1859 trafen im Zweiten Italienischen Unabhängigkeitskrieg die Truppen Frankreichs und Sardinien-Piemonts in Montebello in der Lombardei auf die Soldaten Österreichs.

Eindringling gnadenlos zu bekämpfen.

Nun griff Pius IX. zu einer Waffe, über die nur er verfügte. In einer päpstlichen Enzyklika vom Januar 1860 exkommunizierte er Vittorio Emanuele und jeden, der päpstliches Land entweiht hatte. Gott, so meinte Pius, sei auf seiner Seite und nicht auf der Seite der Revolutionäre. Er würde sie mit Sicherheit bestrafen für das, was sie Seiner Kirche antaten und ihm, Seinem Stellvertreter auf Erden. Es wäre, so der Papst, äußerst unklug, den Kirchenstaat nicht „ohne alle Einschränkungen" seinem rechtmäßigen Besitzer zurückzugeben.

EXKOMMUNIKATION DES KÖNIGS

Einige Jahrhunderte früher, im Mittelalter zum Beispiel, war die Exkommunikation und die Androhung der Strafe Gottes ausreichend gewesen, um selbst die widerspenstigsten Untertanen zu zähmen. Doch dieser Effekt hatte sich abgenutzt, vor allem in

VATIKAN-LEXIKON

PÄPSTLICHER LEGAT

Der päpstliche Legat repräsentiert den Papst als Botschafter. Gewöhnlich wird dieses Amt nur Kardinälen übertragen. Man entsandte sie an Königshöfe oder Kirchen außerhalb des Vatikans. Mitunter wurden sie auch zur Durchführung von Sonderaufgaben ernannt, zum Beispiel zur Ausrichtung eines Konzils oder zur Erkundung häretischer Umtriebe in einer bestimmten Region. Das war vor allem bei dem Kampf des Papsttums gegen die Katharer im Languedoc der Fall. Der Titel geht übrigens zurück auf das lateinische *legatus*, was „entsandt" bedeutet.

Der Republikaner Giuseppe Garibaldi (links) grüßt Vittorio Emanuele II. (rechts) als König von Italien bei diesem historischen Treffen in Teano, zwischen Rom und Neapel, am 26. Oktober 1860.

Italien, wo viele Menschen, vor allem die gebildeten Klassen, sich von Rom abgewandt hatten und nicht selten auch von der römischen Kirche. Niemand zitterte mehr bei dem Gedanken an die göttliche Vergeltung. Pius bewies einfach wenig politisches Geschick. Er hatte es ja nicht mit beeindruckbaren Gläubigen zu tun, sondern mit weltlich gesonnenen Menschen, die ihm zum einen übel nahmen, französische Truppen ins Land geholt zu haben, zum anderen selbst nach politischer Macht strebten.

Natürlich hatten auch die Protagonisten des Risorgimento persönliche Interessen an der Bewegung. Vittorio Emanuele und seine Regierung stellten die Eroberung Roms zunächst einmal auf der Agenda hintan, zuerst solle man die Österreicher aus dem Veneto hinauswerfen. Giuseppe Mazzini und Giuseppe Garibaldi, die der radikaldemokratischen Bewegung angehörten, welche sich die Einigung Italiens auf die Fahnen geschrieben hatte,

> Die gebildeten Klassen Italiens hatten sich von Rom abgewandt und erzitterten nicht angesichts der Androhung göttlicher Rache.

waren anderer Ansicht. Auf ihrer Seite stand die dritte Speerspitze des neu erstarkten Nationalismus, nämlich Camillo Benso, Graf von Cavour, der einstige Premierminister Vittorio Emanueles. Für die drei Demokraten war eine Einigung nicht vollständig, wenn Rom, die Hauptstadt des Landes, in Händen des Feindes verblieb. Der französische Kaiser Napoleon III. verbündete sich aus ebenso eigensüchtigen Gründen mit Vittorio Emanuele: Sein Ziel war, die Österreicher aus Oberitalien zu vertreiben und langfristig sicherzustellen, dass aus den zahlreichen Fürstentümern kein mächtiger Nationalstaat erwuchs, der mit Frankreich um den Einfluss in Europa konkurrieren konnte.

GARIBALDI MACHT PROBLEME

Allmählich zeichnete sich eine tiefe Kluft zwischen Vittorio Emanuele und seiner neu gebildeten Regierung und dem großen Militärführer des Risorgimento, Giuseppe Garibaldi, ab. Dieser versuchte, den König zu umgehen und Rom zu erobern, zuerst 1860, dann noch einmal 1862. Garibaldi wurde

> Vittorio Emanueles Ziel, König ganz Italiens zu werden, war plötzlich bedroht. Er konnte es sich nicht leisten, dass Garibaldis Freischärler das Land zur Republik erklärten.

immer zurückgeschlagen, doch Vittorio Emanuele konnte es dabei nicht belassen. Garibaldi war nicht nur Republikaner, sondern auch noch sehr beliebt bei den italienischen Nationalisten. Und für sie war Rom der Heilige Gral des Risorgimento. Garibaldis Plan, die Stadt zu erobern, wurde als patriotische Großtat betrachtet, denn dass die Franzosen den Papst noch immer bewachten, wurde von vielen Italienern als nationale Schande empfunden.

Unter diesen Umständen war Vittorio Emanueles Ziel, irgendwann König von ganz Italien zu werden, bedroht. Er konnte sich einfach nicht erlauben, dass Garibaldis Freischärler Rom „befreiten" und, wie Vittorio Emanuele vermutete, das Land zur Republik erklärten. Also musste er die Initiative ergreifen und die Franzosen selbst vertreiben. Dies war ganz offensichtlich das Ziel des Königs, als er

1864 mit den Franzosen den Septembervertrag schloss. Die Franzosen sicherten darin zu, dass sie Rom bis 1866 verlassen würden. Damit hätte Vittorio Emanuele freie Bahn für seine eigenen Pläne gehabt – Rom zu annektieren und zur Hauptstadt seines Königtums zu machen. Um diese Absicht zu verschleiern, machte er umfangreiche Konzessionen: Seine Regierung würde ihre Hauptstadt von Turin im Piemont nach Florenz in der Toskana verlegen, weit weg von Rom, und er würde den Kirchenstaat nicht angreifen.

HOFFNUNG FÜR DEN PAPST

Diese neuen Vereinbarungen stärkten in Papst Pius IX. das Gefühl, letztlich doch sicher zu sein. Der Optimismus des Papstes übertrug sich bald auch auf seine Kardinäle. Sie waren fest davon überzeugt, dass Kaiser Napoleon III. Rom und Pius niemals im Stich lassen würde. Er würde ihn „nie hilflos der Gnade der Söldner des Piemontesen ausliefern. Die Katholiken Frankreichs und der Welt", verkündeten die Kardinäle, „würden dies nicht zulassen."

Diese neue Selbstsicherheit im Vatikan wurde auch von Ereignissen außerhalb Italiens gestärkt,

Kaiser Napoleon III. von Frankreich, der mit seinen Truppen in Rom für Ruhe und Ordnung sorgte und den Papst schützte.

zeichnete sich doch ein Krieg ab zwischen Preußen und Österreich, beide zugleich auch Gegner Frankreichs. Alle drei Mächte teilten die Ansicht, dass ein geeintes Italien für ihre Länder eine Bedrohung wäre, weil sein Einfluss in Europa wüchse.

> Die neuen Vereinbarungen stärkten in Papst Pius IX. das Gefühl, letztlich doch sicher zu sein.

DIE RECHTE HAND DES PAPSTES

Giacomo Antonelli war einer der letzten Laien, die zum Kardinal erhoben wurden. Er wurde im Revolutionsjahr 1848 von Pius IX. zum Kardinalstaatssekretär des Kirchenstaates gemacht und behielt diese Position bis zu seinem Tod 1876 bei. Es war Antonellis Lebenswerk, den Papst vor seinen Feinden zu schützen und das Papsttum vor der Liberalisierung. So war es Antonelli, der im November 1848 nach der Ermordung von Premierminister Pellegrino Rossi die nötigen Vorbereitungen traf, um dem Papst zur Flucht nach Gaeta zu verhelfen. Als die Republikaner 1849 den Kirchenstaat besetzten, holte er die Franzosen und Österreicher zu Hilfe, um das Land zurückzuerobern und es wieder der Kontrolle von Pius IX. zu unterstellen. Antonellis antiliberale Aktivitäten und sein Bemühen, das Risorgimento zu unterlaufen, machten ihn zu einem der

Kardinal Giacomo Antonelli war fast 30 Jahre lang Kardinalstaatssekretär von Papst Pius IX. Er trat stets für das Papsttum ein. Trotzdem fehlten bei seinem Tod auf den Konten des Vatikans mehrere Millionen Lire.

meistgehassten Männer Italiens. 1855 entkam er mit knapper Not einem Anschlag auf sein Leben.

Doch Antonelli vollbrachte noch eine andere, weniger rühmliche Leistung: Nach seinem Tod klaffte in den Finanzen des Vatikans, für die Antonelli verantwortlich gewesen war, ein Loch von gut 45 Millionen Lire. Sein nicht unbeträchtliches privates Vermögen ging durchweg an seine Angehörigen. Trotz seiner Sympathien für Papst Pius hinterließ er diesem nur eine sehr kleine Summe.

VATIKAN-LEXIKON

APOSTOLISCHER NUNTIUS

Der apostolische Nuntius (oder päpstliche Botschafter) ist der Vertreter des Heiligen Stuhls bei auswärtigen Regierungen und internationalen Organisationen wie den Vereinten Nationen. Er ist damit einem Botschafter vergleichbar. Der Nuntius hat dieselben Rechte und Privilegien wie dieser. Solange er auf seinem Posten verbleibt, steht er innerkirchlich im Rang eines Erzbischofs. Bis zur Einführung der Frauenordination in der katholischen Kirche kann jeder Nuntius nur männlich sein.

Daraus folgte, dass alle drei Länder vermutlich ihr Bestes geben würden, um eine italienische Einigung zu unterbinden. Das ward im Vatikan natürlich gern gehört, denn dieser hatte vom Risorgimento am meisten zu befürchten. Nichts klang dem Papst und mit ihm seinen Gesandten lieblicher in den Ohren als Versicherungen, dass man das aufkeimende italienische Staatswesen bald in seine Grenzen verweisen werde.

Im Januar 1865 schrieb Odo Russell, der britische Gesandte in Rom, einen Brief ins heimische London, in dem er ein Gespräch mit Kardinal Giacomo

Französische Truppen packen und ziehen 1866 aus Rom ab, wodurch das Papsttum seines militärischen Schutzes beraubt ist.

Antonelli wiedergab, dem Kardinalstaatssekretär und damit „Außenminister" des Papstes. „Wie der Papst", schrieb Russell, „hofft auch Antonelli, dass ein Krieg in Europa die Angelegenheiten des Heiligen Stuhles günstig beeinflussen würde."

ALLE HOFFNUNG DAHIN

Der Septembervertrag nährte viele Hoffnungen und wurde doch keiner gerecht. Der Krieg zwischen Österreich und Preußen begann im Juni 1866, verlief aber keineswegs nach den Wünschen des Vatikans. Der Papst hatte geglaubt, dass Österreich die Preußen überrollen würde, die sich mit dem König von Italien verbündet hatten. Österreich würde doch sicher bald seine verlorenen Provinzen zurückerobern.

Das Gegenteil war der Fall. Die Preußen und ihre italienischen Verbündeten triumphierten und der Krieg endete im Oktober 1866 nach nur vier Monaten. Das Timing hätte schlechter nicht sein können. Im Dezember 1866 schickten die Franzosen sich an, dem Septembervertrag Folge zu leisten und Rom zu verlassen. Bevor das Jahr zu Ende ging, wurde ihre Fahne vom Mast der Engelsburg

> Der Papst war sicher gewesen, dass Österreich Preußen überrollen würde … Das Gegenteil war der Fall.

Giuseppe Garibaldi gilt heute als italienischer Freiheitsheld, der leidenschaftlich für Unabhängigkeit und Einheit kämpfte.

eingeholt und die französischen Truppen stachen in Civitavecchia, dem Hafen von Rom, in See, um nach Hause zurückzukehren. Im Vatikan fiel auch noch das letzte bisschen Sicherheit, dass die Franzosen sie nicht im Stich lassen würden, in sich zusammen.

PANIK IM VATIKAN

Nun ging Panik im Vatikan um. Papst Pius' Berater flehten ihn an, sich in Sicherheit zu bringen und in Spanien oder Österreich um Asyl zu bitten. Ihre Furcht wurde verstärkt durch die Tatsache, dass Pius' Polizeistaatmethoden in Rom nicht eben auf Gegenliebe gestoßen waren. Es gab eine Reihe umstürzlerischer Gruppierungen, die nur zu gerne eine Rebellion ausgerufen hätten. Dann würde sich der Zorn der Bevölkerung gegen den Vatikan entladen. In den Augen seiner Helfer war der Papst in ernstlicher Gefahr, doch die Bedrohung kam in Wirklichkeit aus einer ganz anderen Richtung – nicht von dem wütenden Mob, sondern von der italienischen Regierung unter Vittorio Emanuele II. Der Rückzug der Franzosen aus Rom hatte sie in eine schwierige Lage gebracht. Im Septembervertrag von 1864 hatten die Franzosen die weltliche Macht des

Papstes in Rom garantiert und mit ihr auch die im Kirchenstaat, den nicht anzugreifen sie geschworen hatten. Um seiner Ehre und Glaubwürdigkeit als König von ganz Italien willen konnte Vittorio Emanuele diese Vereinbarung nicht einfach brechen. Doch hinter den Kulissen musste er freilich daran arbeiten, das Land endlich tatsächlich zu einen.

Also finanzierte Emanueles Regierung antipäpstliche Gruppierungen in Rom in der Hoffnung, es würde zu einem „spontanen" Aufstand kommen. Giuseppe Garibaldi blies zum Angriff, als er das Papsttum „die schändlichste aller Sekten" nannte und forderte, dass die katholische Priesterschaft des Landes verwiesen würde, weil sie Unwissenheit und Aberglauben in der Bevölkerung säte. Wenn erst die Feuer der Rebellion aufflackerten, konnte Vittorio Emanuele den Retter spielen und mit seinen Truppen in Rom einmarschieren, um es zu „befrieden". Dann wäre es ein Kinderspiel, die Stadt und den Vatikan einzunehmen und den Papst zu neutralisieren.

DIE REVOLUTION, DIE NIE STATTFAND

Leider lief das alles nicht wie geplant. Trotz aller Propagandareden, trotz Garibaldis wütender Agitation konnten die Römer sich nicht zum Aufstand entschließen. Das mochte auch an der persönlichen Garde des Papstes liegen, von denen die meisten keine Italiener und wahrhafte Strolche waren.

Auf dieser alten Fotografie segnet Pius IX. seine Truppen vor der Schlacht von Mentana, die am 3. November 1867 stattfand. Die päpstlichen Soldaten traten zusammen mit den Franzosen Garibaldis Freiheitskämpfern entgegen und verteidigten Rom.

> Es gab eine Reihe subversiver Gruppierungen, die nur zu gerne eine Rebellion ausgerufen hätten.

Außerdem hatte Kaiser Napoleon III. an jeder Straßenecke seine Spione und wachte sorgsam über die Einhaltung des Septembervertrages. Da er selbst schon so manche Intrige gesponnen hatte, witterte er sofort die Zeichen des Verrats und schickte Ende 1867 erneut französische Truppen nach Rom, wo sie über den Papst wachen sollten.

Papst Pius, seine Kardinäle und der ganze Vatikan waren überglücklich über diese Rettungsaktion, die in ihren Augen gerade zur rechten Zeit erfolgte. Odo Russell, der britische Gesandte in Rom, bemühte sich um eine realistischere Einschätzung. Die Anwesenheit der französischen Truppen, schrieb er, „macht aus Rom eine Festung und aus dem Papst einen Militärdespoten". Doch natürlich wurden die Franzosen zunächst mit Freude begrüßt. Russell schreibt weiter, die Anhänger des Papstes…

… sind über alle Maßen erfreut über diese glückliche Fügung und glauben an ihren künftigen Triumph. Sie beten inständig darum, dass ein großer Krieg in Europa Italien erneut teilen und zerbrechen mag.

Als Russell 1868 zur Audienz beim Papst gebeten wird, verrät dieser ihm, dass die päpstliche Armee mittlerweile, in Prozent der Einwohnerzahl gerechnet, die größte der Welt sei und dass er, wenn es die Interessen der Kirche je erfordern sollten, „zum Schwert greifen, aufs Pferd steigen und diese Armee anführen" würde. Papst Pius IX. war zu jener Zeit 75 Jahre alt.

Doch die Interessen der Kirche erforderten weit mehr als ein wenig Kühnheit und Schwertergerassel. Seine Stellung als europäischer Herrscher war einzigartig, hatte er doch als Glaubensoberhaupt Einfluss auf Millionen frommer Katholiken auf dem ganzen Kontinent, die seinen Anweisungen zweifellos folgen würden. Aber es gab auch andere Katholiken, die dem „Irrtum" erlegen waren und sich der Moderne geöffnet hatten, was Pius ja einst selbst überlegt hatte. Diese Abweichler musste man nun zurechtweisen. Bereits 1864 hatte er Anweisungen erlassen, wie das zu geschehen habe. Er zeichnete einen Glaubenspfad, so eng, wie kein Papst vor ihm dies bislang gewagt hatte.

DER PAPST BRICHT DEN STAB ÜBER DEM „IRRTUM"

Die Enzyklika *Quanta Cura* zeigt, wie weit sich der Papst von früheren liberalen Positionen abgewandt hat. Er verdammt darin nahezu jede fortschrittliche Idee, die er einst selbst vertreten hatte.

Begleitet wurde die Enzyklika von einem Katalog von 80 Irrtümern, denen Katholiken nicht erliegen sollten, dem *Syllabus errorum*. Er verbot seinen Gläubigen die Pressefreiheit, die Redefreiheit und die Religionsfreiheit. Kein Katholik, so Pius, sollte in den Glauben verfallen, der Papst müsse sich an Fortschritt, liberale Ideen und die moderne Zivilisation anpassen. Diese Erklärung katapultierte die Kirche und ihre Gläubigen ins Mittelalter zurück, wo die Kirche über den Geist und Glauben ihrer Anhänger die absolute Autorität ausgeübt hatte. Natürlich wurde die Enzyklika von den ultra-reaktionären Jesuiten freudig begrüßt. Indem er sich von der Wirklichkeit des 19. Jahrhunderts distanzierte,

die viele der von ihm verurteilten Freiheiten längst bot, verdammte der Papst das Papsttum und sich selbst zu einer anachronistischen, ja lächerlichen Existenz. Die Katholiken, die immer noch loyal zur Kirche waren, aber trotzdem mit beiden Beinen im modernen Leben standen, waren entsetzt.

Der Gesandte Odo Russell ging sogar noch weiter. Er war der Ansicht, die Enzyklika und der Syllabus würden sich als Katastrophe für das Papsttum herausstellen, da die katholischen Priester künftig zu einer „kirchlichen Verschwörung gegen die Prinzipien gezwungen würden, die die moderne Gesellschaft beherrschen". Lehnten sie sich aber gegen diesen Kurs auf, dann stellten sie sich „in Opposition zum Statthalter Christi auf Erden, dem sie doch Gehorsam schuldeten". Das könne nur zur völligen Entfremdung zwischen dem Heiligen Stuhl und den modernen Nationen Europas führen.

KEINE RELIGIÖSE FREIHEIT

Pius' erste Attacken galten der Religionsfreiheit
und der Toleranz gegenüber anderen Glaubensfor-
men. Letztere bezeichnete er als „größte vorstell-
bare Beleidigung für den einen wahren katholischen
Glauben". Die Gleichberechtigung der Religionen,
so der Papst 1864 in einem Brief an Kaiser Franz
Josef von Österreich, „ist so absurd, als würde man
Irrtum mit Wahrheit, Licht mit Dunkelheit ver-

> Pius' erste Attacken galten der
> Religionsfreiheit und der religiösen
> Toleranz, die er als „größte Belei-
> digung für den einen wahren
> katholischen Glauben" betrachtete.

**Papst Pius IX. verkündet das Dogma der päpstlichen Unfehl-
barkeit und spaltet damit die Katholiken.**

wechseln. So wird nur das monströse, abscheuliche
Prinzip des religiösen Relativismus gestärkt, das
letztlich unvermeidlich zum Atheismus führt." Diese reaktionären, stockkonservativen Ideen schlugen
sich in der päpstlichen Enzyklika *Quanta Cura* nieder, die Papst Pius am 8. Dezember 1864 veröffentlichte.

Quanta Cura löste eine Protestwelle selbst im katholischen Europa aus, doch Papst Pius schien dies
nicht zu bemerken. Stattdessen feierte er in Rom
ein großes Jubiläumsfest, um seine eiserne Entschlossenheit zu unterstreichen, die Kirche vor dem
Gift der Moderne zu schützen. Im März 1866
zogen farbenprächtige Prozessionen durch Rom,
angeführt von den Kardinälen in ihren roten Ro-
ben, gefolgt von Priestern und Mönchen, die die
heiligen Bilder ihrer Kirchen und unzählige Kerzen
durch die Straßen trugen. Die Prozessionen hielten
an den heiligsten Stätten Roms, wo sie jeweils ein
kleiner Scheiterhaufen erwartete, auf dem Bücher
verbrannt wurden, die auf dem Index standen.

Doch das Beste – oder Schlimmste, je nach
Blickwinkel – hob der Papst sich bis zum Schluss
auf. Das Erste Vatikanische Konzil, das viele Bischöfe und Kardinäle besuchten, wurde am 8. Dezember 1869 im Petersdom eröffnet. Das Konzil
hatte zwei Zielsetzungen: Zum einen sollte es den
Katalog der Irrtümer, den *Syllabus errorum*, abseg-
nen, zum anderen sollte es ein neues Prinzip ein-
führen: die Unfehlbarkeit des Papstes, und zwar in

VATIKAN-LEXIKON

PÄPSTLICHE UNFEHLBARKEIT

Das katholische Dogma von der päpstlichen Unfehlbarkeit wurde am 18. Juli 1870 vom Ersten Vatikanischen Konzil aufgestellt. Darin heißt es, der Heilige
Geist bewahre den Heiligen Vater vor Irrtümern,
wenn er letztgültig über Fragen des Glaubens und
der Moral entscheide. Diese Entscheidungen seien
von göttlicher Eingebung inspiriert und spiegelten
diese wider.

Um unfehlbar sein zu können, müssten die Entscheidungen des Papstes sich auf die apostolische
Tradition der Mutter Kirche und die Heilige Schrift
gründen bzw. keiner dieser beiden Institutionen
widersprechen. Das Dogma der päpstlichen Unfehlbarkeit heißt nicht, dass der Papst nicht der Sünde
und des Irrtums fähig ist.

Da dieses Dogma erst vor 138 Jahren eingeführt
wurde, ist es auch erst seit dieser Zeit gültig. 1950
erklärte Papst Pius XII. die leibliche Aufnahme der
Jungfrau Maria in den Himmel zum Dogma der römisch-katholischen Kirche. Man geht also davon
aus, dass Maria, die Mutter Jesus, nach ihrem Tod
mit Körper und Seele in den Himmel aufgefahren ist.

Von diesem einzigartigen Anspruch der Unfehlbarkeit einmal abgesehen, verlässt die Kirche sich
ganz darauf, dass der Papst entscheidet, was als
Glaubensartikel der römisch-katholischen Kirche
zu gelten hat.

allen Fragen, die den Glauben und die Moral betrafen, welche er nach Maßgabe seiner göttlichen Eingebung zu entscheiden hatte.

PÄPSTLICHE UNFEHLBARKEIT BESTÄTIGT

Nicht einmal die Enzyklika *Quanta Cura* mit ihrem Fehlerkatalog hat die Christenheit so erschüttert wie diese neue Idee. Kritiker und Befürworter lieferten sich auf dem Konzil heftige Glaubensstreitigkeiten. Letztlich aber war entscheidend, was Napoleon III. dachte. Bis zu diesem Zeitpunkt hatte er

---

Seine Heiligkeit löschte nahezu alle bürgerlichen Freiheiten aus, die das Volk sich seit der Französischen Revolution erobert hatte.

---

den Papst unterstützt, weil in Frankreich viele Katholiken lebten. Jetzt aber ging Seine Heiligkeit daran, nahezu alle bürgerlichen Freiheitsrechte, die sich das Volk in den letzten Jahrzehnten seit der Französischen Revolution erobert hatte, für hinfällig zu erklären. Der Papst machte sich selbst zum Schiedsrichter über Europas Zukunft. Das konnte nicht hingenommen werden. Napoleon ließ verkünden, wenn das Vatikanische Konzil die päpstliche

Das Erste Vatikanische Konzil wurde von Pius IX. einberufen. Es tagte von 1869 bis 1870 und legte zwei entscheidende Dinge fest: das Dogma der päpstlichen Unfehlbarkeit und die anti-modernistische Haltung des Papsttums.

Unfehlbarkeit billigen sollte, würde er seine französischen Soldaten aus Rom abziehen.

Die Abstimmung fand am 18. Juli 1870 statt. Da die Bischöfe, die die neue Regel nicht billigten, das Konzil verlassen hatten, wurde sie mit 547 zu 2 Gegenstimmen angenommen. Doch so ganz hatte man Papst Pius' Willen dann doch nicht erfüllt, denn die beschlossene Unfehlbarkeit reichte nicht so weit, wie er es gerne gehabt hätte. Der Opposition der Bischöfe auf dem Konzil war es zumindest gelungen, sie auf Glaubensdinge zu beschränken, sodass die neu gewonnenen bürgerlichen Freiheiten, die in *Quanta Cura* noch verdammt werden, davon nicht bedroht waren. Auffällig ist jedoch, dass die Botschafter der großen katholischen Länder wie Frankreich, Österreich, Spanien und Portugal bei der Abstimmung abwesend waren.

Doch das Schicksal sollte sowohl Napoleon III. als auch Pius IX. einen Strich durch die Rechnung machen. Am 27. Juli 1870 ließen die Franzosen verkünden, dass man Truppen aus Rom abziehen werde, weil sie „anderswo" gebraucht würden. Und das hatte tatsächlich nichts mit Napoleons Drohung oder der päpstlichen Unfehlbarkeit zu tun. Das „anderswo" war die Grenze zwischen

Die Franzosen zogen ihre Truppen aus Rom ab, angeblich, weil sie „anderswo" gebraucht würden.

Frankreich und Preußen, dem mächtigsten der deutschen Staaten. Dort hatte es schon seit einiger Zeit Spannungen gegeben. Am 19. Juli, am Tag nach der Abstimmung auf dem Konzil, erklärten die Franzosen den Preußen den Krieg.

FRANKREICH UND PREUSSEN IM KRIEG

Der Deutsch-Französische Krieg dauerte ein Jahr und endete mit einem preußischen Sieg am 10. Mai 1871. Er bedeutete für Frankreich eine absolute Katastrophe. Napoleon III. war danach ruiniert. Bereits im September 1870 hatten ihn die Preußen gefangen genommen und nach England ins Exil geschickt. Dies besiegelte das Ende der Monarchie in Frankreich. Als letzte Beleidigung erklärte Preußen die Einung der deutschen Staaten unter seiner Oberhoheit

Der Deutsch-Französische Krieg 1870/71 ruinierte Napoleon III., der im September 1870 von den Preußen gefangen genommen und später nach England ins Exil geschickt wurde.

DER UNFEHLBARE PAPST

Nichts von dem, was Papst Pius IX. bis dahin getan hatte, erschütterte die Christenheit mehr als das Unfehlbarkeitsdogma. Päpste konnten tatsächlich allerlei Privilegien für sich beanspruchen, doch niemals ein so weitreichendes. Das Vorhaben spaltete das Erste Vatikanische Konzil.

Der einflussreiche französische Bischof Félix Dupanloup war einer seiner Befürworter. In einem Schreiben an Kardinal Antonelli unterstreicht er die politische Dimension des Vorhabens: „Das Konzil wird den Papst gegen Piemont [und die italienische Regierung] stärken. Unser stärkstes Argument gegen Rom als Hauptstadt Italiens ist Rom als Hauptstadt des Katholizismus … die piemontesische Anmaßung [Vittorio Emanueles] wird nicht nur unmöglich, sondern ganz und gar lächerlich erscheinen." Das Konzil würde die Stärke des Papsttums verdeutlichen und so verhindern, dass die Franzosen die Stadt Rom ihrem Schicksal überließen.

Charles-Émile Freppel, Bischof von Angers, war anderer Ansicht. Er sah die Debatte um die

Unfehlbarkeit in einem eher persönlichen Licht: „Wir sehen das Ende des Pontifikates eines müden und entmutigten alten Mannes, der alles durch die Brille der Missgeschicke betrachtet, die ihm widerfahren sind. In seinen Augen ist alles, was zur modernen Welt gehört, notwendig eine ‚Schande'."

Andere Kritiker waren noch unverblümter in ihren Aussagen. Ferdinand Gregorovius, der deutsche Historiker und Theologe, schrieb:

Viele hier glauben ernsthaft, dass der Papst den Verstand verloren hat. Er geht an die ganze Frage mit einem unglaublichen Fanatismus heran und sammelt Stimmen für seine Vergöttlichung.

Auch den katholischen Monarchen Europas stieß das Unfehlbarkeitsdogma sauer auf, beschnitt es doch ihre eigene Stellung. Auch sie glaubten, sie hätten ihre Stellung von Gott erhalten und seien deshalb nur ihm gegenüber verantwortlich. Jetzt aber war da der Papst, der einen Schritt weiter ging und behauptete, er sei die Stimme Gottes.

ausgerechnet im traditionsreichen Spiegelsaal von Versailles, den der französische König Ludwig XIV. vor 150 Jahren hatte bauen lassen. Dort wurde Wilhelm I. zum Kaiser von Deutschland ausgerufen.

Auch für Papst Pius war der Ausgang des Krieges eine Katastrophe: Zunächst einmal bedeutete die Niederlage seines engsten Verbündeten Frankreich, dass nun niemand mehr da war, der Vittorio Emanuele und die italienische Regierung daran hinderte, Rom einzunehmen und zur Hauptstadt Italiens zu machen. Gerüchte kamen auf, dass der Papst fliehen und die Römer ihrem Schicksal über-

---

> Die einzige Hoffnung, die Besetzung Roms zu verhindern, schienen Verhandlungen mit Vittorio Emanuele zu sein.

---

lassen würde. Es hieß, die Jesuiten hätten Pius angefleht, die Briten um Hilfe zu bitten und sofort die Stadt zu verlassen, um nach Malta zu gehen, das von den Briten beherrscht wurde. Ihre einzige Hoffnung war es, dass Pius von dort aus mit Vittorio Emanuele verhandeln könnte, um die Besetzung Roms zu verhindern. Selbst der getreue Kardinal Antonelli bat den Papst, diesen Weg einzuschlagen, doch auch er hatte keinen Erfolg.

UNTERSTÜTZUNG FÜR DEN PAPST

Pius' Reaktion rührte nicht nur aus Altersstarrsinn her. Er glaubte, er könne sich auf ganz andere Stützen verlassen. Auf die Versprechungen zum Beispiel, die ihm Otto von Bismarck, der deutsche Reichskanzler, Wilhelm I. und die italienische Regierung gemacht hatten. Man hatte ihm versichert, dass der Kirchenstaat unangetastet bleiben würde. Aus

Graf Otto von Bismarck, der sogenannte „Eiserne Kanzler" und Feind Napoleons III., der 1871 alle deutschen Staaten unter preußischer Führung vereinte.

diesem Grund wurde Pius so wütend, wann immer Polizei- oder Truppenkommandanten ihn fragten, wie man auf Eindringlinge reagieren solle. Als ihn der Chef der päpstlichen Polizeikräfte fragte, was er tun solle, wenn man den Vatikan stürme, sprang Pius trotz seines Alters auf und schimpfte: „Verstehen Sie denn nicht? Ich habe die formelle Zusicherung, dass die Italiener keinen Fuß nach Rom setzen werden! Wie oft muss ich denn das noch sagen?"

Was Pius IX. nicht begriff, war die Tatsache, dass in der sich ständig verändernden Welt außerhalb des Vatikans Zusicherungen wie diese schnell zu Schall und Rauch wurden, wenn die Umstände es erforderten. Und genau das geschah einen Monat, nachdem die Franzosen Rom verlassen hatten. Am 20. August 1870 fand im italienischen Parlament eine Abstimmung statt: Man sprach dem König das Vertrauen aus, wenn er einen Weg finden würde, die „römische Frage" im Einklang mit den „nationalen Zielen" zu lösen.

Natürlich war dies eine verklausulierte Ausdrucksweise, die nur eines heißen konnte: die Lösung der römischen Frage auf Kosten des Papstes. Kardinal Henry Edward Manning, Führer der katholischen Kirche in England, sah darin eine unmittelbare Gefahr. Er traf sich sofort mit dem britischen Premierminister William Gladstone, um den Heiligen Vater nötigenfalls aus Rom herauszuholen. Bald darauf stach das britische Kriegsschiff *HMS Defence* in See und nahm Kurs auf Civitavecchia. Sollte der Papst Rom verlassen wollen, standen die Briten bereit.

„SPONTANE" UNRUHEN

Diese Vorsichtsmaßnahme war durchaus angebracht. Hinter den dem Papst gegebenen Garantien suchte die italienische Regierung nämlich verzweifelt nach Mitteln und Wegen, wie sie in die Stadt einmarschieren konnte. Und was fiel ihnen ein? Natürlich: „spontane" Unruhen, die es quasi unumgänglich machten, dass man eingriff. Es gab bewaffnete Angriffe auf Kasernen, Schlägereien unter den päpstlichen Truppen, die einen Aufruhr in den Straßen verursachten, dem sich die Bevölkerung alsbald anschloss.

Nachts gab es Gewehrfeuer, da und dort wurde die italienische Flagge gehisst. All das erweckte den Eindruck, wie Premierminister Giovanni Lanza es jugendlichen Verschwörern gegenüber ausdrückte, „als sei Rom in den Klauen der Anarchie und die päpstlichen Truppen nicht mehr in der Lage, die

Sicherheit des Kirchenstaates zu gewährleisten". Doch Lanza blieb vorsichtig: „Unruhen in Rom – das ist es, was wir brauchen, jedoch keine Revolution!"

Natürlich war dies eine riskante Strategie, die der vorsichtige Außenminister Emilio Visconti-Venosta nicht unterstützte. Er hatte geglaubt, zwischen dem Papst und der italienischen Regierung könne ein Abkommen ausgehandelt werden. Visconti war keiner, der Waffengewalt schätzte. Er hoffte bis zuletzt, dass „die Unabhängigkeit, Freiheit und religiöse Autorität des Papstes gewahrt werden könne".

KEINE VERHANDLUNGEN

Es gab nur ein unüberwindliches Hindernis für dieses Vorhaben: Papst Pius selbst. Er hatte nicht die Absicht, mit der italienischen Regierung zu verhandeln, weil er sie damit legitimieren und anerkennen würde, was in seinen Augen gar nicht infrage kam. Selbst der vernünftige Visconti schaffte es nicht, die unnachgiebige Haltung des Papstes zu durchbrechen. Auch ein Plan der Regierung, der dem Papst die Befehlsgewalt über die sogenannte „Città Leonina", ein weitläufiges Gebiet um den Vatikan innerhalb einer mittelalterlichen Befestigungsmauer, gelassen hätte, fand nicht seine Gnade.

Soweit es Pius anging, lagen hier die Mächte Gottes im Widerstreit mit jenen des Teufels und der Preis war die Befehlsgewalt über Rom. Der Teufel war König Vittorio Emanuele, und er würde verlieren. Weniger apokalyptisch ausgedrückt war dies aber wohl die Meinung, die im Vatikan vorherrschte.

Das war vor der Gefangennahme von Napoleon III. durch die Preußen, der Abschaffung der Monarchie in Frankreich und dem Sieg der Preußen über die Franzosen. Obwohl Papst Pius IX. von der Entmachtung Napoleons III. tief betroffen war, lehnte er weiterhin sämtliche Ratschläge, sich in Sicherheit zu bringen, ab. Einer davon kam am 10. September 1870 von König Vittorio Emanuele persönlich. Er schickte Graf Panza von San Martino, um dem Papst die Unabhängigkeit des Heiligen Stuhls zu garantieren.

Pius las den Brief des Königs, weigerte sich aber, darauf direkt zu antworten. Stattdessen schrieb er: „Graf Panza von San Martino hat mir ein Schreiben überreicht, das Eure Majestät an mich gerichtet haben, doch solch ein Schreiben ist eines liebevollen Sohnes der Mutter Kirche nicht würdig." Auf den Vorschlag des Königs zu antworten, meinte Pius, hieße:

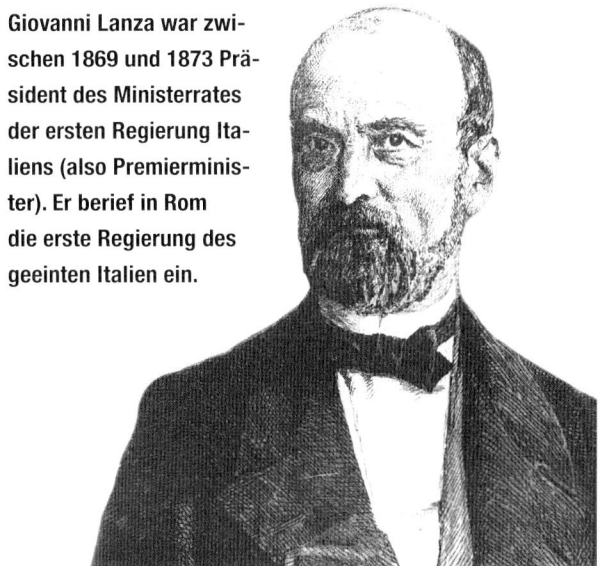

Giovanni Lanza war zwischen 1869 und 1873 Präsident des Ministerrates der ersten Regierung Italiens (also Premierminister). Er berief in Rom die erste Regierung des geeinten Italien ein.

… den Schmerz zu erneuern, den mir die erste Lektüre bereitet hat … Ich segne Gott, der Eurer Majestät erlaubt hat, meine letzten Lebensjahre mit solcher Bitternis zu erfüllen. Ich bitte Ihn, Euch Seine Gnade zu erweisen und Euch in aller Gefahr zu schützen. Möge Er Euch Seine Gnade schenken, denn Ihr seid ihrer bedürftig.

GEFANGENER IM VATIKAN

Zwischen den Zeilen stand noch immer dasselbe: Papst Pius würde dem Teufel und seinen Rotten keine Zugeständnisse machen. In seinen Augen war es besser, bis zum Schluss auszuharren. Lieber würde er sterben, als einen Kompromiss einzugehen. Der Kirchenstaat gehörte „von Rechts wegen

---

Der Papst war sicher, dass es besser sei, auszuharren und lieber zu sterben, als einen Kompromiss einzugehen, denn der Kirchenstaat konnte nicht übergeben werden.

Gott" und konnte nicht an die weltliche Macht übergeben werden. Doch Pius starb nicht bei der Verteidigung Roms. Er wurde nur ganz einfach zum „Gefangenen im Vatikan", wie er selbst sich bezeichnete. Er verließ den Vatikan nicht mehr bis zu seinem Tod 1878 – und das galt auch für drei der vier Päpste, die ihm auf dem Stuhl Petri nachfolgten.

DER GEFANGENE IM VATIKAN – TEIL 2

Am 10. September 1870 erklärte das Königreich Italien dem Kirchenstaat den Krieg. Zwei Tage später marschierten italienische Truppen im Kirchenstaat ein. Vier Tage danach nahm man den Hafen von Civitavecchia ein.

Von dort aus marschierten sie auf das gut 60 Kilometer entfernte Rom in der Hoffnung, dass man zwischenzeitlich einen Kompromiss aushandeln würde, damit sie die Stadt nicht mit Gewalt nehmen mussten. Zu diesem Zweck wurden überall Propagandaplakate aufgehängt, in denen die italienische Regierung ihren guten Willen verkündete.

Im Vatikan aber misstraute man der Propaganda. Wie der Papst vertraute man darauf, dass Gott seinen Staat schon retten würde. Was er nicht tat. Am 19. September standen die Truppen der Regierung vor der 18 Meter hohen Aurelianischen Mauer,

Die Kardinäle beten, als Papst Leo XIII. 1903 das Zeitliche segnet. Er war ebenso überzeugt von seiner Unfehlbarkeit wie sein Vorgänger Pius IX. Papst Benedikt XV. (oben) blieb von 1914 bis 1922 im Amt.

die Rom auf 19 Kilometer Länge umgibt. Nun befand sich die Stadt tatsächlich im Belagerungszustand. Und die Preußen umringten am selben Tag Paris. Die Franzosen konnten dem Vatikan nicht zu Hilfe kommen, doch Papst Pius hoffte auf das Eingreifen Österreichs, denn dies war zu jener Zeit das mächtigste katholische Land in Europa.

DIE ÖSTERREICHER SPIELEN AUF ZEIT

Die Österreicher aber waren nicht erpicht darauf, zugunsten des Vatikans in diesen Konflikt einzugreifen, denn Kaiser Franz Josef wollte einen Krieg mit den Italienern um jeden Preis vermeiden. Die Österreicher hatten nicht mehr zu bieten als Asyl in jeder beliebigen Stadt des österreichisch-ungarischen Reiches, sollte der Papst Rom verlassen wollen.

PROPAGANDASCHLACHT

Im Kampf um Rom lieferten sich beide Seiten eine Schlacht mit Worten. Sowohl der Vatikan als auch die italienischen Nationalisten versuchten, die Bevölkerung auf ihre Seite zu ziehen. Raffaele Cadorna, der die italienischen Truppen nach Rom führte, versicherte, man habe von ihm nichts zu befürchten. Der Vatikan war da anderer Meinung:

> *Römer! Ein schändlicher Akt des Bösen findet statt! Der Heilige Vater, der stets friedlich über Seine Hauptstadt und die wenigen Provinzen geherrscht hat, die ihm die Usurpatoren*

> *gelassen haben, wird ohne jeden Grund von den Truppen eines katholischen Königs bedroht. Rom ist im Belagerungszustand.*

Cadornas Leute überklebten das apokalyptische Statement mit folgenden Plakaten:

> *Italiener in den römischen Provinzen! Die Unabhängigkeit des Heiligen Stuhls wird gewahrt bleiben und mit ihr die Freiheit der Bürger. Beides wird von den eigenen Truppen garantiert – und mit Sicherheit besser als von fremden Mächten.*

Monsignore Scapinelli, päpstlicher Nuntius in Wien, tobte, als man ihm diese Botschaft überbrachte. „Es ist schon eine Unverschämtheit", schimpfte er gegenüber dem österreichischen

Die Armee des Königreichs Italien griff Rom an und nahm es im September 1870 ein.

Außenminister Graf Friedrich Ferdinand von Beust, „dass Sie mich in Ihr Haus einladen, wo Sie doch nichts unternehmen, um zu verhindern, dass ich aus meinem eigenen hinausgeworfen werde!"

Vittorio Emanuele versuchte in der Zwischenzeit, den Papst mit diplomatischen Mitteln zu bewegen, Vernunft anzunehmen und die „römische

In den römischen Stadtmauern klafften die Löcher der Kanonenkugeln.

Frage" friedlich zu lösen. Er hatte kein Glück. Pius zeigte sich auch humanitären Argumenten nicht zugänglich, zum Beispiel dem Verweis auf Leben, die zweifelsohne in Gefahr waren, wenn Rom gestürmt werden müsste. Er warf der italienischen Regierung vielmehr vor, dass sie für die Todesfälle verantwortlich sei. Er jedenfalls würde nicht schuldbeladen vor Gottes Thron treten müssen oder vor das Schiedsgericht der Geschichte.

AUSGESPIELT

Es war also keine Einigung möglich. Angesichts dieser Haltung des Papstes blieb den italienischen Truppen nichts anderes übrig, als Rom gewaltsam zu nehmen. Der Papst hingegen konnte weiterhin nur auf Gott vertrauen. Um sich dessen Unterstützung zu sichern, betete der mittlerweile 78-jährige Pius auf Knien die Heilige Treppe gegenüber der Lateranbasilika ab – 28 Stufen aus Marmor. Oben angekommen, flehte er Gott an, ihn selbst und seine Gläubigen zu schützen. Viele Menschen wurden Zeugen dieses Vorgangs und sahen zu Tränen gerührt zu.

Der Angriff der italienischen Armee begann um fünf Uhr morgens am 20. September 1870.

Dr. Maitland Armstrong, der amerikanische Konsul in Rom, hielt fest, was geschah:

Die alten Mauern waren natürlich nutzlos gegen schwere Artillerie. In vier oder fünf Stunden waren sie an manchen Stellen hinweggefegt, als hätten sie nie existiert. In der Nähe der Porta Pia wurde eine 15 Meter breite Bresche geschlagen. Italienische Soldaten zogen in großer Zahl in die Stadt ein und schwärmten aus. Auch die Porta San Giovanni war bald eingenommen. Über dem Petersdom hisste man die weiße Fahne. Das Artilleriefeuer wurde eingestellt, die päpstlichen Truppen leisteten nicht wirklich Widerstand. Jene, die noch am Vortag Rom mit eiserner Faust regiert hatten, waren nun Gefangene. Die meisten hatten sich in die Engelsburg oder auf den Petersplatz geflüchtet.

Der Kampf um Rom verlief glimpflicher, als diese Zeilen von Dr. Armstrong vermuten lassen. Die päpstlichen Truppen hatten Befehl erhalten, keinen Zweifel daran zu lassen, dass sie den Heiligen Stuhl mit ihrem Blut verteidigen würden. Doch die italienischen Soldaten hatten ohnehin strikte Anweisung, die Schäden auf das absolut Nötige zu begrenzen. Sie durften nicht auf Zivilisten feuern und der Vatikan innerhalb der Leoninischen Mauern blieb völlig unberührt. Obwohl Pius diese Garantie vonseiten

SANCTA SCALA – DIE HEILIGE TREPPE

Die 28 Marmorstufen der *Sancta Scala* sollen von jener Treppe stammen, die zum *praetorium* in Jerusalem geführt hatte, dem Palast, in dem Jesus Pontius Pilatus vorgeführt worden war. Sie werden als heilig betrachtet, weil Jesus sie vor 2000 Jahren mit seinem Blut benetzt haben soll. Die Heilige Treppe soll im Jahr 326 abgebrochen und zu Kaiserin Helena gebracht worden sein, die später die Heilige Helena wurde. Man baute sie in den frühen Papstpalast gegenüber der Lateranbasilika ein. Die Heilige Helena war die Mutter von Kaiser Konstantin dem Großen, der das Christentum um 330 im römischen Reich zur Staatsreligion machte.

1589 ließ Papst Sixtus V. die Heilige Treppe an ihren heutigen Ort bringen, wo sie zur Kapelle *Sancta Sanctorum* (Allerheiligstes) führt. Sixtus ließ das Treppenhaus von berühmten Renaissancekünstlern reich ausschmücken und machte sie zum Pilgerort. Wer heute die *Sancta Scala* besucht, betet sie ebenfalls auf Knien ab. Dafür darf der Gläubige auf einen Ablass seiner Sünden hoffen.

Besucher im Vatikan beten auf Knien auf der Heiligen Treppe. Nur so darf man oben ankommen.

Vittorio Emanueles abgelehnt hatte, hatte die italienische Regierung beschlossen, dem Vatikan dieses weitläufige Gebiet zu überlassen.

Außerdem herrschte in Rom eine Stimmung vor, die die Feindseligkeiten von Haus aus reduzierte. Freilich hatte der Papst seine Anhänger, die fürchteten, er würde die Stadt verlassen, doch die anderen Römer begrüßten die italienischen Truppen als Befreier von der autoritären päpstlichen Herrschaft. Es wurden sogar Rufe laut, man möge alle Klöster auflösen und Mönche und Nonnen aus Rom verbannen.

Der Beobachter, der das *basso popolo* (das einfache Volk) Roms einmal „wild und blutig" genannt hat, übertreibt nicht. Hätte man dem Volk erlaubt, sich im offenen Aufruhr den italienischen Truppen anzuschließen, wäre die Besetzung Roms sehr viel blutiger verlaufen. So aber lag es im Interesse beider Seiten, die Aktion schnell und sauber durchzuführen.

Sobald dies geschehen war, verhandelte man die Übergabebedingungen. Nun gehörte ganz Rom – mit Ausnahme der Leoninischen Stadt – zum Reich von Vittorio Emanuele II., dem ersten König des geeinten Italien.

Rom wandelte sich. Eine der römischen Zeitungen veröffentlichte am 23. September 1870 einen Artikel, in dem die neuen Verhältnisse jubelnd begrüßt wurden:

Die Übergabebedingungen wurden ausgehandelt: Ganz Rom mit Ausnahme der Leoninischen Stadt wurde Teil des Königreichs Italien unter König Vittorio Emanuele II.

Nach 1500 Jahren der Dunkelheit, der Klage, der Armut und des Leids ist Rom, einst mächtige Herrscherin über die Welt, wieder zur Metropole eines großen Staates aufgestiegen. Heute ist für uns Römer ein Tag zum Feiern. Denn heute ist es in Rom kein Verbrechen mehr, frei seine Meinung zu äußern. Überall hört man freie Redner, die keine Angst mehr haben müssen vor der Inquisition mit ihren Scheiterhaufen und Galgen. Das Licht der bürgerlichen Freiheiten, das 1789 in Frankreich entzündet worden ist, hat sich über ganz Europa verbreitet und leuchtet nun auch in der Ewigen Stadt. Für Rom ist das Mittelalter erst mit dem heutigen Tag überwunden!

Dass nun in Rom das moderne Leben gefeiert wurde, dass die Freiheiten, die Pius so lange mit eiserner Faust zu unterdrücken wusste, nun überall genossen wurden, bestärkte den Papst nur noch weiter in seiner sturen Haltung. Der italienische Staat versuchte, dem Papst die Leoninische Stadt zu überschreiben, also jenes Gebiet um den Vatikan, das innerhalb der alten Stadtmauern lag. Doch dieser lehnte ab. Man bot ihm auch an, dass der König und die Mitglieder der Regierung dem Papst öffentlich ihren Respekt bezeugten, doch auch dieses Angebot wurde ausgeschlagen. Damit hätte Pius in seinen Augen den „Usurpatoren-König" Vittorio Emanuele legitimiert. Und eben das wollte er nicht.

Eine Karikatur zeigt Papst Pius IX. (vorne), der 1871 seinen Einfluss verlor, klagend von der Szene abgehen, die Vittorio Emanuele (hinten, zweiter von rechts), vom römischen Volk jubelnd begrüßt, gerade betritt.

KEINE VERGEBUNG

Schließlich wurde auch all jenen, die auf eine gütliche Einigung mit dem Papst gehofft hatten, wie Emilio Visconti-Venosta oder Premierminister Lanza, klar, dass Pius sich niemals auf irgendein Angebot der italienischen Regierung einlassen würde. Alle Versuche in diese Richtung scheiterten an der Blockadehaltung des Vatikans. Das aber

Emilio Visconti-Venosta, Außenminister Italiens, strebte eine Versöhnung der Regierung mit Papst Pius an, doch der Papst lehnte dies rundweg ab.

vergiftete nicht nur die Atmosphäre im Vatikan, es trieb auch einen Keil zwischen die neu gewählten Abgeordneten.

Die Stimmung in der Stadt blieb angespannt. Kardinäle hatten Angst, den Vatikan zu verlassen, ganz besonders in den prunkvollen Kutschen, die sie als Mitglieder der päpstlichen Kurie auswiesen. Priester schlichen förmlich durch die Straßen, weil sie fürchteten, von Unruhestiftern erkannt und bedrängt zu werden. Das Volk versammelte sich vor der Leoninischen Mauer und skandierte immer wieder: „Tod dem Papst! Tod dem Papst!" Da nun Pressefreiheit herrschte, erlebte Rom zum ersten Mal, dass

Kardinal Giacomo Antonelli war während der liberalen Revolution nach 1848 eine der führenden Figuren im Vatikan. Er verteidigte stets Pius' erzkonservative Haltung.

anti-päpstliche Flugschriften in der Stadt verteilt wurden. Diese heizten den Hass auf das Papsttum immer weiter an. Der Papst als Gegner des neuen italienischen Staates wurde vielfach geschmäht. Kardinal Antonelli, unermüdlicher Kardinalstaatssekretär, meinte gar, die Sorge der italienischen Regierung um das Wohlergehen und die Sicherheit des Papstes sei nichts weiter als ein zynisches Deckmäntelchen, unter dem die Regierung weiterhin gegen den Papst intrigiere. Was die Regierung eigentlich im Sinn habe, beschreibt Antonelli so:

... die vollständige Enteignung des erhabenen Hauptes der Kirche von all seinen Liegenschaften und seinen Einkünften, die Bombardierung der Hauptstadt des Katholizismus, die Förderung der Unflätigkeiten, die von der Bevölkerung mithilfe der Zeitungen über den Papst ausgegossen werden, die gewaltsamen Angriffe auf Religion und

Mönchs- bzw. Nonnenorden, die Profanierung des katholischen Glaubens, den man als Aberglauben darstellt, das Entfernen aller Zeichen des Glaubens aus den Schulen, das von der Regierung angeordnet und bereits ausgeführt wurde, die Auslöschung des Namens Jesu oberhalb des großen Portals des Collegium Romanum.

Vor diesem Hintergrund versuchte Kardinal Antonelli mithilfe der päpstlichen Nuntien an den europäischen Höfen, Unterstützung für den Papst zusammenzutrommeln. Und tatsächlich hatte sein Bemühen Erfolg, wenn auch nicht annähernd so wie erhofft. In Deutschland zum Beispiel unterzeichneten mehrere Adlige eine Petition, in der man die Besetzung Roms und den Entzug der weltlichen Macht des Papsttums auf das Schärfste verurteilte. In Belgien und mehreren anderen Ländern hielt man die Katholiken zu Protestmärschen an, bei denen die Besetzung Roms als Sakrileg gegeißelt und die Bedrohung des Papsttums dem Vatermord gleichgesetzt wurde. Man hielt Hunderte von Messen für den Papst ab. Einzelne Bischöfe in Deutschland und Belgien wurden bei Vittorio Emanuele und seiner Regierung vorstellig und legten persönlich Protest ein. Und natürlich schlach-

> In Deutschland unterzeichneten mehrere Adlige eine Petition, in der Roms Besetzung verurteilt wurde.

tete man das neue Schlagwort vom „Gefangenen im Vatikan" medial weidlich aus. Eine Presseschlacht tobte, in der die Italiener als „Häretikervolk" bezeichnet und ihnen ein düsteres Schicksal vorhergesagt wurde.

DER FRUSTRIERTE ANTONELLI
Doch was Antonelli sich gewünscht hätte – eine geschlossene Reaktion sämtlicher katholischer Regierungen, Kirchenmänner und Glaubensbrüder, die so viel Druck ausübt, dass die Italiener sich freiwillig aus dem Kirchenstaat zurückziehen und dem Papst seine umfangreichen Ländereien zurückgeben – diese konzertierte Aktion fand nicht statt. In seinem innigen Verlangen, Papst Pius aus seiner verzweifelten Lage zu befreien, übersah Antonelli

ein entscheidendes Faktum: Im 19. Jahrhundert hatte der Kontinent sich endgültig losgesagt von der Zeit, in der autokratische Herrscher vom Volk unbedingten Gehorsam verlangen und tun und lassen konnten, was sie wollten. Die Revolution von 1789 und die Aufstände von 1848 hatten das Europa der autoritären Herrschaft ein für alle Mal zerstört. Das fand 1871 noch einmal Bestätigung im Aufstand der Pariser Kommune, in der Arbeiter – die man überall als Anarchisten oder Sozialisten diffamierte – sich gegen die französische Regierung erhoben, die gerade einen demütigenden Frieden mit den Preußen hatte unterzeichnen müssen.

Die zögerliche Reaktion, auf die Antonellis Ersuchen in Österreich und Belgien stieß, zeigte unmissverständlich, wie es um Europa stand. Pius und sein Kardinalstaatssekretär weigerten sich nur, dies einzusehen. Tatsächlich wäre es wohl in ganz Europa zum Aufstand gekommen, hätte man den nun unfehlbaren Papst, der sich offen gegen die moderne Welt gewandt hatte, wieder in seine Rechte eingesetzt. Das Volk, das sich seine Rechte und

> In Wirklichkeit hätte die Wiedereinsetzung dieses Papstes, der sich offen gegen die moderne Welt gewandt hatte, zum Aufstand geführt.

seine Freiheit hart erkämpft hatte, hätte diese wieder aufgeben müssen. Außerdem interessierte sich Pius kein bisschen für all die Protestzüge, Demonstrationen und Gebete, die zu seinen Gunsten gen Himmel geschickt wurden. Das einzig mögliche Endergebnis dieses Konflikts war in seinen Augen die Auflösung des neu gebildeten italienischen

Die Kommunarden, die für die Pariser Kommune gekämpft hatten, rund um den Sockel der Siegessäule auf der Place Vendôme, die sie gerade gestürzt haben. Napoleon Bonaparte hatte sie im Gedenken an seinen Sieg bei Austerlitz 1805 errichten lassen.

Der Leichenzug für Papst Pius X., dessen Leichnam die Tiara der Päpste trug, als man ihn 1914 durch die Straßen Roms trug.

Staates. Vittorio Emanuele sollte sich nach Piemont zurückziehen, wo er herkam. Rom und der Kirchenstaat müssten zurückgegeben werden und – wie Antonelli es auszudrücken beliebte – „die volle und absolute Wiederherstellung der Macht und Herrschaft des Papstes gesichert" sein.

PAPST UND KÖNIG STERBEN

Es war also ein Patt zwischen den beiden Protagonisten dieses Konflikts eingetreten, das bestehen blieb, bis 1878 sowohl der König als auch der Papst starben. Der König erlag im Alter von 57 Jahren am 9. Januar 1878 einer Lungenentzündung nach – mit Erlaubnis von Papst Pius – Empfang der Letzten Ölung. Der Papst starb nur vier Wochen später am 7. Februar. Er war 85 Jahre alt und damit der Papst, der am längsten im Amt geblieben war.

Während die katholische Welt trauerte, machten andere ihrem Zorn über seine Haltung unmissverständlich Luft. In Deutschland und der Schweiz wurden vereinzelt katholische Geistliche verprügelt. In Österreich warf man dem Papst vor, dass er ein

Mitglied der kaiserlichen Familie, das zum Begräbnis des toten Königs angereist war, nicht zur Audienz empfangen hatte. In Frankreich, das so lange das Papsttum geschützt hatte, war nun eine dezidiert anti-katholische Partei an der Macht. Spanien und Belgien waren zwar immer noch katholische Länder, doch auch dort war man dem Vatikan nicht wohlgesonnen.

Vor diesem Hintergrund sah es nicht gut aus für die Zukunft des Papsttums in Italien. Was jetzt vonnöten war, waren zwei Protagonisten – einer an der Spitze des Vatikans, der andere Oberhaupt des italienischen Staates –, die in der Lage waren, einen Kompromiss auszuhandeln. Und beide mussten bereit und fähig sein, von null aus neu zu verhandeln, denn dort stand man, als Pius und Vittorio Emanuele das Zeitliche segneten. Das lag auch daran, dass die Lager hinter den jeweiligen Verhandlungsführern der „Sache des Feindes" einander vollkommen ablehnend gegenüberstanden.

PAPST LEO UND KÖNIG UMBERTO

Weder Leo XIII., der Pius auf dem Papstthron nachfolgte, noch Umberto I., der nach seines Vaters Tod König von Italien wurde, schienen in der Lage, dieses Wunder zu wirken und die „römische Frage" zu einer friedlichen Lösung zu bringen. Papst Leo war ein kultivierter, sanfter Mann. Er war Diplomat und hatte sich nie auf die emotionsgeladenen Feuergefechte eingelassen, die sein Vorgänger so gerne ausgefochten hatte. Er redete nie unbedacht und handelte nur nach reiflicher Überlegung. Anders als Pius verstand Leo XIII. die moderne Welt und schätzte die Vorzüge der Demokratie, wenn auch nicht für alle. Freiheit und Gleichheit für das einfache Volk schienen ihm dann doch etwas übertrieben. Seiner Ansicht nach waren die gewöhnlichen Bürger zu unreif und undiszipliniert, um mit diesen Rechten angemessen umzugehen.

Was einer Einigung im Wege stand, war vor allem der unbedingte Glaube Leos an seine Unfehlbarkeit als Papst und an sein unveräußerliches Recht, ganz Rom und den Kirchenstaat unter seiner Herrschaft zu vereinen. Natürlich ließ die italienische Regierung sich nicht zur Kapitulation bewegen. Umberto I. war zutiefst überzeugt, dass Rom zu Italien gehörte und Hauptstadt seines Reiches sein sollte. Die Zeichen standen also schlecht für eine Einigung mit dem Papst. Ohnehin hatte er mit seinem Land genug zu tun. Sozialistische Ideen verbreiteten sich in Italien, dementsprechend kam es immer wieder zu Unruhen, vor allem dort, wo die bürgerlichen Freiheiten beschnitten wurden. Diese führten schließlich 1900 zum Attentat auf König Umberto I. in Monza. Gaetano Bresci, ein Anarchist, tötete den König. Papst Leo XIII. starb drei Jahre später im Alter von 93 Jahren, immer noch als Gefangener im Vatikan. In dem Vierteljahrhundert, das sein Pontifikat andauerte, verließ Leo XIII. nicht einmal den Vatikan.

Zwischen seinem Nachfolger, Pius X., dem einstigen Kardinal Giuseppe Sarto, und Vittorio Emanuele III. wurde eine Einigung noch unwahrscheinlicher. Die Päpste hatten die Gewohnheit angenommen, sich den Namen eines Vorgängers zu wählen, dessen Wirken sie bewunderten. Pius gab sich den gleichen Papstnamen, wie ihn der erste Gefangene im Vatikan getragen hatte, und signalisierte damit gleich zu Beginn seines Papsttums seine erzkonservative Haltung. Der zehnte Pius geißelte in seinen Reden die „Modernisten" und „Relativisten", die er als Feinde des katholischen Glaubens betrachtete. Er forderte von seinen Klerikern sogar einen Schwur gegen den „Modernismus", den „Antimodernisteneid", der seine

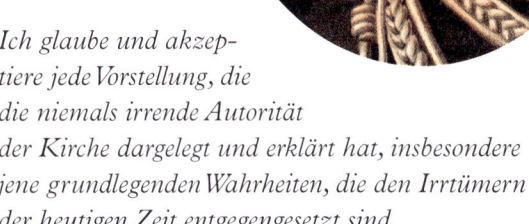

Umberto I., zweiter König von Italien, war bei den Liberalen verhasst, weil er eine erzkonservative Politik betrieb. Umberto wurde 1900 von einem Anarchisten getötet.

kompromisslose Haltung in dieser Hinsicht verdeutlichte. Darin heißt es unter anderem:

Ich glaube und akzeptiere jede Vorstellung, die die niemals irrende Autorität der Kirche dargelegt und erklärt hat, insbesondere jene grundlegenden Wahrheiten, die den Irrtümern der heutigen Zeit entgegengesetzt sind.

Alle Kirchenmänner, die sich weigerten, diesen Eid abzulegen – es waren etwa 40, die kühn (oder tollkühn) genug waren –, mussten mit Exkommunikation rechnen. Dasselbe galt für Gelehrte und Theologen, die es etwa wagten, sich mit moderner Forschung zu beschäftigen. Obwohl der Papst immer noch „gefangen im Vatikan" war, hatte er keine Angst davor, fremde Staatsoberhäupter zu bestrafen, die das Königreich Italien anerkannten, denn in seinen Augen sanktionierten sie damit den „Diebstahl" Roms und des Kirchenstaates. Das konnte peinliche Konsequenzen haben, zum Beispiel als der Präsident Frankreichs, Émile Loubet, König Vittorio Emanuele III. einen Besuch abstattete. Papst Pius X. weigerte sich, ihn zu empfangen. Doch die Franzosen parierten diesen Hieb entsprechend: Sie brachen die diplomatischen Beziehungen zum Vatikan ab.

Der schüchterne Vittorio Emanuele III. war nicht der Mann, den selbstherrlichen Forderungen Pius' X., der ihm sowohl körperlich als auch intellektuell überlegen war, Paroli zu bieten. Als daher bei Pius' Tod 1914 der schwächliche Kardinal Giacomo della Chiesa zum Papst gewählt wurde und den Namen Benedikt XV. annahm, sah Vittorio Emanuele seine Chance gekommen. Bei einer Papstwahl wurden immer drei Gewänder im Voraus gefertigt, doch selbst das kleinste war Benedikt immer noch

DIE LATERANVERTRÄGE VON 1929

Den Verträgen gingen lange Verhandlungen voraus, doch am 11. Februar 1929 unterzeichneten Kardinal Pietro Gaspari als Abgesandter des Papstes und Benito Mussolini für Vittorio Emanuele III. das Vertragswerk mit einem eigens dafür angefertigten goldenen Federhalter im Lateranpalast in Rom. Die Lateranverträge schufen den kleinsten unabhängigen Staat der Welt, die Vatikanstadt, die nur 44 Hektar Land umfasst. Dies war nun das zugegebenermaßen wesentlich kleinere Areal, in dem der Papst unumschränkter Herrscher war.

Der Konflikt, der fast 60 Jahre lang Papst und Königreich Italien einander entfremdet hatte, war nun beigelegt. Die ersten vier der 27 Vertragsartikel legen fest, worauf sich die beiden Seiten letztlich geeinigt haben:

Artikel 1: Italien anerkennt und bestätigt den in Artikel 1 der Verfassung niedergelegten Grundsatz, nachdem die katholische, apostolische und römische Religion die einzige Staatsreligion ist.

Artikel 2: Italien anerkennt die Souveränität des Heiligen Stuhls auf internationalem Gebiet als eine gemäß seiner Überlieferung und den Erfordernissen seiner Aufgabe in der Welt zu seinem Wesen gehörende Eigenschaft.

Artikel 3: Italien anerkennt das volle Eigentum sowie die ausschließliche, unumschränkte souveräne Gewalt und Jurisdiktion des Heiligen Stuhls über den Vatikan, wie er gegenwärtig besteht mit all seinem Zubehör und seinen Dotationen. Hierdurch wird unter den im Vertrag vorliegenden Bedingungen die Vatikanstadt geschaffen.

Artikel 4: Die ausschließliche Souveränität und Jurisdiktion des Heiligen Stuhls über die Vatikanstadt, die Italien anerkennt, bedingt, dass daselbst keine Einmischung der italienischen Regierung stattfinden kann und dass es in ihr keine andere Autorität als die des Heiligen Stuhles geben kann.

Sobald der Vertrag unterzeichnet war, läuteten die Glocken der Lateranbasilika und riefen zum Feiern. Der Vertrag beinhaltete, dass der Vatikan das Königreich Italien anerkannte und Rom als seine Hauptstadt akzeptierte. Gleichzeitig wurde nun an allen italienischen Schulen katholischer Religionsunterricht erteilt. Die „Zeichen des Glaubens", die 1870 abgenommen worden waren, fanden ihren Weg zurück in italienische Klassenzimmer. Gleichzeitig aber wurde allen Kirchenmännern untersagt, sich an politischen Dingen zu beteiligen.

Vittorio Emanuele III., dritter König Italiens, war ein kleiner, schüchterner Mann, der anders als Pius X. für eine liberale Politik eintrat. Doch er versuchte nie, den Papst von seinen Vorstellungen zu überzeugen.

zu groß. Bald hatte er seinen Spitznamen weg: *Il piccolito*, der Kleine. Seine persönliche Überzeugung aber war alles andere als schwächlich.

Benedikt vertrat dieselben Ansichten wie Pius: dass Italien Rom und den Kirchenstaat „okkupiert" hatte. Und auch er stellte sich gegen die Moderne und die Theologen, die sein Vorgänger exkommuniziert hatte. Das einschneidendste Ereignis seines Papsttums war zweifellos der 1. Weltkrieg, den er als „Selbstmord Europas" bezeichnete. Er bemühte sich mit vollem Einsatz, leider vergeblich, ihn aufzuhalten. Die größte Bedrohung für das Papsttum sollte aber erst nach Kriegsende 1918 kommen.

Die Russische Revolution von 1917, die Ermordung der Zarenfamilie, der Romanows, im folgenden Jahr und das erklärte Ziel der neuen bolschewistischen Herrscher, ihr kommunistisches Credo auch nach Europa zu tragen, sorgte dafür, dass in Europa eine neue Angst umging: die Angst vor dem Kommunismus. Der Vatikan schien diese Angst besonders ernst zu nehmen, waren die Kommunisten doch Atheisten und fingen sogleich nach ihrem Sieg an, die orthodoxen Kirchen in Russland niederzubrennen. Das Gespenst der Gottlosigkeit, die sich im Gefolge eines kommunistischen Sieges über ganz Europa verbreiten würde, ging um. Und doch war es nötig, sich gerade damit auseinanderzusetzen. Aus vatikanischer Sicht war diese neue Gefahr sehr viel bedrohlicher, als es der Konflikt mit der italienischen Regierung um die „Besetzung" des Kirchenstaates je gewesen war. Schon 1919 schien sich in Italien eine schreckenerregende Zukunft abzuzeichnen: Sozialisten lieferten sich Straßenkämpfe mit faschistischen Einheiten. Der Bürgerkrieg brachte das Land an den Rand der Anarchie.

GEGEN DEN KOMMUNISMUS

Trotz seiner konservativen Haltung war Benedikt XV. in der Lage, die Zeichen zu deuten. So kam es zu einer ersten Annäherung an den italienischen Staat. 1919 tat er einen Schritt, der für seinen Vorgänger noch undenkbar gewesen wäre: Er war mit der Gründung der christdemokratischen Partei *Partito Popolare Italiano* einverstanden, die von Don Luigi Sturzo, einem Priester, geführt wurde. Bis zu diesem Zeitpunkt hatten die Päpste ihren Gläubigen verboten, sich an Wahlen zu beteiligen. Natürlich durften Christen sich auch nicht als Kandidaten aufstellen lassen. Nun aber kämpften sie in den Wahlen an vorderster Front und schafften es tatsächlich, nach der Sozialistischen Partei Italiens, die 32 Prozent der Stimmen erhielt, an die zweite Stelle zu rücken und 21 Prozent der Stimmen einzufahren. Und zu Benedikts Erleichterung taten die Christdemokraten sich mit der liberalen Regierungspartei zusammen und verhinderten so, dass die Sozialisten die Regierung stellten. Doch es gab noch andere Hürden zu überwinden, denn im Volk gärte es. Überall wurde gestreikt. Allein 1920 kam es zu 2000 Streiks in Europa. Damit einher ging eine zunehmende Radikalisierung der politischen Flügel, die sich nicht

Die Anhänger von Benito Mussolini verbarrikadieren sich 1922 im Sitz der faschistischen Partei Italiens. In diesem Jahr sollte Mussolini die Macht in Rom ergreifen.

Mussolini (links) verneigt sich vor König Vittorio Emanuele III. (rechts) nach dem Marsch auf Rom von 1922, der ihn in Italien an die Macht brachte.

die 1919 von einem ehemaligen Sozialisten namens Benito Mussolini gegründet worden war, schickte bewaffnete Kommandos durch die Straßen Italiens, die die Sozialisten in Schach halten sollten. Polizei, Militär, der rechte Flügel der Liberalen, vermögende Unternehmer und alle anderen, die bei diesem Spiel etwas zu verlieren hatten, sahen stillschweigend zu oder nahmen die faschistische Gewalt sehenden Auges hin.

DER MARSCH AUF ROM

Papst Benedikt, der Anfang 1922 starb, erlebte den Ausgang dieser Ereignisse nicht mehr mit. Im Oktober desselben Jahres unternahm Mussolini den sogenannten „Marsch auf Rom", wo der eingeschüchterte König Vittorio Emanuele III. ihn zum Premierminister ernannte. Mussolini dehnte seine Macht mit rasender Geschwindigkeit aus. Er schaffte alle anderen Parteien ab, zugleich mit den Gewerkschaften und sämtlichen demokratischen Freiheiten. Stattdessen errichtete er einen Staat nach totalitärem Muster, an dessen Spitze er selbst stand. Und er ließ sich Duce nennen, „Führer".

In der Zwischenzeit war im Vatikan ein neuer Papst gewählt worden. Obwohl dieser die gewaltsame Machtübernahme vonseiten Mussolinis nicht billigte, sah er in ihm einen Mann, mit dem das Papsttum durchaus verhandeln konnte. Der frühere Kardinal Achille Ratti, einst Erzbischof von Mailand, war ein Mann von starkem Willen und glühendem Glauben. Am 6. Februar 1922 wurde er zu Papst Pius XI. gewählt, im letzten der insgesamt 14 Wahlgänge. Sein erster Akt als Papst, die Wiedereinführung des Segens *Urbi et Orbi* (Segnung der Stadt und des Weltenkreises), zeigte schon,

selten blutige Kämpfe lieferten. Es sah so aus, als ob Italien kurz vor einem Bürgerkrieg stünde.

An diesem Punkt schien Rettung von unerwarteter Seite zu nahen. Die faschistische Bewegung,

PRESSESTIMMEN ZU DEN LATERANVERTRÄGEN

Die Lateranverträge landeten unisono auf den Titelseiten und machten Schlagzeilen. Der *San Francisco Chronicle* schrieb: „Mussolini und Gaspari unterzeichnen in Rom historischen Vertrag". „Historische Szene im Lateranpalast!", titelte *The Catholic Advocate*. Selbst die *Wisconsin Rapids Daily Tribune* vom 7. Juni 1929, dem Tag der Vertragsunterzeichnung, schrieb: „Langer Kirchenstreit in Italien beendet". Weiter heißt es dann:

Ganz Rom war auf den Beinen, als die Glocken riefen und Premierminister Benito Mussolini sowie Kardinal Gaspari feierlich die Lateranverträge unterzeichneten ... Es wurden keine Reden gehalten. Die Zeremonie fiel kurz aus, doch von welcher Bedeutung sie war, wurde bald darauf sichtbar, als man die Bronzetüren des Petersdoms, die 59 Jahre lang halb geschlossen geblieben waren, weit aufstieß.

Mussolini beobachtet den letzten „Gefangenen im Vatikan", Papst Pius XI., wie er 1929 die Lateranverträge unterzeichnet, die die Isolation des Papsttums nach 60 Jahren beenden sollten.

dass er einen anderen Weg einzuschlagen gewillt war als seine Vorgänger, die den Segen nicht mehr erteilt hatten, seit Rom und der Kirchenstaat verloren gegangen waren – als Teil ihres Protestes gegen das Vordringen der Moderne auf heiligen päpstlichen Boden.

ENDLICH EIN MODERNER PAPST

Vor allem war sich Pius XI. im Klaren darüber, dass im Europa des 20. Jahrhunderts ein anderer Wind wehte. Nach dem 1. Weltkrieg waren vier Kaiserreiche gefallen, ihre absoluten Herrscher entthront worden – in Deutschland, Russland, Österreich-Ungarn und in der Türkei. Vor diesem Hintergrund war es besser, alte Feindschaften zu begraben, wenn man den neuen Herausforderungen – Kommunismus gegen Demokratie, Religion gegen Säkularismus – effektiv begegnen wollte. Angesichts dieser Tatsachen akzeptierte Pius XI., dass das Königreich Italien vermutlich bestehen bleiben würde und der Kirchenstaat Geschichte war. Doch die Isolation des Papstes musste beendet werden, damit die Kirche ihre missionarische Tätigkeit wieder aufnehmen und weltweit Einfluss gewinnen konnte.

Benito Mussolini seinerseits scherte sich wenig um den katholischen Glauben, den Papst oder sonst etwas, was nicht seine Macht stärkte. Aber er war ein Opportunist, der sehr wohl erkannte, dass seine Diktatur aus Italien nun einen unberechenbaren „Schurkenstaat" gemacht hatte und aus ihm selbst einen Feind demokratischer Freiheiten. Die Versöhnung mit dem Papsttum, die längst überfällige Lösung der römischen Frage konnte ihm nur Sympathien eintragen – vor allem unter den zahllosen Katholiken weltweit.

DER LETZTE GEFANGENE DES VATIKANS

Am 25. Juli 1929 las Papst Pius XI. die Messe. Danach führte er eine Prozession an, die die Gläubigen aus dem Petersdom hinaus in den sommerlichen Sonnenschein führte. Vor den Toren der Basilika wartete eine Viertelmillion Menschen auf ihn, um seinen Segen zu erhalten. Der fünfte und

letzte Gefangene des Vatikans war endlich von seiner selbst auferlegten Gefangenschaft befreit und kam – zum ersten Mal seit 60 Jahren – heraus, um das Volk zu segnen.

Papst Pius XI. verlässt den Vatikan, um sich nach Unterzeichnung der Lateranverträge endlich wieder durch die Straßen Roms tragen zu lassen.

DER PAPST UND DIE NAZIS

Wenn je ein Papst bei seiner Wahl auf den Stuhl Petri einen Schierlings-
becher gereicht bekam, so war dies Eugenio Maria Giuseppe Giovanni Pacelli,
der am 2. März 1939, seinem 63. Geburtstag, zu Pius XII. wurde. Nur sechs
Monate später leitete der Überfall der Deutschen auf Polen den 2. Weltkrieg
ein und brachte Pius in eine einzigartige – und schreckliche – Position.

Als einziger Herrscher, der tatsächlich globa-
len Einfluss hatte, erwartete man von Pius
eine klare moralische Aussage zu den The-
men, um die es im 2. Weltkrieg eigentlich ging,
denn hier wurde nicht so sehr um Macht oder Ter-
ritorialgewinn gekämpft. Für die Briten und ihre
Verbündeten stand fest, dass sie Nazi-Deutschland

und seinen Führer Adolf Hitler bekämpfen mussten, um Europa vor den Expansionsbestrebungen
einer rassistischen Diktatur zu bewahren. Die
Nazis hingegen glaubten fanatisch, dass es ihre Bestimmung sei, ein „Tausendjähriges Reich" nach
ihrem Muster zu errichten – und dies möglichst
auf der ganzen Welt.

Die Schwierigkeiten für Pius XII. begannen, als
beide Seiten seine Unterstützung suchten, denn er
erteilte keiner sein Placet und verärgerte somit alle.
Pius entschied sich für einen Mittelweg: Er versuchte, Neutralität zu wahren, weil er glaubte, so

**Die hochgewachsene Gestalt Kardinal Eugenio Pacellis, des
päpstlichen Nuntius in Deutschland, wie er am 12. Dezember
1929 den Palast des Reichspräsidenten in Berlin verlässt.**

173

DER STELLVERTRETER – KÜNSTLERISCHE FREIHEIT ODER MANGELNDE RECHERCHE?

In *Der Stellvertreter* geißelte Hochhuth Papst Pius XII. für seine moralische Trägheit und seine Untätigkeit. Er stellte ihn dar als ruchlosen, geldgierigen Charakter, der sich mehr um die Finanzen des Vatikans sorgte als um die Juden oder die anderen Opfer der Nazis wie Homosexuelle, Freimaurer, fahrendes Volk und Zeugen Jehovas. Das Drama, Hochhuths erste Arbeit fürs Theater, wurde 1963 auch im Londoner Aldwych Theatre von der *Royal Shakespeare Company* aufgeführt, 1964 am Broadway und bis heute in 25 Ländern der ganzen Welt. 2002 wurde es von Constanin Gavras verfilmt. Es regte weltweit eine leidenschaftliche Kontroverse über die Rolle des Papsttums bei der Endlösung der Nazis in der Judenfrage an.

Mit dem Vorwurf, Papst Pius XII. habe den Nazis in die Hände gespielt, sorgte der deutsche Dramatiker Rolf Hochhuth in seinem Stück *Der Stellvertreter* für heftige Diskussionen.

könne er sich am besten für den Frieden einsetzen und möglicherweise den Krieg beenden. Unglücklicherweise erwies sich gerade diese Haltung als großer Fehler, der dem Papst schwere Anschuldigungen eintrug. Mit seinem Schweigen habe er sich, so hieß es, der „moralischen Feigheit" schuldig gemacht.

Vor allem warf man Pius einen eingefleischten Antisemitismus vor, der ihn dazu gebracht habe, der Verfolgung und Ermordung hilfloser Juden in den Todeslagern der Nazis tatenlos zuzusehen. Andererseits betrachteten auch die Deutschen den Papst als Feind. SS-Obergruppenführer Reinhard Heydrich meinte einmal, Pius XII. sei ein größerer Feind des Dritten Reiches als Premier Winston Churchill oder Präsident Franklin D. Roosevelt.

Die Kontroversen über die Rolle Pius' XII. zu Kriegszeiten setzten sich auch nach 1945 fort. Eine

> Man warf Pius tief sitzenden Antisemitismus vor, der ihn dazu veranlasst habe, der Ermordung hilfloser Juden tatenlos zuzusehen.

ganze Reihe von Büchern erschien, selbst noch im 21. Jahrhundert wurde seine Haltung polemisiert. Der größte Schlag gegen das Papsttum aber wurde von einem deutschen Dramatiker geführt: Rolf Hochhuth erlebte am 20. Februar 1963 die Premiere seines Stückes *Der Stellvertreter – ein christliches Trauerspiel* und sollte daraus eine lebenslange Leidenschaft für die politische Einmischung behalten. Hochhuths Zeichnung eines kaltschnäuzigen Papstes mit einem Herz aus Stein wollte jedoch so gar nicht zu dem Bild passen, das all jene, die Papst Pius XII. kannten, von ihm hatten. Er diente dem Heiligen Stuhl lange Jahre als geschickter Diplomat. Er sah zwar aus wie ein mönchischer Asket, der sich von der Welt fernhält und geistliche Entsagung übt, doch der Eindruck, den er in der Öffentlichkeit erweckte, war ein ganz anderer. Der britische Schriftsteller James Lees-Milne beschreibt ihn so:

> *Seine Gestalt strahlte eine Güte, Ruhe und Heiligkeit aus, die ich bis dato noch bei keinem menschlichen Wesen erlebt hatte. Die ganze Zeit über lächelte er gütig … Ich war so überwältigt, dass ich kaum ein Wort herausbrachte … und dabei bemerkte ich, dass mir die Knie zitterten.*

Und Lees-Milne war bestimmt nicht der Erste, der in Gegenwart einer Berühmtheit weiche Knie bekam, doch die Herrscher und Minister, mit denen Eugenio Pacelli als Apostolischer Nuntius verhandelte, waren sicher aus härterem Holz geschnitzt.

PACELLI IN BAYERN

Seine erste große Aufgabe erhielt Pacelli übertragen, als Papst Benedikt XV. ihn 1917 als Päpstlichen Nuntius oder Botschafter nach Bayern schickte. Monsignore Pacellis erste Aufgabe war es, mit Ludwig III., König von Bayern, und Kaiser Wilhelm II. im dritten Kriegsjahr über einen möglichen Frieden zu sprechen.

Pacelli schien die gekrönten Häupter und Kanzler Theobald von Bethmann Hollweg beeindruckt zu haben. Er hoffte zumindest, dass es eine reale Aussicht auf Frieden gäbe. Doch sein Friedensappell verhallte ungehört, ja das deutsche Oberkommando heizte die Kampfhandlungen noch an, indem es den uneingeschränkten U-Boot-Krieg wieder aufnahm. Pacelli sei darüber „außerordentlich enttäuscht und deprimiert" gewesen. Da er den Krieg nicht aufhalten konnte, wandte Pacelli sich dem Machbaren zu – dem humanitären Ansatz, wie Benedikt XV. ihn formuliert hatte, der sich als Papst ganz der Sorge für die Armen und Bedürftigen verschrieben hatte.

Spartakisten (radikale Sozialisten) kapern während der kurzen Revolution in Deutschland nach Ende des 1. Weltkriegs einen Wagen.

Theobald von Bethmann Hollweg, Kanzler Kaiser Wilhelms II., bemühte sich um den Friedensschluss nach dem 1. Weltkrieg.

Nachdem der 1. Weltkrieg am 11. November 1918 zu Ende gegangen war, blieb Pacelli in Bayern, selbst als andere Diplomaten längst abgereist waren. Mit gutem Grund, denn im April 1919 ergriffen die sogenannten Spartakisten, eine sozialistische Splittergruppe, die Macht und gründeten die kurzlebige Bayerische Räterepublik. Die Räteregierung, die nach dem Modell der russischen Räterepublik gestaltet werden sollte, blieb nur vier Wochen im Amt, doch Pacelli war in dieser Zeit als Vertreter der Kirche in höchster Gefahr. Hier brauchte es Kaltblütigkeit und Nerven aus Stahl, und Pacelli hatte beides.

Eugenio Pacellis dringlichste Aufgabe als „Botschafter" des Papstes war, ein Konkordat (eine vertragliche Vereinbarung zwischen dem Heiligen Stuhl und einer Regierung in religiösen Belangen) mit verschiedenen europäischen Ländern abzuschließen, um die Gläubigen der katholischen Kirche zu schützen. Ein Konkordat gab der Kirche einige wichtige Rechte. Sie durfte Jugendgruppen

Eugenio Pacellis dringlichste Aufgabe als „Botschafter" des Papstes war, ein Konkordat abzuschließen.

WIE MAN REVOLUTIONÄRE AUSTRICKST

1919 stürmten Spartakisten die Villa des päpstlichen Nuntius in München, die als vatikanische
Botschaft Hoheitsgebiet des Vatikans war, und
versuchten, dort ein Auto zu stehlen. Obwohl
Pacelli kein starker Mann war, trat der Drei-
undvierzigjährige ihnen entgegen und forderte
sie auf, das Gelände zu verlassen. Die Sozialisten willigten ein unter der Bedingung, dass sie

das Auto mitnehmen dürften. Pacelli seinerseits
hatte nichts dagegen, hatte er den Anlasser doch
außer Funktion setzen lassen. Die bayerische
Räteregierung gab ihm den Dienstwagen nur
wenige Tage später zurück. Die Spartakisten
hatten das Auto zwar fortgeschoben, es aber
nicht in Gang gebracht. Der Apostolische Nuntius hatte sie ausgetrickst.

gründen oder kirchliche Festtage bestimmen. Die
Kirche durfte eigene Schulen, Krankenhäuser und
Wohlfahrtsorganisationen gründen und leiten. Und
sie durfte in den Kirchen die Messe lesen. Nur so
konnte der katholische Glaube in den entsprechenden Ländern aufrechterhalten werden.

Doch dabei gab es ein zentrales Problem: Unmittelbar nach dem 1.Weltkrieg standen die Chancen nicht schlecht, dass noch mehr Räterepubliken
gegründet wurden und der Sozialismus sich über
ganz Europa verbreiten würde. Pacelli aber ließ
sich von seinem Vorhaben trotzdem nicht abbringen. Eine Hungerblockade schwächte die Münch-
ner Räterepublik und sobald die einfallenden

Freikorps die Sozialisten besiegt hatten, schloss er
sein erstes Konkordat mit Bayern, das nun der
Weimarer Republik angehörte.

HEIM NACH ROM

Nach seiner schwierigen Begegnung mit den Sozialisten wurde Eugenio Pacelli 1929 zurück nach
Rom gerufen. Obwohl es ihm nicht gelungen war,
das Deutsche Reich oder Russland zu einem Konkordat zu bewegen, wurde er zu Hause als Held
der christlichen Sache begrüßt. Papst Pius ernannte ihn zum Kardinal und 1930 zum Kardinalstaatssekretär. In dieser Funktion handelte Pacelli Kon-
kordate mit mehreren Ländern aus, in denen die
katholische Kirche nach den Kriegswirren Unterstützung brauchte. 1932 unterzeichnete er ein
Konkordat mit dem deutschen Staat Baden, 1933
eines mit Österreich und im Juli 1933, sechs Monate, nachdem Hitler Kanzler geworden war, eines
mit Nazi-Deutschland. Es folgten 1935 Jugoslawi-
en und 1940 Portugal.

Das folgenreichste dieser Abkommen war sicher
das Reichskonkordat mit Deutschland. Die Nazis
wussten sehr wohl, dass die ganze Welt ihre Macht-
ergreifung missbilligt hatte. Das Konkordat mit dem
Papsttum, dem ehrwürdigsten und traditionellsten
„Herrscherhaus" Europas, sollte ihr Regime legitimieren. Dass sich das Papsttum überhaupt auf eine
Vereinbarung mit den Nazis einließ, war Legitimati-
on genug. Außerdem konnte man so die katholische
Opposition im Land mundtot machen.

**Kardinal Pacelli 1927 beim Verlassen des Präsidentenpalasts
in Berlin, nachdem er sich mit dem Präsidenten Paul von
Hindenburg getroffen hat.**

DER KARDINAL UND DIE SOWJETS

Nach seinem Aufenthalt in Bayern wurde der päpstliche Nuntius Pacelli nach Berlin beordert, von wo aus er 1925 eine historische Reise in die Sowjetunion unternahm. Acht Jahre nach der Oktoberrevolution verfolgte man die russische Kirche dort erbarmungslos. Priester und Bischöfe wurden ins Gefängnis gesteckt, manchmal gar ermordet. Man trieb die gesamte russische Geistlichkeit zusammen und steckte sie in ein Lager bei Solówki am Schwarzen Meer. Die Kirchen wurden geplündert, die Religion in Schule und Presse verunglimpft. Es war in Russland nun verboten, über Gott und den Glauben zu reden.

Doch Pacelli wollte der Anordnung des Papstes Folge leisten und so bemühte er sich, diplomatische Beziehungen zur Sowjetrepublik zu knüpfen. Um diesen Prozess zu unterstützen, ließ er ganze Schiffsladungen mit Lebensmitteln nach Russland bringen, wo die Menschen schon seit geraumer Zeit hungerten. Das Land war nach dem 1. Weltkrieg einfach ausgeplündert. Doch auch Pacelli konnte keine Wunder wirken. Sein Gesprächspartner, Außenminister Georgi Tschitscherin, verweigerte sich jeder Absprache. Tschitscherin war ein hartgesottener Atheist, der von religiöser Erziehung nichts hielt. Auch die Ernennung von Bischöfen und Priestern

Georgi Tschitscherin war russischer Außenminister und Atheist. Er ließ Kardinal Pacellis Versuche, 1925 zu einem Konkordat mit Russland zu kommen, scheitern.

erlaubte er nicht. In dieser durchaus gefährlichen Atmosphäre glaubte Pacelli zwar, vielleicht ein Geheimabkommen schließen zu können, doch letztlich erzielte er keinerlei Fortschritte. 1927 befahl Pius XI. dann, die Verhandlungen abzubrechen.

DER GLAUBENSLOSE FÜHRER

Ob Pacelli ahnte, dass die Nazis seine Bemühungen um ein Reichskonkordat für ihre Zwecke missbrauchten, bleibt dahingestellt. Es wäre aber erstaunlich, wenn dies dem klugen Nuntius verborgen geblieben wäre. Doch er wollte auf jeden Fall die katholische Kirche in Deutschland stärken, katholische Organisationen schützen und dafür sorgen, dass katholischer Religionsunterricht und die Veröffentlichung katholischer Werke weiter möglich waren. An diesem Punkt aber täuschte sich Kardinal Pacelli in seinen Verhandlungspartnern.

1933 war Hitlers Taktik noch nicht bekannt. Diese bestand darin, kurzfristig eine Vereinbarung zu treffen, um sie dann, wenn sie ihm nicht länger dienlich war, einfach zu brechen. Die Verhandlungen machten also gute Fortschritte und Pacelli unterschrieb als Stellvertreter Pius' XI. in gutem Glauben. Als die Nazis anfingen, das Reichskonkordat zu brechen, war der Vertrag schon unterzeichnet, und die Vertragspartner entpuppten sich als die glaubenslosen Zyniker, die sie waren.

Der Vatikan antwortete auf die perfide Täuschung der Nazis mit seinen eigenen Waffen, einer päpstlichen Enzyklika, welche gewöhnlich in Latein verfasst werden. Dieses Mal aber bat Kardinal Pacelli mehrere deutsche Kardinäle um ihre Mitarbeit, denn er wollte die Enzyklika *Mit brennender Sorge* in Deutsch verfasst sehen. Pacelli wusste, dass die Deutschen alles unternehmen würden, um deren Verbreitung zu verhindern. Und so sorgte er dafür, dass auch wirklich jede deutsche Kirche sie erhielt

DER BRUCH DES KONKORDATS

In den Jahren von 1933 bis 1939 brachen die Nazis das Reichskonkordat mehr als 50 Mal, unter anderem, indem sie nur fünf Tage nach seiner Unterzeichnung begannen, die Juden zusammenzutreiben. Danach erging die gesetzliche Bestimmung, dass jeder, der „ein lebensunwertes Leben" führte, zwangssterilisiert wurde. Dazu gehörten vornehmlich Juden, Kriminelle, geistig behinderte Menschen, Homosexuelle und so weiter. Diese mussten daran gehindert werden, ihr schlechtes Erbgut weiterzugeben. Kardinal Pacelli legte förmlich Protest ein, zum ersten Mal, als man jüdische Geschäfte zu boykottieren begann. Er protestierte ganze 45 Mal. Die Nazis antworteten zwar nie, doch der Inhalt seiner Protestschreiben bildete im Wesentlichen

den Inhalt der päpstlichen Enzyklika *Mit brennender Sorge*, die Pacelli für Pius XI. vorbereitete und die in deutscher Sprache verfasst war. Die Enzyklika wurde am 10. März 1937 veröffentlicht und anders als sein diplomatischer Nuntius nahm Pius XI. kein Blatt vor den Mund:

Wer die Rasse oder das Volk oder den Staat oder die Staatsform zur höchsten Norm aller, auch der religiösen Werte macht und sie mit Götzenkult vergöttert, der verkehrt und verfälscht die gottgeschaffene und gottbefohlene Ordnung der Dinge … Dieser Gott hat in souveräner Fassung Seine Gebote gegeben. Sie gelten unabhängig von Zeit und Raum, von Land und Rasse.

und verlas. Dazu musste der Text nach Deutschland hineingeschmuggelt und heimlich gedruckt und verteilt werden. Schließlich wurde die Enzyklika in sämtlichen katholischen Kirchen Deutschlands am Palmsonntag, dem 14. März 1937, verlesen.

Als die Nazis merkten, was gespielt wurde, reagierten sie wie erwartet: Sie konfiszierten sämtliche Exemplare, verhafteten die Drucker und enteigneten die katholischen Betriebe. Eine Reihe von

Kardinal Pacelli Anfang 1939, bevor er zum Papst gewählt wurde.

Klöstern und theologischen Fakultäten wurden geschlossen. Man klagte verschiedene Geistliche als Sittlichkeitsverbrecher an, um der Bevölkerung zu vermitteln, dass sie von jeglichem Kontakt mit der Jugend ausgeschlossen werden müssten. Bald durfte die Geistlichkeit keinen Religionsunterricht an den Schulen mehr erteilen. Die meisten katholischen Organisationen wurden aufgelöst, ihre Publikationen verboten und ihr Vermögen beschlagnahmt. Der Bischof von Rottenburg, der offen gegen die Nazis gepredigt hatte, wurde aus seiner Diözese entfernt.

Adolf Hitler machte klar, was er von der päpstlichen Enzyklika hielt.

Das Dritte Reich wünscht keinen modus vivendi mit der katholischen Kirche, sondern deren Zerstörung … um Raum zu schaffen für eine deutsche Kirche, in der die deutsche Rasse verherrlicht wird.

DIE ABSICHTEN DER NAZIS

Kardinal Pacelli war nicht erstaunt über die Reaktion der Nazis. Er hatte stets gewusst, dass ihre Absichten alles andere als friedlich waren. Schon vor 1933 war er Zeuge der nationalsozialistischen Politik geworden. Anders als so mancher andere hatte der Kardinal *Mein Kampf* gelesen und durchaus ernst genommen, vor allem als er zusehen musste,

Der Reichstagsbrand 1933 wurde vermutlich von den Nazis selbst gelegt und diente als Vorwand für die Verfolgung von Juden, Sozialisten und anderen politischen Gegnern.

wie die paramilitärischen Schlägertrupps der SA und SS auf die demokratischen Parteien losgelassen wurden. Politische Gegner wurden zusammengeschlagen oder ermordet. Die Nazi-Aufmärsche waren offen militaristisch. Und so zweifelte Pacelli keine Sekunde daran, dass Hitler, der am 30. Januar 1933 Kanzler wurde, ein Schreckensregime errichten würde. Das Konzentrationslager Dachau wurde bereits am 22. März 1933 eingerichtet. Seine ersten Insassen waren Juden, Sozialisten, Gewerkschafter und andere politische Gegner. Sie wurden gefoltert und misshandelt.

Weitere Grausamkeiten folgten wie der Reichstagsbrand 1933, die Nürnberger Rassengesetze von 1935/36, die die deutschen Juden ihrer Bürgerrechte beraubten, und die Reichskristallnacht vom 9. auf den 10. November 1938. In jener Nacht wurden in ganz Deutschland und Österreich gezielt Anschläge auf jüdische Synagogen und jüdisches Eigentum verübt. 91 Juden wurden ermordet, 25 000 bis 30 000 verhaftet und ins Konzentrationslager gebracht.

Kardinal Pacelli erfuhr von der Reichskristallnacht, als der päpstliche Nuntius ihn kontaktierte.

Kardinal Pacelli erfuhr die schrecklichen Einzelheiten zur Reichskristallnacht vom päpstlichen Nuntius in Berlin, der ihn höchstpersönlich kontaktierte. Zu dieser Zeit lag Pius XI. im Sterben; einige Historiker meinen, Pacelli habe den Papst davon abgehalten, offiziell Protest einzulegen. Drei Monate später, am 10. Februar 1939, starb Pius XI. und Pacelli wurde an seiner Stelle zum Papst gewählt. Die Drucker hatten damals die letzte Enzyklika von Pius XI., *Humani Generis Unitas*, noch nicht fertig, in der er einmal mehr in scharfen Worten Rassismus, Kolonialherrschaft und Antisemitismus verurteilte. Obwohl Pacelli ihm unmittelbar nachfolgte, ließ er die Enzyklika nicht veröffentlichen, was verschiedentlich Protest auslöste.

Ein zweites Missverständnis bezieht sich auf die persönliche Art des neuen Papstes. Er war noch nie

ein Bilderstürmer gewesen, der in Brandreden die Fehler der Welt geißelte. Er zog die Diplomatie vor. Außerdem hatte er durch seine Tätigkeit als Apostolischer Nuntius eine recht klare Vorstellung davon, was die Nazis vorhatten. Er wusste, dass sie auf jede Herausforderung mit brutaler Grausamkeit reagieren würden, wie bereits die Vorfälle nach Veröffentlichung der Enzyklika *Mit brennender Sorge* bewiesen hatten. Tatsächlich wurden immer wieder ähnliche Befürchtungen laut, wenn die Führer der Juden und andere Gefangene in den Konzentrationslagern es schafften, Botschaften an die Außenwelt zu übermitteln. Sie baten den Papst, mit Verurteilungen der Nazis vorsichtig zu sein, da dies sich sonst auf die Haftbedingungen auswirken könnte.

Papst Pius XII. widmete sich ganz seiner Art der „leisen" Diplomatie ohne dramatische Gesten und flammende Reden.

Ein Augenzeuge, der beim Nürnberger Kriegsverbrecherprozess 1945/46 vernommen wurde, drückte dies so aus:

Jedes Wort von Pius XII. gegen einen Verrückten wie Hitler hätte eine viel größere Katastrophe ausgelöst ... (und) ein Massaker an den inhaftierten Juden und Priestern.

SCHRECKLICHE VERGELTUNGSSCHLÄGE

Die Juden hatten dies am eigenen Leib zu spüren bekommen, als Ernst vom Rath, ein junger Diplomat, in der deutschen Botschaft von Paris erschossen wurde. Der Schuldige war Herschel Grynszpan, ein junger deutscher Jude, der gegen die Vertreibung seiner Eltern aus Deutschland protestieren wollte. Dieses Attentat gilt als Vorwand für die Reichskristallnacht.

Und das war keineswegs der einzige verbrecherische Vergeltungsschlag, den die Nazis verübten. Kleinere Verstöße gegen ihre drakonischen Bestimmungen ließen sie meist ungeahndet, aber sobald sich jemand offen dagegen auflehnte, schlugen sie brutal zurück.

Angesichts dieses erbarmungslosen Feindes, der sich jeglicher Grausamkeit als fähig erwies, die die menschliche Bosheit nur ersinnen konnte, kam

> Nur als neutraler Staat konnten der Papst und der Vatikan heimliche Rettungsmaßnahmen planen.

Pius XII. zu dem Schluss, dass Neutralität oder zumindest der Anschein der Neutralität die einzige Möglichkeit war, dem Vatikan als scheinbar unbeteiligtem Partner einen entsprechenden Handlungsspielraum zu verschaffen. Als neutraler Staat, den selbst die Nazis nicht ohne reifliche Überlegung angreifen würden, konnte der Vatikan mit seinen verwinkelten Gängen und Ecken heimlich Menschen schützen, wie es in diesem Ausmaß nur der Papst vermochte.

EINE SCHWIERIGE STRATEGIE

Natürlich war diese Strategie nur schwer durchzuhalten, denn dass es sich dabei um einen taktischen Schachzug handelte, musste geheim bleiben. Naturgemäß kam es bald zu Spekulationen über die Hartherzigkeit und Gleichgültigkeit des Papstes gegenüber dem Leiden anderer, das viele Beobachter zutiefst erschütterte. Schon im September 1940 forderte man vom Papst ein beherzteres Eingreifen. Im Oktober 1941 rief Harold H. Tittmann, US-Bot-

Das offizielle Porträt Pius' XII., zu dem Pacelli kurz vor Kriegsbeginn wurde, spiegelt seine nachdenkliche Natur und seinen unbeugsamen Charakter wider.

> Ein vorsichtig formuliertes Protestschreiben verließ den Vatikan, in dem die Rede war von „Maßnahmen, die gegen die Menschenrechte verstoßen".

schafter im Vatikan, Papst Pius zu klaren Worten gegen die Grausamkeiten auf, die die Nazis an den Juden begingen. Tittmann erfuhr, dass der Papst „neutral" zu bleiben wünsche. Das allerdings war vor dem Plan zur „Endlösung der Judenfrage", wie die Nazis die Ausrottung der Juden Europas schönfärberisch nannten. Diese war bei der Wannsee-Konferenz im Januar 1942 beschlossen worden.

Die Folgen wurden bald spürbar. Im März 1942 wurden 80 000 slowakische Juden für den Abtransport nach Polen zusammengetrieben. Dies

PIUS XII. – NAZI UND ANTISEMIT?

Es heißt immer wieder, das angebliche Versagen von Pius XII., der sich nie offen gegen die Nazis aussprach, sei ein Zeichen von Feigheit gewesen. Er habe zu allem geschwiegen, was Hitler und sein totalitäres Regime verbrachen. Diese Theorie wird mitunter fortgesponnen, sodass man den Papst selbst als Nazi und Antisemiten darstellt. Die Nazis selbst hingegen sahen ihn als keinen der Ihren. Als Kardinal Pacelli 1939 zum Papst gewählt wurde, hieß es in der Berliner Morgenpost, er sei Deutschland gegenüber „voreingenommen und feindselig", ja unfähig, „dem Land das nötige Verständnis entgegenzubringen". Die Wahl Pius' XII. „wird in Deutschland nicht positiv aufgenommen, weil er sich immer schon gegen den Nationalsozialismus ausgesprochen hat und für die Politik des Vatikans unter seinem Vorgänger verantwortlich war".

„Eugenio Pacelli zeigte wenig Verständnis für uns, daher setzen wir keine Hoffnung in ihn", schrieb das SS-Propagandablatt *Die Schutzstaffel*. In Großbritannien, Frankreich und den Vereinigten Staaten wurde die Wahl Pacellis freudig begrüßt; Nazi-Deutschland war tatsächlich die einzige Großmacht, die keinen Vertreter zur Papstkrönung entsandte.

Trotz seines asketischen Aussehens war Pius XII. ein Mann voller Charme, Humor und Güte. Er half heimlich, und so gelang es ihm, während des 2. Weltkrieges mehr als 860 000 Juden zu retten.

bedeutete, wie der vatikanische Abgesandte in Bratislava dem Papst mitteilte, „für einen Großteil den sicheren Tod". Und alles, was der Vatikan unternahm, war, ein vorsichtig formuliertes Protestschreiben zu schicken, in dem die Rede war von „Maßnahmen, die einzig aufgrund der Rassenzugehörigkeit gegen die Menschenrechte jedes Einzelnen verstoßen". Die Botschaft war codiert, die Nazis wurden nicht explizit erwähnt. Diese Taktik wählte Pius, damit die Gestapo, die gefürchtete Geheimpolizei der Deutschen, sich nicht in vatikanische Belange einmischte.

Obwohl Papstkritiker Pius XII. vorwarfen, dass er die Nazis nicht öffentlich verurteilte, schaffte es dieser doch, seine Meinung klar und deutlich zu sagen. Dies wird vor allem bei der Weihnachtsansprache von 1941 deutlich. Besonders amerikanische Katholiken hörten aufmerksam zu, waren die Amerikaner doch am 7. Dezember 1941, also nur zwei Wochen zuvor, durch den japanischen Angriff auf Pearl Harbour zum Kriegseintritt gezwungen worden. Präsident Roosevelt selbst hatte verkündet, dass dieser Tag für immer den Schatten der Schande tragen werde.

Die Herausgeber der *New York Times* jedenfalls scheinen die Botschaft des Papstes verstanden zu

haben. Er rief nach einer „echten neuen Ordnung", die auf „Freiheit, Gerechtigkeit und Liebe" beruhen müsse. Auf Absprachen zwischen den Kriegsparteien, „deren wechselseitige Kriegsziele unvereinbar zu sein scheinen", dürfe man nicht hoffen.

In einem Artikel der *New York Times* hieß es, Papst Pius habe die Judenverfolgung durch die Nazis klar verurteilt:

Die Stimme Pius XII. klingt einsam in der Stille und Dunkelheit, die Europa dieses Weihnachten umhüllt … Die Ziele der Nazis sind auch unvereinbar mit Pius' Vorstellung von einem christlichen Frieden.

Weihnachten 1942 wurde der Papst noch ein wenig deutlicher, immer noch, ohne Namen zu nennen. Er sprach von seiner …

… brennenden Sorge um die Hunderttausende, die ohne eigenes Fehl, mitunter nur um ihrer Rasse oder Nationalität willen, zum Tode und zur Ausrottung verdammt werden …

Der Hinweis war unmissverständlich.

NAZIGRÄUEL WÄHREND DES KRIEGES

SS-General Karl Hermann Frank ergab sich 1945 in Pilsen der US-Armee. Gegen ihn wurde vor einem tschechischen Gericht verhandelt. Er wurde der Auslöschung von Lidice schuldig befunden und 1946 vor 5000 Zuschauern hingerichtet.

1942 fand Reinhard Heydrich, der stellvertretende Reichsprotektor für Böhmen und Mähren (heute in der Tschechischen Republik), den Tod, als tschechische Widerstandskämpfer sein Auto in die Luft sprengten. Heydrichs Nachfolger, Karl Hermann Frank, beschloss, ein Exempel zu statuieren und den Tschechen eine Lektion zu erteilen. Die SS marschierte in Lidice ein, einem Dorf in Böhmen, und erschoss dort 172 Männer und Jungen. Frauen, Mädchen und Kleinkinder wurden ins Konzentrationslager Ravensbrück geschafft.

1942 protestierte der katholische Erzbischof von Utrecht gegen die Verfolgung der Juden in den mittlerweile von Nazis besetzten Niederlanden. Die „Gegenmaßnahme" erfolgte fünf Tage später: Man trieb holländische Juden und Katholiken zusammen und schickte sie ins Konzentrationslager. Dort dienten sie als „Geiseln", um den Papst zu Wohlverhalten zu bewegen. Wenn Pius XII. sich gegen die Nazis wenden sollte, würde man sie misshandeln und töten.

Ein ähnliches Kriegsverbrechen wie in Lidice fand 1944 in Frankreich statt. Die französische Résistance hatte den Nachschub für die deutschen Truppen unterbrochen, der so dringend benötigt wurde, um die Alliierten in der Normandie zurückzuschlagen. Zur Vergeltung erschoss man in Oradour-sur-Glane, einem Dorf im Südwesten Frankreichs, alle Männer. Frauen und Kinder sperrte man in die Kirche und verbrannte sie bei lebendigem Leib. Das Dorf wurde dem Erdboden gleichgemacht. Mindestens 1000 Menschen starben.

Ein kleiner Junge gehört zu den sieben Überlebenden des Nazi-Massakers in Oradour-sur-Glane. Er nimmt im November 1944, fünf Monate nach der Zerstörung seines Dorfes, an einer Feier zu Ehren der Opfer teil.

THEMAVERMEIDUNG

Ende 1942 hatte das Massaker an den Juden „erschreckende Ausmaße und Formen" angenommen, wie Monsignore Giovanni Montini, der spätere Papst Paul VI., im September 1942 in einem Brief an Pius XII. schrieb. Die Horrorgeschichten wurden immer schlimmer. Im selben Monat meinte Myron Taylor, der amerikanische Gesandte am vatikanischen Hof, Pius würde sein „moralisches Ansehen" verspielen, wenn er weiterhin zu den Grausamkeiten der Nazis schwiege. Die Abgesandten anderer Länder wie Großbritannien, Brasilien, Uruguay, Belgien und Polen stießen ins selbe Horn, nur um wie Myron Taylor zu hören, dass man zwar von dem Völkermord an den Juden gehört habe, doch keine sicheren Tatsachen bekannt seien.

An diesem Punkt war den Nazis wohl klar geworden, was der Papst bezweckte, und auch, dass sich dies nicht zu ihrem Vorteil auswirkte. Das Auswärtige Amt des Deutschen Reiches analysierte die Weihnachtsbotschaft von 1942 und las sie als die codierte Botschaft, als die sie gedacht war:

> *Eine einzige Attacke auf alles, wofür wir stehen.*
> *Er spricht sich ganz eindeutig für die Juden*
> *aus … und er bezichtigt das deutsche Volk, den*
> *Juden Unrecht zu tun, und macht sich so zum*
> *Sprachrohr der jüdischen Kriegsverbrecher.*

**Ernst von Weizsäcker war deutscher Botschafter im Vatikan.
Er setzte den Vatikan von Hitlers Plan, Pius XII. zu entführen,
in Kenntnis. Das Foto zeigt ihn bei seiner Befragung bei den
Nürnberger Prozessen.**

Der Einmarsch der Alliierten vereitelte schließlich Hitlers Plan, Pius zu kidnappen. Was die Alliierten dort vorfanden, passte wohl kaum zu dem Bild von einem nazi-freundlichen Papst. Man hatte in Rom ein ganz außerordentliches Netzwerk von „sicheren Häusern" geschaffen, in dem Pius zusammen mit seinen Kardinälen und Priestern Tausende von Flüchtlingen verbarg. Die meisten waren italienische Juden, aber auch Kriegsgefangene, die freigelassen worden waren, nachdem Italien (das vorher ein Verbündeter der Deutschen gewesen war) die Seiten gewechselt und sich 1943 den Alliierten angeschlossen hatte. Nicht wenige Angehörige der Resistenza, des Widerstands gegen die Nazis, versteckten sich in der Stadt. Als die Fünfte Armee am 4. Juni 1944 in Rom einmarschierte, konnten all diese Menschen endlich wieder auf die Straße gehen, ohne Angst haben zu müssen, aufgegriffen, eingesperrt oder getötet zu werden.

Gebäude innerhalb und außerhalb des Vatikans waren in dieses Netzwerk einbezogen worden. Auf Befehl von Papst Pius durfte sich das gesamte Italienische Befreiungskomitee, das die Aktivitäten von 20 000 Widerstandskämpfern koordinierte, im Collegium Romanum verstecken, nur wenige Meter vom Hauptquartier der Gestapo entfernt. Im Vatikan hatten sich 477 Juden versteckt, weitere 4238 wurden in den 155 Klöstern Roms verborgen.

> Etwa 3000 Menschen wurden
> ins Castel Gandolfo gebracht, in
> die Sommerresidenz des Papstes
> 30 Kilometer südlich von Rom.

Normalerweise waren die Klöster streng nach Geschlechtern getrennt, doch auch diese Regel hatte Pius aufgehoben, damit Familien, die sich verstecken mussten, nicht getrennt würden.

Andere flüchtige Juden wurden in der Päpstlichen Universität Gregoriana versteckt oder schliefen im Keller des Päpstlichen Bibelinstitutes. Etwa 3000 von ihnen hatte man ins Castel Gandolfo gebracht, die Sommerresidenz des Papstes 30 Kilometer südlich von Rom. Manche hatte man einfach nur geschickt verkleidet. 3700 Flüchtlinge waren in die Uniformen der Palatingarde gesteckt worden, die die Vatikanstadt verteidigen sollte. Andere

VERSCHWÖRUNG ZUR ENTFÜHRUNG DES PAPSTES

Die Nazis glaubten, der Papst arbeite Hand in Hand mit den Juden. Zumindest war dies der Inhalt der Nazi-Propaganda, die Josef Goebbels jahrelang auf die Deutschen niedergehen ließ. Obwohl Pius XII. die Nazis auch 1943 noch nicht öffentlich verdammt hatte, schien Hitler allmählich die Geduld zu verlieren. Man heckte einen Plan zur Entführung des Papstes aus. Der Führer wollte Pius XII. kidnappen und ihn in Sachsen wegsperren. Das war aber nicht der ganze Plan, wie aus dem Protokoll eines Treffens vom 26. Juli 1943 hervorgeht. Hitler wollte in den Vatikan einmarschieren und ließ entsprechende Anweisungen an den höchsten SS-Führer in Italien, General Karl Friedrich Otto Wolff, übermitteln. Darin befahl er,

> *so schnell als möglich den Vatikan und die Vatikanstadt zu besetzen und sämtliche Archivmaterialien und die Kunstschätze von einzigartigem Wert abzutransportieren sowie den Papst zusammen mit der Kurie* [dem päpstlichen

Hofstaat] *zu ihrem Schutz mitzunehmen, damit sie nicht in die Hände der Alliierten fallen und politischen Einfluss ausüben können.*

General Wolff und die anderen Offiziere und Diplomaten waren entsetzt, als sie hörten, was Hitler zu tun bereit war, um den prestigeträchtigsten politischen Führer der Welt in seine Hände zu bekommen. Papst Pius XII. war seinem Gegner auch nicht gerade wohlgesonnen, hielt er ihn doch für den Teufel auf Erden. Er soll mehrere Exorzismen angeordnet haben, damit der Dämon Hitler wieder verließe. Hitler wiederum hatte eine durchaus größenwahnsinnige Sicht vom Papst als „dem einzigen Individuum, das mir immer widersprochen und mir nie gehorcht hat". Diesen Schandfleck auf seiner autoritären Weste wollte er nun endgültig tilgen.

Dem Führer nicht zu gehorchen war ein gefährliches Unterfangen, doch der Plan, den Papst zu kidnappen, ließ keine andere Möglichkeit zu: Es erforderte einiges an Mut, doch es gab immer noch Deutsche, die willens waren, des Führers Pläne zu durchkreuzen. Einer von ihnen war Ernst von Weizsäcker, der deutsche Botschafter im Vatikan. Er warnte den Heiligen Stuhl und empfahl, alles zu vermeiden, was den launischen Führer weiter aufbringen mochte. Auch der deutsche Botschafter in Italien, Rudolf Rahn, bemühte sich, die Entführungspläne zu vereiteln. Und General Wolff gelang es schließlich Ende 1943, Hitler diese ganz auszureden.

Zumindest dachte er das. In der katholischen Tageszeitung *Avvenire d'Italia* (Zukunft Italiens) erschien 2005 ein Artikel, der dies widerlegt. Offensichtlich hatte Wolff 1944 zu seinem Entsetzen bemerkt, dass die Pläne keineswegs vom Tisch waren, als er von Hitler neue Befehle in dieser Richtung erhielt. Seit Mai 1944 war Wolff

Papst Pius XII. segnet 1943 die Menge. Gerade in diesem Jahr hätte sein Erscheinen in der Öffentlichkeit schlimme Folgen haben können.

SS-Obergruppenführer in Rom. Die Fünfte Armee der Alliierten war acht Monate zuvor in Italien gelandet und marschierte nun auf Rom zu, das sie wohl in wenigen Tagen einnehmen würde. Die deutsche Wehrmacht wollte sich zurückziehen. Hitler schien zu glauben, dies sei eine günstige Gelegenheit, um den Papst einfach mitzunehmen.

Wolff handelte schnell. Noch im Mai erhielt er eine Audienz beim Papst, zu der er in Zivil erschien und nachts heimlich in den Vatikan eingeschleust wurde. Wolff warnte den Papst, dass der Führer ihn als „Judenfreund" betrachtete und als Hindernis bei seinen Plänen, die Welt zu erobern. Um Rom vor der Bombardierung durch die Alliierten zu schützen, ließ er es zur „offenen Stadt" erklären und zog seine Soldaten ab.

General Karl Friedrich Otto Wolff von der Waffen-SS ging ein enormes Risiko ein, als er den Papst vor der geplanten Entführung warnte.

schminkte man so, dass sie krank aussahen, und brachte sie im Dermatologischen Hospital der Unbefleckten Empfängnis unter. Der Vatikan ließ angeblich sogar einen Film drehen, bei dem 300 der Statisten tatsächlich Flüchtlinge waren. Man hatte einen geradezu unendlichen Bedarf an Priestergewändern, weil man so viele Juden als Priester ausgab.

Manche der Juden traten gar zum Katholizismus über, kehrten dann nach Kriegsende zu ihrer Religion zurück. Doch solange sie eine katholische Identität hatten, waren sie vor den Nazis geschützt, denn diese hatten eingewilligt, dass getaufte Juden der Verfolgung entgehen würden. Die falschen Konvertiten erhielten reguläre Taufscheine, einen Vatikanpass und gefälschte Papiere. Diese wurden im Vatikan gedruckt. Allein 80 000 falsche Pässe gingen an die Juden in Ungarn.

HILFE FÜR DIE JUDEN

Jeder, der einem Juden half, ging damit ein enormes Risiko ein. Selbst Papst Pius konnte nicht garantieren, dass seine Kardinäle, Bischöfe oder Priester dafür nicht von den Nazis hingerichtet werden würden, falls man sie ertappte.

Castel Gandolfo, die Sommerresidenz des Papstes oberhalb des Albaner Sees, etwa 30 Kilometer südöstlich von Rom in den Albaner Bergen.

Gregory Peck (Mitte) spielt Monsignore Hugh O'Flaherty in dem Film *Im Wendekreis des Kreuzes* **(1983), in dem die gefährliche Mission des Priesters verfilmt wurde.**

Ein irischer Priester namens Monsignore Hugh O'Flaherty, der als Diplomat im Vatikan arbeitete, begab sich regelmäßig in Gefahr. Die Nazis kannten ihn nämlich, da er vor seiner Mission im Vatikan als Seelsorger in italienischen Kriegsgefangenenlagern gewirkt hatte. Er konnte also besonders leicht wiedererkannt werden. In den Lagern suchte er nach Gefangenen, die als vermisst gemeldet waren, jedoch überlebt hatten. Wenn O'Flaherty einen Überlebenden gefunden hatte, ließ er dies

> Monsignore Hugh O'Flaherty, ein irischer Priester, der als Diplomat im Vatikan arbeitete, war in unmittelbarer Gefahr.

über Radio Vatikan verkünden. Doch das war selbst in den Augen der Nazis ein geringfügiger Verstoß. Als Italien Nazi-Deutschland den Krieg erklärte, marschierte die Wehrmacht in Italien ein.

KRIEGSGEFANGENE AUF DER FLUCHT
Nachdem Italien sich im September 1943 auf die Seite der Alliierten geschlagen hatte, ließen die Italiener die Kriegsgefangenen frei. Die Lager wurden geöffnet, die Wachen flohen und die Gefangenen durften gehen. Viele von ihnen erinnerten sich an O'Flaherty, und obwohl es schwierig war, sich im

von den Nazis besetzten Italien durchzuschlagen, suchten sie ihn in Rom auf. O'Flaherty hatte etwa 4000 ehemalige Kriegsgefangene und Juden, denen er helfen wollte, und so baute er ein Netzwerk auf. Zu diesem Zweck spannte er seine Priesterkollegen ein, einige französische Geheimagenten, die Kom-

> O'Flaherty und sein Team schufen in Klöstern, Bauernhöfen und Privatwohnungen ein ganzes Netzwerk von Verstecken.

munisten und einen Colonel der britischen Armee namens Samuel Derry.

O'Flaherty und sein Team richteten eine ganze Reihe von sicheren Verstecken in Privatwohnungen, Klöstern und auf Bauernhöfen ein. Eines dieser Verstecke lag gleich neben dem Hauptquartier der SS. Er brachte die Juden ins Castel Gandolfo oder ins Collegio Germanico, wo er selbst studiert hatte. Bald nannte man ihn den „Pimpernel des Vatikans", nach der Romanfigur *The Scarlet Pimpernel*, Sir Percy Blakeney, der während der Französischen Revolution 1789 zahlreiche französische Aristokraten rettete, während er in der Öffentlichkeit den politisch desinteressierten Schnösel gab.

DIPLOMATISCHE IMMUNITÄT
Solange O'Flaherty im Vatikan blieb, hinter der dicken weißen Linie, die die Vatikanstadt vom Rest Roms trennte, schützte ihn seine diplomatische Immunität vor der Verhaftung. Doch natürlich musste er immer wieder in die Stadt, um sein Netzwerk zu organisieren, Flüchtlinge von Ort zu Ort zu schaffen und die Sicherheit neuer Verstecke zu prüfen. Die ganze Zeit über suchte die SS fieberhaft nach dem Priester, der sich ihrem Zugriff immer wieder geschickt entzog. Bald wussten die Deutschen, dass es sich dabei um Monsignore Hugh O'Flaherty handelte.

Da er im Vatikan sicher war, stellte O'Flaherty sich deutlich sichtbar vor dem Petersdom auf, damit eventuelle Flüchtlinge wussten, wo er zu finden war. Natürlich sahen ihn dabei auch die deutschen Soldaten, doch es war ihm wichtiger, dass auch die Hilfsbedürftigen ihn finden konnten. Wann immer jemand sich näherte, geleitete

O'Flaherty ihn über den Petersplatz und ins Collegio Germanico.

Eines Abends kam ein Jude auf ihn zu, der ihm eine massive Goldkette überreichte. Er und seine Frau standen kurz vor der Verhaftung, doch sie wollten ihren siebenjährigen Sohn in Sicherheit bringen, damit er nicht in den Gaskammern sterben musste. Die Goldkette sollte für die Erziehung und den Lebensunterhalt des Jungen sein. O'Flaherty nahm die Kette, suchte den Jungen und brachte ihn in Sicherheit. Doch er besorgte auch falsche Papiere für die Eltern, sodass sie in Rom bleiben konnten. Nach dem Krieg gab O'Flaherty die Goldkette zurück – und den Jungen.

EINE FALLE

Natürlich warteten die Nazis nur darauf, dass O'Flaherty den Vatikan verließ, um ihn zu verhaften oder zu töten. Doch sie hatten nicht mit dem Verwandlungsgeschick des Monsignore gerechnet, der in Rom in immer neuen Verkleidungen auftauchte. Einmal war er Straßenkehrer, ein anderes Mal Metzger, dann wieder Lieferant. Natürlich steigerte dies nur die Wut von Obersturmbannführer Herbert

Hugh O'Flahertys Erzfeind Herbert Kappler, Chef der Gestapo in Rom, hier bei seiner Verhandlung 1948. Man verurteilte ihn zu einer lebenslänglichen Gefängnisstrafe. 1977 gelang dem krebskranken Kappler die Flucht nach Deutschland, wo er wenige Monate später starb.

Deutsche Soldaten patrouillieren vor dem Petersdom. Sie dürfen die weiße Linie nicht übertreten, die den Vatikan vom Rest Roms trennt.

Kappler, Chef der Gestapo in Rom. Er war ein gefährlicher Gegner, der immer wieder Partisanen foltern ließ, um an Informationen zu kommen. O'Flaherty aber entwischte ihm regelmäßig. Schließlich ließ Kappler ihn ständig überwachen.

Er war ja leicht von den anderen zu unterscheiden. Groß, stämmig und breitschultrig, da der irische Monsignore ein erfolgreicher Amateurboxer war. Eines Tages glaubten Kapplers Leute schon, O'Flaherty endlich dingfest gemacht zu haben, doch der Monsignore war ein guter Läufer, und bevor sie ihn noch schnappen konnten, schlüpfte er in die Kirche Santa Maria Maggiore und war erneut in Sicherheit. Eines Tages war O'Flaherty zu Besuch bei Prinz Filippo Doria Pamphili, der sein Netzwerk finanzierte. Da wurde der Palazzo des Prinzen plötzlich von SS-Männern umstellt. O'Flaherty lief in den Keller, wo man dem Prinzen gerade durch eine Falltüre Kohle für den Winter lieferte.

DAS ENTKOMMEN

Die SS-Leute waren direkt hinter ihm, Eile war also geboten. O'Flaherty stopfte seinen Priesterrock in einen Kohlensack, rieb sich Hemd und Hosen mit Kohlenstaub ein, warf den Sack über seine Schulter

Am 7. Juni 1944 kann Papst Pius XII. Journalisten, Soldaten und anderes Militärpersonal in seinen Räumen im Vatikan begrüßen, drei Tage nach der Befreiung Roms durch die Alliierten.

Kappler schickte zwei Gestapoleute in den Vatikan, um O'Flaherty in die Stadt zu bringen und zu töten.

den Fäusten: Die Schweizergarde des Papstes gerbte ihnen ordentlich das Fell. Kappler erwischte O'Flaherty nie. Der Priester überlebte den 2. Weltkrieg ebenso wie Kappler.

Dieser saß in Gaeta im Gefängnis, einer Stadt zwischen Rom und Neapel. Man hatte ihn für seine Kriegsverbrechen zu lebenslänglicher Haft verurteilt. Monat für Monat hatte er dort einen Besucher: Monsignore Hugh O'Flaherty. 1959 trat Kappler zum Katholizismus über und wurde von O'Flaherty getauft. 1977 wurde der krebskranke Kappler, der nur noch 48 Kilogramm wog, in einem großen Koffer aus dem bewachten Krankenhaus getragen, in das man ihn verlegt hatte. Seine Frau Anneliese verhalf ihm zur Flucht und fuhr mit ihm nach Deutschland. Er starb wenige Monate später.

Nachdem der Krieg zu Ende war, zeichnete man Monsignore O'Flaherty für seine Arbeit vielfach aus. Er erhielt die Medal of Freedom mit der silbernen Palme von der US-Regierung. König George VI. machte ihn zum Commander of the British Empire. Der Staat Israel zeichnete ihn aus

und kletterte aus der Falltür. Draußen standen zwei Reihen SS-Männer, doch diese wollten ihre Uniform möglichst nicht schmutzig machen und traten also zur Seite, um den großen Kohlenmann vorbeizulassen. Dieser schlenderte in aller Gemütsruhe auf den Lastwagen zu, der ihn einsteigen ließ und bei der nächsten Kirche absetzte. Dort legte O'Flaherty seine Robe wieder an und kehrte in den Vatikan zurück. Später rief er den Prinzen an, um zu fragen, ob ihm und seiner Familie auch nichts passiert sei. Im Palazzo war alles in Ordnung, doch der Prinz warnte O'Flaherty noch einmal vor Kappler, der vor Wut getobt habe.

Tatsächlich trieb O'Flaherty Kappler zur Verzweiflung. Schließlich war er so weit, dass er zwei Gestapomänner in den Vatikan schickte, um O'Flaherty zu ergreifen und ihn außerhalb der weißen Linie zu bringen. Dort sollten sie ihn dann auf der Stelle erschießen. Glücklicherweise wurde der Plan ruchbar, und man empfing die Gestapoleute mit

Israel ernannte O'Flaherty zum „Gerechten unter den Völkern".

als „Gerechten unter den Völkern", ein Ehrentitel für Nicht-Juden, die Juden während der nationalsozialistischen Herrschaft geholfen hatten. 1960 erlitt O'Flaherty einen Schlaganfall und zog sich ins Haus seiner Schwester nach Irland zurück, wo er 1963 starb.

Auch in Italien riskierten Kirchenmänner ihr Leben, um andere Leben zu retten. Kardinal Pietro Boetto aus Genua rettete mindestens 800 Flüchtlinge. Bischof Giuseppe Nicolini aus Assisi versteckte für zwei Jahre etwa 300 Juden. Zwei künftige Päpste und Nachfolger von Pius XII. gewährten Flüchtigen Unterschlupf und bewahrten sie vor dem Zugriff der Nazis. Einer war Kardinal Angelo Roncalli, der spätere Papst Johannes XXIII., der

Israel Zolli (links), Oberrabbiner von Rom, verliest am 31. Juli 1944 in der Großen Synagoge der Stadt eine ganz besondere Botschaft an die Juden in aller Welt.

andere Kardinal Giovanni Montini, später Papst Paul VI. Beide lehnten Auszeichnungen für ihre Rettungsarbeit ab. Montini erklärte dies so:

Ich habe nur meine Pflicht getan. Außerdem habe ich nur auf Anweisung des Hl. Vaters (Pius XII.) gehandelt. Dafür verdient man keinen Orden.

1985 akzeptierte Kardinal Pietro Palazzini die Auszeichnung als „Gerechter unter den Völkern", weil er im kriegszerrissenen Europa zahlreiche Juden gerettet hatte. Auch er sagte bei der Zeremonie im Yad Vashem, dem Holocaust-Denkmal in Jerusalem, dass der Verdienst letztlich nur Pius XII. zukomme, der „uns befohlen hat, alles Menschenmögliche zu tun, um die Juden vor der Verfolgung zu bewahren". Man schätzte, dass durch das Wirken der Kirchenmänner von Pius XII. gut 860 000 Juden gerettet werden konnten.

> Durch die unzähligen Initiativen der Priester unter Pius XII. wurden ca. 860 000 Juden gerettet.

Jüdische Rabbiner und Staatsmänner haben Pius immer wieder für seinen großen Einsatz gedankt. Präsidenten, Premierminister, andere Päpste und Scharen von dankbaren Geretteten haben sich in Büchern und Zeitungsartikeln immer wieder positiv über Pius XII. geäußert. Dass der Papst buchstäblich Tür und Tor für Juden und andere Flüchtlinge geöffnet hatte, ließ Albert Einstein, den weltbekannten jüdischen Wissenschaftler und erklärten Agnostiker, seine Haltung zur katholischen Kirche und zum Papsttum überdenken. Seine Gleichgültigkeit habe sich, so Einstein, „in große Bewunderung und Zuneigung verkehrt, denn nur die Kirche hatte den Mut und den langen Atem, sich für intellektuelle Wahrheit und moralische Freiheit einzusetzen". Das größte Kompliment aber, das Papst Pius XII. gemacht wurde, kam von Israel Zolli, dem Oberrabbiner von Rom, der vom Mitgefühl des Papstes und seinem Mut so beeindruckt war, dass er 1945 zum katholischen Glauben übertrat.

Papst Pius XII. am 9. Oktober 1958, aufgebahrt im Castel Gandolfo. Man beerdigte ihn in der Krypta des Petersdoms.

Die Truppen der internationalen Fünften Armee der Alliierten befreien am 4. Juni 1944 Rom.

ETWAS BLEIBT IMMER HÄNGEN

Trotz aller Beweise aber werden gegen Pius XII. immer neue Anschuldigungen hervorgebracht. Man stellt immer noch seinen Mut, seine Moral und seine Barmherzigkeit infrage, obwohl mittlerweile das Seligsprechungsverfahren läuft. Solche Anwürfe finden sich vor allem im Internet, das sich wie üblich auch hier einer besonders gehässigen Sprache bedient. So heißt es auf einer Webseite, man hätte den Papst bei den Nürnberger Kriegsverbrecherprozessen auf die Anklagebank setzen sollen. Und Pius XII. sei genauso verantwortlich für den Tod von sechs Millionen Juden, vier Millionen aus dem fahrenden Volk, drei Millionen Katholiken und zahllosen anderen Opfern wie Adolf Hitler. Obwohl Papst Pius XII. 1943 allen verfolgten Juden Kirchenasyl gewährt hatte, verfolgen die Historiker ihn immer noch mit falschen Anschuldigungen. Wie es scheint, stimmt das alte Sprichwort doch: *Etwas bleibt immer hängen.*

REGISTER

Kursiv gestellte Seitenzahlen verweisen auf Abbildungen

1. Weltkrieg 168, 171, *175*
2. Weltkrieg 172–189

Ablass 101, 125
Agiltrude, Herzogin 10–15, 16, 17, 18, 20
Alberic de Trois-Fontaines 58
Alberich II. 23
Alberich, Markgraf von Spoleto 20–23
Albigenserkreuzzug
  Béziers *36*, 36–40, *39*
  Carcassonne *40*, *41*, 40–46, *44*, *45*
  Ende 48–49
Alexander VI. (1492–1503) *98*, *113*
  Familie 107–112
  Krönung 107
  Lieblingssohn 112–114
  Tod 120–121
  Vorbereitungen aufs Papsttum 99–103
  Wahl 103–107
Alfonso von Aragon 111, *111*
Alhambra-Edikt 97
Amaury, Bischof von 35
Anathema 38
Antapodosis 18
Antimodernisteneid 167
Antonelli, Giacomo *149*, 150, 164
Apostolischer Nuntius 150, 175, 179
Aristoteles 124, 126
Armstrong, Maitland 161
Arnaud, Guillaume 59–62, *62* – 63
Astronomie 123–126
Augustinus von Hippo *73*, 74
Autier, Gebrüder 69
Autodafé 95

Babin, Guillemette *92*
Barberini, Maffeo 127, 129, 130, 132, 138
Bayern 92, 96, 175, 176, 177
Bechada, Grégoire 39
Belagerungsgerät 44
Belagerungstürme 43
Bélibaste, Guillaume 71
Bellarmin, Robert 128, *130*, 130–131
Benedikt IV. (900–903) 19
Benedikt V. (964) 10
Benedikt IX. (1033–1044) *9*, 13
Benedikt XV. (1914–1922) *159*, 167, 169, 175
Bernhard von Clairvaux 31
Bernini, Gian Lorenzo *132*
Berruguete, Pedro *33*
Besessenheit 26
Bethmann Hollweg, Theobald von *175*, 175
Betto, Bernardino di *112*
Béziers *36*, 36 – 39, *39*
Blanche von Kastilien 60, *60*
Bismarck, Otto von 156, *156*
Bodin, Jean *91*, *92*, 91–94
Böhmen 182
Bonifatius VI. (896) 10
Bonifatius VIII. (1294–1303) *27*, *27*, *71*, 71, 79
Borgia, Cesare

als Kardinal *109*, 109 , *110*
  Ende 121
  Ermordung des Schwagers 111
  Familie 107–110
  Legitimierung 109
  Verhältnis zu Juan 112
Borgia, Jofre 108, 109
Borgia, Juan 112–117
Borgia, Laura 108
Borgia, Lucrezia 108, *111*
  Ehen 111–112
  Ende 154
  Scheidung 111–112
Borgia, Pedro Luis 101
Borgia, Rodrigo *siehe* Alexander VI.
Borja, Alonso de 99–102
Boursier, Madame 53, 54
Bruno, Giordano *130*, 131
Burckard, Johannes 116, 118, 120
Bürgerliche Freiheiten, Haltung des Papsttums 141, 152
Bürgerrechte 143, 179

Cadorna, Raffaele 160
Calixtus III. (1455–1458) 99–102
Carcassonne 29, *40*
  Angriff auf *28*, 41–44, *45*
  Ende 44–47
  Rebellion 62–64
Castel Gandolfo *185*, 183, 186
Castel Sant'Angelo 22, *23*
Castelfidardo, Schlacht von 147
Château Comtal *45*, 45
Christine von Lothringen *129*, 129
Christophorus (Gegenpapst) 17
Città Leonina 157, 163
Clemens V. (1305–1314) 27, 78–79
Clemens VIII. (1592–1605) 100
Clemens XII. (1730–1740) 139
Coelestin IV. (1241) 64
Coelestin V. (1294) 27
Crescentius, Bischof 26

D'Albray, Charlotte 117–118
D'Este, Alfonso 112
De Revolutionibus Orbium Coelestium 123, 128–129, 130
Della Rovere, Giuliano 103–104
De Magorum Daemonomania 93
Der Stellvertreter 174
Derneburg, Schloss *85*
Desle la Mansenée 91, 92
Deutsch-Französischer Krieg *155*, 155–156
De Cordoba, Gonsalvo *114*, 114
De Guzman, Domingo 32–33, *53*, 53
De Magorum Daemonomania 93
Dialogo Sopra I Due Massimi Sistemi *133*, 132–138
Diplomatie 38, 53, 179
Dominikanerorden 32–33
  als Inquisitoren 53
  domini canes 53
Don Luigi Sturzo 169
Dupanloup, Félix 155

Einstein, Albert 189
Elisabeth von Thüringen *57*, 57
Engelsburg 22, *23*, 24, 115

Erster Kreuzzug 39, 81
Eugen III. (1145–1153) 31
Exkommunikation 32, 37, 38, 59, 76, 101, 147, 167
Exorzismus 26

Farnese, Giulia 108, *109*
Faschismus 169–171
Faustus von Mileve *74*
Fegefeuer 101, 138
Ferdinand von Aragon 116
Filippo Doria Pamphili, Prinz 187
Fleury, Joseph-Nicolas Robert *135*
Folter *136*, 136, 137, 145, 179, 187
Folterinstrumente *54*, 76, 136
Formosus (891–896) *11*, 11–17, 129, 130
Foscarini, Paolo Antonio 128, 129
Frank, Karl Hermann *182*, 182
Franz Josef I. von Österreich 153, 159
Franziskanerorden 61, 62
Französische Revolution 141
Freppel, Charles-Émile 155
Friedrich II. 60, 61, *64*, 64, 67

Galilei, Galileo *122*, 123–139
  in Arcetri 132, *138*
  Briefe 129
  Entdeckungen 125–127
  vor Gericht 133–135, *135*
  Geständnis 137
  Schuldspruch 138
  Sternenbote 127–130, *128*
  Tod 139
  in Venedig 124
Garibaldi, Giuseppe *148*, 148–149, *151*, 151
Gaspari, Pietro 168, 170
Gegenreformation 125
Geschichte der Inquisition 56
Gladstone, William 156
Golairan, William-Raymond 62
Gregor VI. (1045–1046) 13
Gregor XIII. (1572–1585) *128*
Gregor IX. (1227–1241) 49, *49*, *51*, *51*–60, *52*, 55, 58, 64
Gregor XV. (1621–1623) *93*, 96
Gregor XVI. (1831–1846) 141
Gregorovius, Ferdinand 155
Gros, Raymond 61
Grottaferrata 13
Guido von Lucca 22
Guido von Spoleto 18

Häresie 30, 32, 47, 49, 51, 52, 55, 61, 73, 74, 75, 78, 96, 128, 130, 131, 138
Hauptquartier der Resistenza in Rom 183
Haus von Spoleto 10
Heilige Treppe *siehe Sancta Scala*
Heinrich II. von Sayn 57
Heinrich de Marcy 30–32
Helena, Heilige 162
Heliozentrisches Weltbild 124, 132
Hermann IV. von Hessen 90
Hexerei 91–94
Hexenhammer, *siehe auch Malleus Maleficarum* 86–89, 91–92

Hexensabbat 76, 82, 83, 84, *88*, 91, 92
Heydrich, Reinhard 174, 182
HMS Defence 156
Historia Inquisitionis 76
Hitler, Adolf 173, 176, 177, 178, 179, 180–185, 189
  Papstentführung 183, 184
Hochhuth, Rolf 174
Hochnotpeinliche Befragung 61, 70
Hugues d'Arcis 65, 66, 67, *68*
Humani Generis Unitas 179
Hurenherrschaft 10, 18, 27

Im Wendekreis des Kreuzes (Film) 186
Index der verbotenen Bücher 88, 129, 130
Ingoli, Francesco *133*
Innozenz III. (1198–1216) *29*, *30*, *32*, 32–35, 39, 46, 48, 49, 53
  Viertes Laterankonzil 46
  Häresie als Verbrechen 29
  Häretikerverfolgung 32–33
  Inquisition 49
Innozenz IV. (1243–1254) *64*, 64, 70, *78*
  Folter 76
Innozenz VIII. (1484–1492) 84, 85, 86, 96, 103
Inquisition
  Avignonet 62, 63, 64, 65, 67
  Dominikaner 32, 51, 52, 53 , 54, 58, 59, 61, 62, *63*, 64, 83, 86, 97
  Ermordung von Inquisitoren 62–63
  Großinquisitor 58, *91*, 92–93, 96, 97, 97
  Hochnotpeinliche Befragung 61, 70
  Inquisitoren 7, 52, 53, 54, 55, 56, 59, 60, 61, 62–63, 64, 65, 69, 70, 71, 75, 76, 78, 85, 86, 89, 91, 94, 96, 97, 136, 137
  Inquisitor haereticae pravitatis 52
  Islam 19, *21*, 29, 41
  Täuschung der Inquisitoren 61–62
  Todesurteile 52–53
  Verhöre 52–55
Interdikt 37
Isola Tiberina, siehe Tiberinsel

Johann Ohneland, König von England 37, 47
Johannes Paul II. (1978–2005) 139
Johannes Petrus 22
Johannes VIII. (872–882) *10*, 10, 11, *12*, 12, 14
Johannes X. (914–928) *19*, 19, *21*, 21, 22
Johannes XI. (931–935) 17, *20*, 22, 23, 24
Johannes XII. (955–964) 24–26, *25*, 26
Johannes XV. (985–996) 26
Johannes XXII. (1316–1334) *94*, 94
Johannes XXIII. (1958–1963) 188
Johanniter 80
Juanes, Juan de *99*

Juden 178, 179, 180, 182, 183, 189
    Hilfe im Vatikan 185–186, 188
    päpstliche Strategie 180–181
    und Pius XII. 174, 181, 183, 184,
    185–186, 189
Julius II. (1503–1513) 121

Kappler, Herbert 187, 187–188
Karl der Kahle 12
Karl II. von Spanien 95
Katharer, siehe auch Inquisition
    Albigenserkreuzzug 35–49, 36
    Béziers 36, 38, 39, 41, 36–46
    Carcassonne 28, 30, 39, 40,
    40–46, 41, 44, 45, 47, 48, 61, 62,
    63, 66, 94
    Dominikaner 32, 50, 52, 53,
    54, 54, 58, 59, 61, 62–63, 63, 64
    Häresie 30–32
    Perfecti 32, 35, 36, 53, 61, 62, 65,
    67, 69, 70, 71
    Pierre de Castelnau, Ermordung
    von 33–36, 34
Katzen 76, 96
Kepler, Johannes 127, 131, 131
Kirchenschisma 59
Kirchenstaat 101, 112, 116, 118,
    120, 121, 141, 142, 143, 144,
    145, 146, 147, 149, 151, 156,
    157, 159, 164, 166, 167, 168,
    169, 171
Kommunismus 169–170, 171
Konrad von Marburg 56–57, 57, 58
    Ermordung 57
Konstantinopel 101–102
Konzil von Lyons 64
Kopernikus, Kirche gegen 124
Kopernikus, Nikolaus 123,
    123–124, 128, 129, 130–132,
    136, 137
Kramer, Heinrich 86–88, 89, 90,
    91, 92
Kreuzzüge siehe auch Albigenser-
    kreuzzug
Kriegsgefangene im Vatikan 183
Kriegsgräuel, Nazis 182, 183

La Mansenée, Desle 91, 92–93
Ladislaus II. Jagiello 74, 74
Lambert 11, 13, 18
Lando I. (913–914) 19
Lanza, Giovanni 156, 157, 157
Lateranverträge 168, 170, 171
Laurens, Jean Paul 59
Lavaur 32, 61
Le Broussart, Pierre 83– 85
Lees-Milne, James 174–175
Leichensynode 10–26, 14
Leo V. (903) 17
Leo VI. (928) 22, 22
Leo VIII. (963–965) 25, 25
Leo XIII. (1878–1903) 158,
    166–167
Leonardo da Vinci 117
Leoninische Mauern 161, 163
Leoninische Stadt 157, 162, 163
Liberale Verfassung, Haltung des
    Papsttums 143–145
Lidice 182
Limbus 130
Liutprand von Cremona 18
    Antapodosis 18
Loubet, Émile 167
Ludwig IX. 49, 60, 65, 66
Ludwig XII. von Frankreich 118
Luna, Maria Enriquez de 112, 117
Luther, Martin 88, 101, 125

Machiavelli, Niccolò 119, 119
Madame Boursier 53, 54

Madonna Oriente 79
Malleus Maleficarum, siehe auch
    Hexenhammer 86–89
Malteserritter 80
Manichäer 74
Manning, Henry Edward 156
Marinus I. (882–884) 12
Marozia (Hurenherrschaft) 17–26,
    19
Martin V. (141–1431) 100
Maximilian I. 96
Mazzini, Giuseppe 144, 148
Mentana, Schlacht von 151
Milton, John 138
Minnike, Heinrich 57
Mit brennender Sorge 177–178,
    179–180
Montini, Giovanni 183, 189
Montségur
    Festung 65, 66
    Lage 65–66
    Scheiterhaufen 50, 67
    Verteidigung 65–67
Muslime 21, 97, 101
Mussolini, Benito 168, 169, 170,
    170–171, 171

Napoleon III. 148, 149, 149, 152,
    154, 155, 155, 157
Nationales Befreiungskomitee
    Italien 183
Nepotismus 16, 19, 99, 100, 108,
    116, 120
Niccolini, Francesco 134, 137–139
Nikolaus V. (1447–1455) 100
Nürnberger Kriegsverbrecher-
    prozesse 180, 183, 189

O'Flaherty, Hugh 186, 186–188,
    187
Oktoberrevolution 177
Omnipotentis Dei 94
Oradour-sur-Glane 182, 182
Orsini, Familie 99–100, 114–116,
    121
Orte, Schlacht von 21
Österreichisch-Preußischer Krieg
    149
Otto I., Kaiser 24, 25, 25
Ottomanenreich 101

Pacelli, Eugenio siehe Pius XII.
Palazzini, Pietro 198
Päpstliche Bulle 76
Päpstliche Legate 144, 147
Päpstliche Unfehlbarkeit 153, 153,
    154, 154, 155, 158, 167
Päpstlicher Nuntius 150, 175, 179
Pariser Kommune 165, 165
Parlement von Paris 84–85, 93
Partito Popolare Italiano 169
Paul III. (1534–1549) 124, 124, 128
Paul VI. (1963–1978) 183, 189
Pelhisson, Graham 54, 56
Petrus von Verona 63
Philipp IV. (gen. der Schöne) 27,
    71, 73
Piccolomini, Enea Silvio 100
Pierre de Castelnau 33–35, 34
Pierre-Roger de Mirepoix 62–63,
    66–67
Pisa 9, 124, 126, 126
Pius II. (1458–1464) 100, 102
Pius IX. (1846–1878)
    Antiliberalismus 152–154
    Angriffe der italien. Armee 160
    Demonstrationen gegen 165
    Deutsch-Französischer Krieg
    155–156

Exkommunikation des Königs
    147–148
Gefangener im Vatikan 157
Liberale Verfassung 143, 145–147
Liberalismus 141–142, 143
Päpstliche Unfehlbarkeit 153,
    153–154, 154, 155, 159
Religionsfreiheit 153–154
Tod 166
Pius X. (1903–915) 167, 167–168
Pius XI. (1922–1939) 170–171,
    171, 177, 178, 179
Pius XII. (1939–1958) 7, 173, 180,
    181
    als Kardinal 178, 176–179
    als päpstlicher Nuntius 175–176
    als Papst 180
    Debatten über 173, 180–181, 189
    Entführung durch Hitler 184–185
    Helfer der Juden 185–186
    strategisches Handeln 180–181
    Tod 189
    und die Sowjets 177
    Pornokratie 9, 18ff., 25ff.
Ptolemäus 124, 126, 129, 134, 134
Purgatorium 138

Quanta Cura 152, 153, 154
Quéribus 69, 70

Raimund V. von Toulouse 30
Raimund VI. von Toulouse 33, 34,
    39, 51
Raimund VII. von Toulouse 48,
    48–49, 51, 60, 64, 65, 69
Raimund-Roger III. Trencavel 39,
    62
Raimund-Roger IV. Trencavel 45,
    62
Ratti, Achille 170
Reformation 101, 125
Reichskonkordat 176–178
Reichskristallnacht 179–180
Reichstag 179
Religionsfreiheit 146, 152, 153
Renaissance 63, 99, 101, 103, 113,
    113
Revolution 141–168
Risorgimento 146–150
Ritter vom Heiligen Grab 80–81
Rizi, Francisco 95
Robert le Bougre 58
Roc de la Tour 67
Roger II. von Trencavel 30, 39,
Rom
    Angriff der ital. Armee 160–163
    Befreiung 189
    Hauptstadt Italiens 155
    Im 2. Weltkrieg 180–185
    Marsch auf Rom 170–171
Romanus (897) 16
Roncalli, Angelo 188
Rossi, Pellegrino 142, 142–143, 149
Russell, Odo 150, 152

Sancta Scala (Heilige Treppe) 162
Sarazenen 11, 19, 21, 21, 80, 81, 95
Savelli, Silvio 120
Schiefer Turm von Pisa 126
Seila, Pierre 59–61
Selbstgeißelung 53
Septembervertrag 147–152
Sergius III. (904–911) 17, 19, 19, 26
Sforza, Giovanni 108, 110, 111, 121
Simon de Montfort IV. 46–47, 46
Simon Magus 16
Simonie 16
Sixtus IV. (1471–1484) 95, 96
Sixtus V. (1585–1590) 162
Soler, Guillaume de 61

Sozialistische Partei 169
Spanische Inquisition 95
Spartakisten 175, 175
Sprenger, Jakob 86–92
Stephan VII. (928–931) 10, 13, 14,
    14, 15
Stephan VIII. (939–942) 22
Stephan IX.(1057–1058) 10
Sternenbote 127–128, 128, 137
Strappado 76, 77, 87
Summis desiderantes 84, 88
Supernova 127
Syllabus errorum 152–153

Taylor, Myron 183
Teleskop 125, 126, 125–126, 127,
    130, 139
Tempelritter 73, 78–80, 79
Tetzel, Peter 125
Theodor II. (897) 16, 16
Theodora (die Jüngere) 18
Theodora 18–19, 22
Tiberinsel 18, 20, 20, 115
Tittmann, Harold H. 180
Tizian 113
Tocqueville, Alexis de 143
Torquemada, Tomás de 96, 97, 97
Toulouse 47, 48, 48, 49, 52, 54, 56,
    59, 61, 62, 69, 94
Tschitscherin, Georgi 177, 177

Über den Dämonenglauben der
    Hexer 93
Umberto I. 166–167, 167
Urban VIII. (1623–1644) 132,
    132–134, 133, 137, 138

Vatikanstadt 168, 183, 184, 186
Vendôme-Säule 165
Veneziano, Bartolomeo 111
Verbotene Bücher 88, 141
Vergeltungsschläge 180
Vertrag von Paris 48, 51
Vigoros de Bacone 59
Viktor III. (1086–1087) 13
Visconti-Venosta, Emilio 157
Vittorio Emanuele II.
    Diplomatie 160–161
    Exkommunikation 147–148
    und Garibaldi 148, 148–149
    als König 146, 146–147
    und die römische Frage 161–163
    Tod 166
Vittorio Emanuele III. 167–168,
    168, 170, 170
Voltaire 35
von Limborck, Philippus 76
Vorhölle 138
Vox in Rama 76

Wahlen, freie 169
Wannsee-Konferenz 180
Weiße Magie 79
Weizsäcker, Ernst von 183, 183
Wilhelm I. 156
Wolff, Karl Friedrich Otto 184–185

Zampieri, Domenico 109
Zolli, Israel 188, 189
Zweiter Italienischer Unabhängig-
    keitskrieg 147

REIHENFOLGE DER PÄPSTE

Nr.	Name	Jahre
1	Petrus (hl.)	33(?)–67(?)
2	Linus (hl.)	67(?)–79(?)
3	Anaklet (hl.)	79(?)–88(?)
4	Clemens I. (hl.)	88(?)–97(?)
5	Evaristus (hl.)	97(?)–105(?)
6	Alexander I. (hl.)	105(?)–115(?)
7	Sixtus I. (hl.)	115(?)–125(?)
8	Telesphorus (hl.)	125(?)–136(?)
9	Hyginus (hl.)	136(?)–140(?)
10	Pius I. (hl.)	140(?)–155(?)
11	Anicetus (hl.)	155(?)–166(?)
12	Soterus (hl.)	166(?)–175(?)
13	Eleutherus (hl.)	175(?)–189(?)
14	Viktor I. (hl.)	189(?)–199(?)
15	Zephyrinus (hl.)	199(?)–217(?)
16	Calixt I. (hl.)	217(?)–222(?)
(1)	Hippolyt (hl.)**	217(?)–235(?)
17	Urban I. (hl.)	222(?)–230(?)
18	Pontianus (hl.)	230(?)–235
19	Anterus (hl.)	235–236
20	Fabianus (hl.)	236–250
21	Cornelius (hl.)	251–253
(2)	Novatian*	251–258
22	Lucius I. (hl.)	253–254
23	Stephan I. (hl.)	254–257
24	Sixtus II. (hl.)	257–258
25	Dionysius (hl.)	260–268
26	Felix I. (hl.)	269–274
27	Eutychianus (hl.)	275–283
28	Cajus (hl.)	283–296
29	Marcellinus (hl.)	296–304
(Sedisvakanz*, 4 Jahre)**		
30	Marcellus I. (hl.)	308(?)–309(?)
31	Eusebius (hl.)	309(?)
(3)	Heraklius*	309 oder 310
(Sedisvakanz, 1 Jahr)		
32	Miltiades (hl.)	310–314
33	Silvester I. (hl.)	314–335
34	Marcus (hl.)	336
35	Julius I. (hl.)	337–352
36	Liberius	352–366
(4)	Felix II.*	355–365
37	Damasus I. (hl.)	366–384
(5)	Ursinus*	366–367
38	Siricius (hl.)	384–399
39	Anastasius I. (hl.)	399–401
40	Innozenz I. (hl.)	401–417
41	Zosimus (hl.)	417–418
42	Bonifatius I. (hl.)	418–422
(6)	Eulalius*	418–419
43	Coelestin I. (hl.)	422–432
44	Sixtus III. (hl.)	432–440
45	Leo I. (hl.)	440–461
46	Hilarius (hl.)	461–468
47	Simplicius (hl.)	468–483
48	Felix II. (III.) (hl.)	483–492
49	Gelasius I. (hl.)	492–496
50	Anastasius II.	496–498
51	Symmachus (hl.)	498–514
(7)	Laurentius*	498–506
52	Hormisdas (hl.)	514–523
53	Johannes I. (hl.)	523–526
54	Felix III. (IV.) (hl.)	526–530
(8)	Dioskur**	530
55	Bonifatius II.	530–532
56	Johannes II.	533–535
57	Agapitus I. (hl.)	535–536
58	Silverius (hl.)	536–537
(9)	Vigilius*	537
59	Vigilius	537–555
60	Pelagius I.	556–561
61	Johannes III.	561–574
62	Benedikt I.	575–579
63	Pelagius II.	579–590
64	Gregor I. (hl.)	590–604
65	Sabinianus	604–606
66	Bonifatius III.	607
67	Bonifatius IV. (hl.)	608–615
68	Adeodatus I. (hl.)	615–618
69	Bonifatius V.	619–625
70	Honorius I.	625–638
71	Severinus	640
72	Johannes IV.	640–642
73	Theodor I.	642–649
74	Martin I. (hl.)	649–653
75	Eugen I. (hl.)	654–657
76	Vitalian (hl.)	657–672
77	Adeodatus II.	672–676
78	Donus	676–678
79	Agatho (Hl.)	678–681
80	Leo II. (hl.)	682–683
81	Benedikt II. (hl.)	684–685
82	Johannes V.	685–686
83	Konon	686–687
84	Sergius I. (hl.)	687–701
(10)	Theodor II.*	687
(11)	Paschalis I.*	687–692
85	Johannes VI.	701–705
86	Johannes VII.	705–707
87	Sisinnius	708
88	Konstantin I.	708–715
89	Gregor II. (hl.)	715–731
90	Gregor III. (hl.)	731–741
91	Zacharias (hl.)	741–752
92	Stephan (II.)	752
93	Stephan II. (III.)	752–757
94	Paul I. (hl.)	757–767
(12)	Konstantin II.*	767–768
(13)	Philipp*	768
95	Stephan III. (IV.)	768–772
96	Hadrian I.	772–795
97	Leo III. (hl.)	795–816
98	Stephan IV. (V.)	816–817
99	Paschalis I. (hl.)	817–824
100	Eugen II.	824–827
101	Valentin	827
102	Gregor IV.	827–844
(14)	Johannes VIII.*	844
103	Sergius II.	844–847
104	Leo IV. (hl.)	847–855
105	Benedikt III.	855–858
(15)	Anastasius III.*	855
106	Nikolaus I. (hl.)	858–867
107	Hadrian II.	867–872
108	Johannes VIII.	872–882
109	Marinus I.	882–884
110	Hadrian III. (hl.)	884–885
111	Stephan V. (VI.)	885–891
112	Formosus	891–896
113	Bonifatius VI.	896
114	Stephan VI. (VII.)	896–897
115	Romanus	897
116	Theodor II.	897
117	Johannes IX.	898–900
(16)	Sergius III.*	898
118	Benedikt IV.	900–903
119	Leo V.	903
(17)	Christophorus*	903–904
120	Sergius III.	904–911
121	Anastasius III.	911–913
122	Lando	913–914
123	Johannes X.	914–928
124	Leo VI.	928
125	Stephan VII. (VIII.)	928–931
126	Johannes XI.	931–935
127	Leo VII.	936–939
128	Stephan VIII. (IX.)	939–942
129	Marinus II.	942–946
130	Agapitus II.	946–955
131	Johannes XII.	955–964
132	Leo VIII.	963–965
134	Benedikt V.	964
135	Johannes XIII.	965–972
136	Benedikt VI.	973–974
(18)	Bonifatius VII.*	974
137	Benedikt VII.	974–983
138	Johannes XIV.	983–984
139	Bonifatius VII.	984–985
140	Johannes XV.	985–996
141	Gregor V.	996–999
(19)	Johannes XVI.*	997–998
142	Silvester II.	999–1003
143	Johannes XVII.	1003
144	Johannes XVIII.	1004–1009
145	Sergius IV.	1009–1012
146	Benedikt VIII.	1012–1024
(20)	Gregor VI.*	1012
147	Johannes XIX.	1024–1032
148	Benedikt IX.	1032–1044
149	Silvester III.	1045
150	Benedikt IX.	1045
151	Gregor VI.	1045–1046
152	Clemens II.	1046–1047
153	Benedikt IX.	1047–1048
154	Damasus II.	1048
155	Leo IX. (hl.)	1049–1054
156	Viktor II.	1055–1057
157	Stephan IX. (X.)	1057–1058
158	Nikolaus II.	1058–1061
(21)	Benedikt X.*	1058–1060
159	Alexander II.	1061–1073
(22)	Honorius II.*	1061–1064
160	Gregor VII. (hl.)	1073–1085
(23)	Clemens III.*	1084–1100
161	Viktor III. (sel.)	1086–1087
162	Urban II. (sel.)	1088–1099
163	Paschalis II.	1099–1118
(24)	Theodoricus*	1100
(25)	Albertus*	1102
(26)	Silvester IV.*	1105–1111
164	Gelasius II.	1118–1119
(27)	Gregor VIII.*	1118–1121
165	Calixt II.	1119–1124
166	Honorius II.	1124–1130
(28)	Coelestin II.*	1124
167	Innozenz II.	1130–1143
(29)	Anaklet II.*	1130–1138
(30)	Viktor IV.*	1138
168	Coelestin II.	1143–1144
169	Lucius II.	1144–1145
170	Eugen III. (sel.)	1145–1153
171	Anastasius IV.	1153–1154
172	Hadrian IV.	1154–1159
173	Alexander III.	1159–1181
(31)	Viktor IV.*	1159–1164
(32)	Paschalis III.*	1164–1168
(33)	Calixt III.*	1168–1178
(34)	Innozenz III.*	1179–1180
174	Lucius III.	1181–1185
176	Gregor VIII.	1187
177	Clemens III.	1187–1191
178	Coelestin III.	1191–1198
179	Innozenz III.	1198–1216
180	Honorius III.	1216–1227
181	Gregor IX.	1227–1241
182	Coelestin IV.	1241
(Sedisvakanz, 2 Jahre)		
183	Innozenz IV.	1243–1254
184	Alexander IV.	1254–1261
185	Urban IV.	1261–1264
186	Clemens IV.	1265–1268
(Sedisvakanz, 3 Jahre)		
187	Gregor X. (sel.)	1271–1276
188	Innozenz V. (sel.)	1276
189	Hadrian V.	1276
190	Johannes XXI.	1276–1277
191	Nikolaus III.	1277–1280
192	Martin IV.	1281–1285
193	Honorius IV.	1285–1287
194	Nikolaus IV.	1288–1292
(Sedisvakanz, 2 Jahre)		
195	Coelestin V. (hl.)	1294
196	Bonifatius VIII.	1294–1303
197	Benedikt XI. (sel.)	1303–1304
198	Clemens V.	1305–1314
(Sedisvakanz, 2½ Jahre)		
199	Johannes XXII.	1316–1334
(35)	Nikolaus V.*	1328–1330
200	Benedikt XII.	1334–1342
201	Clemens VI.	1342–1352
202	Innozenz VI.	1352–1362
203	Urban V. (sel.)	1362–1370
204	Gregor XI.	1370–1378
205	Urban VI.	1378–1389
(36)	Clemens VII.*	1378–1394
206	Bonifatius IX.	1389–1404
(37)	Benedikt XIII.*	1394–1423
207	Innozenz VII.	1404–1406
208	Gregor XII.	1406–1415
(38)	Alexander V.*	1409–1410
(39)	Johannes XXIII.*	1410–1415
(Sedisvakanz, 2 Jahre)		
209	Martin V.	1417–1431
(40)	Clemens VIII.*	1423–1429
(41)	Benedikt XIV.*	1425–1430
210	Eugen IV.	1431–1447
(42)	Felix V. – letzter Gegenpapst	1439–1449
211	Nikolaus V.	1447–1455
212	Kalixt III.	1455–1458
213	Pius II.	1458–1464
214	Paul II.	1464–1471
215	Sixtus IV.	1471–1484
216	Innozenz VIII.	1484–1492
217	Alexander VI.	1492–1503
218	Pius III.	1503
219	Julius II.	1503–1513
220	Leo X.	1513–1521
221	Hadrian VI.	1522–1523
222	Clemens VII.	1523–1534
223	Paul III.	1534–1549
224	Julius III.	1550–1555
225	Marcellus II.	1555
226	Paul IV.	1555–1559
227	Pius IV.	1559–1565
228	Pius V. (hl.)	1566–1572
229	Gregor XIII.	1572–1585
230	Sixtus V.	1585–1590
231	Urban VII.	1590
232	Gregor XIV.	1590–1591
233	Innozenz IX.	1591
234	Clemens VIII.	1592–1605
235	Leo XI.	1605
236	Paul V.	1605–1621
237	Gregor XV.	1621–1623
238	Urban VIII.	1623–1644
239	Innozenz X.	1644–1655
240	Alexander VII.	1655–1667
241	Clemens IX.	1667–1669
242	Clemens X.	1670–1676
243	Innozenz XI. (sel.)	1676–1689
244	Alexander VIII.	1689–1691
245	Innozenz XII.	1691–1700
246	Clemens XI.	1700–1721
247	Innozenz XIII.	1721–1724
248	Benedikt XIII.	1724–1730
249	Clemens XII.	1730–1740
250	Benedikt XIV.	1740–1758
251	Clemens XIII.	1758–1769
252	Clemens XIV.	1769–1774
253	Pius VI.	1775–1799
254	Pius VII.	1800–1823
255	Leo XII.	1823–1829
256	Pius VIII.	1829–1830
257	Gregor XVI.	1831–1846
258	Pius IX. (sel.)	1846–1878
259	Leo XIII.	1878–1903
260	Pius X. (hl.)	1903–1914
261	Benedikt XV.	1914–1922
262	Pius XI.	1922–1939
263	Pius XII.	1939–1958
264	Johannes XXIII. (hl.)	1958–1963
265	Paul VI. (sel.)	1963–1978
266	Johannes Paul I.	1978
267	Johannes Paul II. (hl.)	1978–2005
268	Benedikt XVI.	2005–2013
269	Franziskus	seit 2013

* Gegenpapst   ** nicht vollständig geklärt, vermutlich Gegenpapst   *** Heiliger Stuhl ist nicht besetzt